Bruno Hoppe &
Sybille Rückleben

BRUNO,
der Schatzsucher

**Autobiographie
Bruno Hoppe**

novum pro

www.novumverlag.com

Bibliografische Information
der Deutschen Nationalbibliothek:

Die Deutsche Nationalbibliothek
verzeichnet diese Publikation in
der Deutschen Nationalbibliografie.
Detaillierte bibliografische Daten
sind im Internet über
http://www.d-nb.de abrufbar.

Alle Rechte der Verbreitung,
auch durch Film, Funk und Fernsehen,
fotomechanische Wiedergabe,
Tonträger, elektronische Datenträger
und auszugsweisen Nachdruck,
sind vorbehalten.

© 2022 novum Verlag

ISBN 978-3-99131-149-2
Lektorat: Susanne Schilp
Umschlagfotos: Jakub Krechowicz,
Vladimir Stanišić | Dreamstime.com,
Bruno Hoppe & Sybille Rückleben
Umschlaggestaltung, Layout & Satz:
novum Verlag
Innenabbildungen:
Bruno Hoppe & Sybille Rückleben

Gedruckt in der Europäischen Union
auf umweltfreundlichem, chlor- und
säurefrei gebleichtem Papier.

www.novumverlag.com

„Habe Freude am Leben und ärgere dich nicht."

Erst im höheren Alter habe ich gelernt wirklich nach diesem Motto zu leben. Viel zu oft habe ich in meinen jungen Jahren wertvolle Lebenszeit und -qualität geopfert, weil ich mich über so manche Dinge geärgert habe, die später gar nicht mehr wichtig waren.

Meinem Schatz Heide gewidmet

INHALTSVERZEICHNIS

1. Kapitel
Von Berlin in die Wüste 15

2. Kapitel
Swakopmund und die Kleinsiedlung 29

3. Kapitel
Farmleben auf Krumhuk 52

4. Kapitel
Die Schafe und der Süden 65

5. Kapitel
Lehrzeit in Omaruru 94

6. Kapitel
Windhoeks Milch 99

7. Kapitel
Speedcop-Bruno 122

8. Kapitel
Leben im Straßenbau-Camp 135

9. Kapitel
Die Claims in der Namib und
ein fast verlorener Schatz 149

10. Kapitel
Diamantenfieber 168

11. Kapitel
Stadtverwaltung und Schweinezucht 186

12. Kapitel
Mein Freund Karlowa und
die Skeletten-Küste 194

13. Kapitel
Spatzendreck und Fledermausmist 204

14. Kapitel
Blaue Wunder und ein Unruhestand 208

Karte von Namibia

Kantine & Kasino Elisabethbucht, damals 1927

Kantine & Kasino Elisabethbucht, 2017

Wohnhaeuser Elisabethbucht, 2017

Hertha und Emil Hoppe auf Swakopaue

1. KAPITEL

Von Berlin in die Wüste

Im Jahre 1924 lebten meine Eltern in Berlin. Ich war noch nicht geboren und zu dieser Zeit, nach dem ersten Weltkrieg, herrschte eine schwere Rezession in Europa. Die Arbeitslosigkeit war extrem hoch und das Geld nicht viel wert.

Hertha, meine Mutter, hatte im Stadtteil Charlottenburg einen kleinen Krämerladen, wo sie hauptsächlich Seifen verschiedenster Art sowie andere Wasch- und Reinigungsmittel verkaufte. Vater Emil arbeitete als Schlosser, während Mutters Laden mehr schlecht als recht lief. Die Leute konnten sich fast nichts mehr leisten und auch Vaters Entgelt war ziemlich karg. Zum Glück bekam er den Lohn täglich ausgezahlt und so konnten sie von der Hand in den Mund leben. In diesem Jahr kam mein älterer Bruder Horst auf die Welt. Dies machte das Leben nicht einfacher, zumal sie auch noch für die Großmutter, die zusammen mit ihnen in der kleinen Wohnung lebte, sorgen mussten.

Vater und sein Freund Hermann, ebenfalls Schlosser, arbeiteten in derselben Firma und so manches Mal träumten sie von der großen weiten Welt und von einem besseren Leben. Die beiden Freunde waren jung und steckten voller Tatendrang und Abenteuerlust. Sie hatten den furchtbaren Weltkrieg überlebt und erhofften sich noch mehr vom Leben als die Enge und die Armut, die sich ihnen in Berlin bot.

In einer gemeinsamen Mittagspause, als Vater die Tageszeitung durchblätterte, stieß er auf eine große Anzeige. Ihm klopfte plötzlich das Herz bis zum Hals und ziemlich aufgeregt las er seinem Freund vor: „Reparatur-Schlosser werden gesucht für eine Diamantengesellschaft in Afrika. Nachfragen und Bewerbungen: Lüderitzbucht, S.W.A."

Vater überlegte nicht lange und sagte: „Du, Hermann, die suchen nach Männern wie uns! Komm wir bewerben uns, schlechter als hier kann es uns da auch nicht gehen. Aber wo genau ist S.W.A?"

„Südwestafrika? Unsere ehemalige Kolonie? Mit dem Dampfer dauert die Reise vier Wochen. Jetzt steht Südwest ja unter britischer, besser gesagt südafrikanischer Verwaltung."

Nach einigen Überlegungen beschlossen sie, einen Bewerbungsantrag bei der genannten Adresse in Lüderitzbucht einzureichen. Um sich keinen falschen Hoffnungen hinzugeben, behielten sie die ganze Sache vorerst für sich und warteten mit Spannung auf Antwort. Dann, nach über drei Monaten, als es fast schon in Vergessenheit geraten war, fand Hermann einen Brief mit schönen, fremdländischen Briefmarken in seinem Briefkasten. Darin wurden sie beide zum Vorstellungsgespräch zu einer Berliner Adresse eingeladen. Voller Aufregung fuhren sie gemeinsam dorthin, stellten sich vor und wurden prompt eingestellt. Alle Kosten, auch die Reisekosten, wollte die Diamantengesellschaft Consolidated Diamond Mines, kurz CDM, übernehmen. Dazu sollte es noch ein gutes Taschengeld für die Überfahrt geben.

Vater sagte zu Hermann: „Du bist ledig, ich habe Frau und Kind und Hertha weiß noch gar nichts davon." „Ach, Emil", sagte Hermann, „wie ich Hertha kenne, wirst du ihr das schon beibringen können!"

Nach Feierabend begleitete Hermann dann doch meinen Vater zu Mutter nach Hause, um diesen bei seiner Beichte zu unterstützen. Ganz verlegen betraten sie die Wohnung und nachdem Vater seinen Mut zusammengenommen hatte, berichtete er von der Bewerbung und dem Ergebnis. Mutter hörte gespannt zu und sagte: „Wenn es das ist, was euch Spaß macht und es uns auch noch besser gehen soll, dann ran an den Speck! Ich bleibe vorerst hier in meinem Laden, weil ja auch die Großmutter noch bei uns wohnt. Wenn es euch beiden da gefällt, verkaufe ich alles und komme nach."

Es wurde also kurzerhand gekündigt, dann gepackt und alles Wichtige besprochen. Arbeitskameraden lachten: „Was wollt ihr beide auf dem schwarzen Kontinent, ihr seid bald wieder hier, weil bei dem unkultivierten Volk dort kann man doch nicht leben. Außerdem haben zu allem Übel die südafrikanischen Engländer und die Buren in Südwest jetzt das Sagen." Die beiden ließen sich, trotz aller Argumente, nicht beirren und so kam es, dass sie sich, recht unbedarft und relativ unvorbereitet, Anfang 1927 auf einem Dampfer der Woermann-Linie Richtung Südwestafrika befanden.

Nach Wochen erreichte das Schiff einen besonders kargen und völlig verlassenen Küstenstreifen. Ein Matrose, der diese Route bereits gefahren war, sagte: „Das ist jetzt die Küste Südwestafrikas." Kopfschüttelnd schauten sich die Freunde diese neue, nebelverhangene und sehr öde Welt an und fragten sich, was hier auf sie zukommen würde. Es wurde weder in Swakopmund, der deutschen Landebrücken-Stadt, noch in Walfischbucht, dem britischen Hafen, angelegt. Neben unglaublichen, in Fata Morgana verschwimmenden Weiten, erkannten sie, wenn die Sicht etwas klarer war, auch riesige Dünenwände vom Schiff aus. Eines späten Abends dann, es war eine mondlose, dunkle Nacht, erreichten sie endlich die kleine Bucht, ehemals Angra Pequena, mit der Stadt Lüderitz, wo sie bis zum nächsten Morgen auf Reede lagen.

Als die ersten Sonnenstrahlen langsam die Küste erhellten und als der Frühnebel sich lichtete, erblickten die Freunde von der Reling aus ein kleines Städtchen mit Kirchturm und einigen hübschen Häusern. Allerdings war das, was sie sahen, umgeben von einer sehr trostlosen Landschaft, bestehend aus nichts als Steinen, Klippen und nochmals Steinen. So weit man schauen konnte, gab es ringsherum nur Wüste.

Hermann sagte zu meinem Vater: „Emil, das sieht schlimm aus für uns beide!"

Während des Ausschiffens wurde nicht viel geredet, denn der Dampfer hatte zwei Tage Verspätung und entsprechend war die Eile groß. Ein Mitarbeiter der CDM-Gesellschaft erwartete sie am Pier. Vater wollte sich vergewissern und fragte: „Wir sind doch hier in Lüderitzbucht stationiert, oder?" Die Antwort kam prompt: „Nein, hier sind keine Diamanten, ihr geht nach Elisabethbucht."

„Oh Schreck, was noch?", raunte Hermann meinem Vater zu, „und nun haben wir für zwei Jahre einen Vertrag unterschrieben."

Am selben Tag ging es noch weiter nach Elisabethbucht, einem kleinen Minenort etwa dreißig Kilometer südlich von Lüderitz, ebenfalls direkt am rauen Atlantik gelegen. Elisabethbucht bestand gerade mal aus einer Handvoll Gebäuden und war, was sehr oft der Fall war, wie sie schnell noch feststellen sollten, in dicken Nebel gehüllt. So weit das Auge reichte, sah man entweder Wasser oder Wüste. Die Gegend war das Einsamste, was sie bisher in ihrem ganzen Leben gesehen hatten.

Die große Diamantenwaschanlage stand bereits und überall wurde noch weiter gebaut und prospektiert. Entgegen des ersten Eindruckes wurde dann doch alles noch sehr aufregend für die beiden Neuankömmlinge. Bevor sie sich weiter über ihr Schicksal Gedanken machen konnten, ging es bereits an die

Arbeit. Im neunstündigen Schichtwechsel war die Diamantenförderung sehr interessant und spannend. Die riesigen Maschinen, die sie von nun an betreuen mussten, waren schweres Gerät, speziell für den Zweck der Diamantenförderung gefertigt und erforderten ihr ganzes Schlosserkönnen.

Alle Angestellten waren in kleinen, aus Zementsteinen gebauten Zimmern untergebracht. Verpflegt wurden sie von der Minengesellschaft in einem großen Kantinengebäude. Da es nirgendwo Süßwasser in der Gegend gab, hatte man, um Trinkwasser zu gewinnen, große Glasplatten aufgestellt, mit denen der Nebel eingefangen wurde. Außerdem wurden Unmengen an Getränkeflaschen angefahren, auch reichlich Bier. Sogar ein Casino gab es und so war das Leben mit Arbeit und Freizeitvergnügen doch recht ausgefüllt und gar nicht so einsam wie anfangs befürchtet.

Wenn die beiden Glück hatten und zusammen auf Nachtschicht waren, konnten sie tagsüber – vorausgesetzt, dass keiner der lästigen Sandstürme über die Bucht fegte – gemeinsam am Strand mit Leinen angeln. Angelruten, wie man sie heute benutzt, gab es damals noch nicht. Das Angeln im fischreichen Atlantik begeisterte die Freunde mehr und mehr und sie entwickelten mit der Zeit eine große Leidenschaft dafür.

Nach drei Monaten bekamen Vater und Hermann das erste Mal eine Woche Urlaub und sie fuhren mit dem Minentransport nach Lüderitzbucht, wo sie einkaufen und sich etwas amüsieren wollten. Sie stiegen vor dem Kappshotel, dem einzigen im Ort, ab. Beim Eintritt kam Frau Kapps und jagte beide wieder hinaus mit den Worten: „Raus, Capies sind im Hotel nicht zugelassen!" Die beiden verstanden das nicht und hatten keine Ahnung, was sie verbrochen hatten. Durch den dreimonatigen Aufenthalt draußen im Seewetter waren sie so braun gebrannt, dass Frau Kapps unter dem festen Eindruck stand, es handelte sich um sogenannte Capies, Farbige aus dem Kapland, die oft auf den Straßen herumlungerten und bettelten. Zum Glück kannte ein anderer Gast Vater und Hermann und so konnte Frau Kapps überzeugt werden, dass sie aus Deutschland kamen und Angestellte der Minengesellschaft waren. Sie wurden dann eingelassen, Frau Kapps entschuldigte sich und gab zur Bereinigung des Missverständnisses einen Schnaps aus. Es wurde noch lange an dem Tag gefeiert. Die Aufnahme in die kleine, geschlossene Gesellschaft von Lüderitz war gelungen.

Mehr als zwei Jahre lebten Vater und Hermann bereits in Elisabethbucht, als sie erfuhren, dass ihr Arbeitsvertrag verlängert werden sollte, sie jedoch irgendwann nach Kolmanskuppe, östlich von Lüderitzbucht, versetzt werden sollten. Bei Kolmanskuppe wurden zwar schon seit Jahren ebenfalls Diamanten abgebaut, der Ort befand sich jedoch immer noch im weiteren Ausbau. Die Wohnhäuser für Kolmanskuppe, so auch das, was man Vater versprochen hatte, mussten erst in Deutschland vorgefertigt, dann per Schiff geliefert und vor Ort, inmitten der Sanddünen, zusammengebaut und aufgestellt werden.

Nun war es an der Zeit, dass Mutter nachkam. Sie verkaufte also ihren Krämerladen, organisierte bei der Verwandtschaft die Versorgung der Großmutter, packte das wenige Hab und Gut der Familie zusammen und schiffte sich mit meinem Bruder Horst nach Südwest ein. Die Wiedersehensfreude meiner Eltern war groß, hatten sie doch Jahre aufeinander gewartet, um eine neue und bessere Zukunft gestalten zu können. Einige Monate verbrachten sie dann noch gemeinsam in Elisabethbucht, bevor sie in das neue Holzhaus in Kolmanskuppe einziehen konnten. Die Wohnhäuser der Minenarbeiter wurden alle mit schönen, neuen Möbeln von der Diamantengesellschaft eingerichtet. Horst wurde gleich in die Schule von Kolmanskuppe eingeschult und ich wurde dort am 21. 06. 1931 im Krankenhaus geboren.

Mutter lebte sich schnell in der neuen Umgebung ein, denn aus Kolmanskuppe war ein sehr kultiviertes Minen-Städtchen mit allem Drum und Dran geworden. Zeitweise galt es sogar als die reichste Stadt Afrikas, es verfügte über Kino, Kegelbahn, Tanzsaal, Turnhalle und sogar eine Eisfabrik. Jede Familie erhielt täglich eine halbe Stange Wassereis für den Kühlschrank. Sogar die erste Röntgenanlage auf der südlichen Halbkugel wurde ins Krankenhaus nach Kolmanskuppe geliefert. Wie alle dort verdiente Vater in der Zeit recht gut und die Gemeinschaft aus fast dreihundert Erwachsenen und etwa vierzig Kindern führte trotz der widrigen Umgebung, inmitten von Sandstürmen und gnadenloser Hitze, ein recht vergnügliches und luxuriöses Leben

Für mich war es eine schöne Kindheit. Meine damaligen zwei kleinen Freunde und ich hatten den größten Sandspielplatz der Welt und wir bauten darin, was man sich als Kind nur vorstellen kann. Während mein Bruder Horst die Schulbank drücken musste, liefen wir überall herum und stellten so manchen Unfug an.

Kolmanskuppe verfügte über ein kleines Schienennetz, um Waren leichter über die Sanddünen transportieren zu können. Der Schienenkontrolleur benutzte eine Schiebetrollie, um die Schienen regelmäßig vom Sand zu befreien und zu warten. Diese Trollie stand oft unbenutzt und unbeaufsichtigt auf den Gleisen und bot uns ein gutes Klettergerüst und Spielzeug. Wir schoben die Trollie zur Zentral-Wäscherei, der Diamantenwaschanlage am Hang, dort gaben wir ihr einen Schubs, sprangen schnell auf und dann ging es in rasender Fahrt bergab. Dieses Spiel trieben wir tagelang, bis die Zeit uns eines Tages einen Streich spielte. Die Lokomotive mit Frachtwaggons aus Lüderitz kam auf den Hauptgleisen angedampft und die Weichen waren inzwischen umgestellt worden. Als ich bemerkte, dass wir nun den falschen Weg einschlugen, schnappte ich mir die Eisenstange, die wir benutzten, um uns bei der Abfahrt abzustoßen und in Fahrt zu bringen, und warf diese vor den rasenden Trollie. Alles entgleiste und wir drei flogen in hohem Bogen durch die Luft. Einer hatte den Arm gebrochen, der andere hatte ein Loch im Kopf, nur ich kam, zumindest vorerst, glimpflich davon mit ein paar Schrammen und blauen Flecken. Der Lokomotivführer, der das alles beobachtet hatte, berichtete sofort bei der Werkstatt über das Unglück und Vater versohlte mir Knirps ordentlich den Hintern. Dies war dann leider das Ende unserer Schienentrollie-Abenteuer.

Dann wurde Mutter krank und konnte sich gar nicht wieder recht erholen. Der Arzt der Gemeinde von Kolmanskuppe, Dr. Krenzel, empfahl, dass sie sich ins Sanatorium nach Deutschland begeben sollte, um sich auszukurieren.

1935 fing man langsam an, die Minenstadt Kolmanskuppe nach Oranjemund, ganz im Süden des Landes, umzusiedeln. Dort hatte man bereits 1929 noch größere Diamanten entdeckt. Auch unsere Familie sollte in absehbarer Zeit nach Oranjemund folgen. Die Eltern beschlossen, dass Mutter, Horst und ich erst einmal nach Deutschland fahren sollten, bis es auch für uns Zeit war, Kolmanskuppe zu verlassen. Vater dachte, nach nun fast acht Jahren Tätigkeit für die Diamantengesellschaft und da die Zukunft in der Branche recht ungewiss erschien, über eine Rückkehr nach Deutschland nach. Überhaupt waren die Zeiten inzwischen nicht mehr ganz so rosig und nicht zuletzt hingen diese Überlegungen auch mit Mutters angeschlagener Gesundheit zusammen. So sollte sie dann auch in der Zeit, die sie und wir Kinder in der alten Heimat verbrachten, einmal die Fühler ausstrecken, ob sie dort einen Platz und auch Arbeitsmöglichkeiten für die Familie sah.

Während Mutter mit den Reisevorbereitungen begann, hatten meine Freunde und ich noch eine schöne Spielzeit, vor allem an der Abrissstelle der Zentral-Wäscherei, wo wir prima klettern und rumturnen konnten.

Eines Vormittags spielten wir im Sand, ziemlich weit vom Haus entfernt. Ich fand einen schönen Stein. Blank blitzte er in meiner Hand und spiegelte das Sonnenlicht wider. Ich steckte ihn in meine Hosentasche und wir spielten weiter. Abends, als Vater nach Hause kam, zeigte ich ihm ganz stolz meinen Fund. Vater nahm den Stein und betrachtete ihn lange. Dann sagte er, etwas blass im Gesicht geworden: „Junge, das ist nichts, so was findest du überall!" Er ging zum Fenster und warf meinen schönen Stein in einem hohen Bogen in den Dünensand hinaus.

Es hatte sich wohl um einen recht großen Diamanten gehandelt, aber, was ich damals nicht wusste: Niemand, der für die Gesellschaft arbeitete, durfte jemals im Besitz von Diamanten sein. Dies wurde hoch mit Gefängnis und Entlassung bestraft.

Mein Schicksal wurde wohl durch diese Begebenheit nachhaltig geprägt. Die Freunde und ich suchten noch tagelang nach dem Stein, haben ihn aber niemals wiedergefunden. Und den Rest meines Lebens sollte ich von nun an immer wieder mit dem Suchen nach Steinen, Mineralien und anderen Schätzen verbringen. Es war mir von Stunde an ins Blut übergegangen.

Die Zeit kam, um Abschied zu nehmen. Mutter, Horst und ich befanden uns auf dem Dampfer nach Deutschland. Meine liebste Beschäftigung bestand darin, den Matrosen beim Anstreichen des Schiffes zu helfen. So war meine Wäsche immer voller Farbkleckse. Damit Mutter nicht schimpfte, wuschen die Matrosen mir regelmäßig Hemd und Hose. Die lange Zeit der Überfahrt verging so wie im Fluge.

Tante Emma, Vaters Schwester, und ihr Mann Onkel Georg holten uns am Hamburger Hafen ab. Da sie keine eigenen Kinder hatten, nahmen sie uns gerne bei sich auf. Horst wurde in Berlin eingeschult und ich war die meiste Zeit mit Onkel Georg zusammen. In den zehn Monaten, die wir in Deutschland verbrachten, nahm er mich überall mit hin, während sich unsere Mutter langsam im Sanatorium erholte.

Die politische Situation, vor allem in Berlin, wurde jedoch immer angespannter. Die Nationalsozialisten hatten drei Jahre zuvor die Macht übernommen. Zwar unterstützte ein großer Teil der Bevölkerung diese neue Diktatur, aber viele andersdenkende Menschen trauten sich nicht mehr auf die Straße, da sie mit Strafe und Repressalien rechnen mussten. Abweichende politische Meinungen wurden nur noch hinter vorgehaltener Hand geäußert oder lieber gar nicht mehr. Private Briefe wurden geöffnet, kontrolliert und zensiert. Dies betraf auch besonders den Briefwechsel aus den ehemaligen deutschen Kolonien, da diese nun direkt oder indirekt unter britischer Verwaltung standen.

Trotz der damals stattfindenden Olympischen Spiele in einem Berlin voller Euphorie spürte Mutter die unterschwellig sehr bedrückte Stimmung in der Bevölkerung. Ihre Entscheidung bezüglich einer Rückkehr der Familie nach Deutschland war ein klares Nein. Nachdem sie wieder ganz gesund war, schrieb sie an Vater: „Kartoffeln schälen habe ich in Deutschland als junge Frau gelernt, das brauch ich nun nicht mehr zu erlernen." Vater verstand diesen Hinweis richtig und organisierte gleich für Mutter und mich die Rückfahrt nach Afrika. Nur mein Bruder Horst blieb vorerst in Deutschland bei Onkel und Tante, um die Schule zu beenden.

Nach unserer Rückkehr nach Südwestafrika Ende 1936 blieben wir nur noch kurz in Kolmanskuppe und siedelten dann über nach Oranjemund. An der Grenze zu Südafrika mündet dort der große Oranje-Fluss in den Atlantik. Im Gegensatz zu fast allen anderen Flüssen im Land führt er beständig Wasser mitten durch die Namib-Wüste und hat im Laufe vieler Jahrmillionen reiche Diamantenvorkommen ins Meer und an die südliche Kuste gspult. In der Zwischenzeit waren unsere Häuser mitsamt Möbeln nach Oranjemund gebracht worden und so zogen wir neu in unser altes deutsches Holzhaus in Oranjemund ein.

Anmerkung: Kolmanskuppe und das alte Elisabethbucht sind heute Geisterstädte, die man nur noch als Tourist erleben kann. Die verlassenen Gebäude von Elisabethbucht sind durch Sandstürme und die salzige Luft des Atlantiks wabenartig zerfressen. Sie stehen zum Teil noch als bizarre Ruinen an der Küste des heutigen Namibias. Sofern sie nicht für Besichtigungen teilweise wiederhergerichtet wurden, werden die übriggebliebenen Gebäude von Kolmanskuppe und alles andere, was dort einfach von den Bewohnern zurückgelassen wurde, allmählich von den Dünen der Namib zugedeckt und begraben.

Aus Oranjemund schickten meine Eltern monatlich Geld nach Deutschland um für Kost und Logis für meinen Bruder aufzukommen. Unser südafrikanisches Geld war sehr viel mehr wert als die Deutsche Mark und so profitierten auch Onkel Georg und Tante Emma.

Es gab hier weniger Kinder, mit denen ich mich anfreunden konnte. Doch eines Tages kam ein junger Mann in die Stadt und suchte nach Arbeit. Er wurde als Aufseher bei der Minengesellschaft eingestellt und musste außerdem den Transport für die Schichtwechsel übernehmen. Um die Arbeiter hin und zurück zu transportieren, wurde ihm ein Chevrolet zur Verfügung gestellt. Der junge Mann wurde ein guter Freund meiner Eltern und so bekam ich zu Onkel Hermann noch einen zweiten väterlichen Freund dazu, Pepi Schierie-Lartz.

Da ich meistens alleine war und Mutter nicht auf die Nerven fallen wollte, dachte ich mir einen Plan aus. Wenn mein Vater Nachtschicht hatte, kam er früh morgens nach Hause, um sich schlafen zu legen. Ich wollte unbedingt mal mit zum Abbau fahren. Als Vater dann wieder eines Morgens von Onkel Pepi nach Hause gebracht wurde, wartete ich bereits am Tor, in der Hoffnung, dass Onkel Pepi sich auf meine Seite stellen würde. Ich bettelte laut vor Vater und, wie gehofft, kam dann auch prompt von Pepi der Befehl: „Bruno, steig ein!" Bevor Vater protestieren konnte, kletterte ich schnell hinten auf die Ladefläche. „Bye-bye, Vater, sag Mutti Bescheid. Ich bin jetzt erst mal weg!" Wir brausten davon. Das Problem, welches Vater jetzt mit Mutter hatte, war ja nicht mehr meines und von da ab fuhr ich öfter mit Onkel Pepi mit.

Irgendwann ging meine schöne Kinderfreizeit zu Ende. Ich wurde im vierhundert Kilometer entfernten Lüderitzbucht eingeschult und kam ins Schülerheim. Frau Baronin von Krauss war unsere Heimmutter und hütete uns streng, aber doch liebevoll. Wir Kinder aus Oranjemund hatten, trotz der großen Entfernung zu den Eltern, eine schöne Zeit im Schülerheim. Viele deutsche Farmerkinder waren ebenfalls mit uns dort und wir gingen gemeinsam in die Schule. In den Ferien fuhren alle Minenkinder dann mit einem großen Lastwagen den weiten Weg nach Oranjemund zu den Eltern.

Einmal, während dreiwöchiger Ferien, hatte Vater die Gelegenheit, auf Farm Eirub, der privaten Farm von Herrn Hoerlein, dem Betriebsleiter der Mine, etwas dazuzuverdienen. Er musste die Motoren und Maschinen dort warten und reparieren. Mutter und ich durften mitfahren und so lernten wir das erste Mal ein bisschen Südwester Farmleben kennen. Die Farmen im Süden des Landes waren meist Schaffarmen, die mehrere zehntausend Hektar groß sein konnten. Es regnete hier sehr wenig und die Weide bestand aus recht spärlich bewachsenen, weiten und trockenen Grassavannen. Ideale Bedingungen für die genügsamen Schafe, die zur Fell- und Fleischproduktion gezüchtet wurden. Die Farmer brauchten mitunter mehrere Tage, um ihren Besitz abzufahren und dabei hunderte Schafe zu kontrollieren. Der Absatz ihrer Produkte war zu den meisten Zeiten gut und viele von ihnen waren recht wohlhabend. Allerdings entwickelten sich durch das Einsiedlerdasein auch recht eigensinnige Charaktere unter ihnen. Eirub war eine wunderschöne Farm und ich genoss diese Ferien sehr. Leider ging es viel zu früh wieder ins Schülerheim zurück.

Onkel Pepi zog dann irgendwann auf die Nonidas-Kleinsiedlung in der Nähe von Swakopmund. Als „Kleinsiedlung" bezeichnet man eine kleine Farm oder Bauernhof. Dort betrieb sein Vater eine Milchwirtschaft und Pepi stieg mit in den väterlichen Betrieb ein. Diese ersten Kleinsiedlungen lagen einige Kilometer vor der Mündung des Swakop Riviers, dieses großen Trockenflusses aus dem zentralen Inland. Trockenflüsse werden, nach dem afrikaansen Wort für Fluss, „Rivier" genannt. Die fruchtbaren und grünen Uferbereiche am Swakop boten die einzige Möglichkeit, etwas Landwirtschaft in der weiten Umgebung der Wüste um Swakopmund herum zu betreiben.

Die politische Stimmung kippte auch hier plötzlich. 1938 teilte man meinem Vater mit, dass er sich naturalisieren lassen müsse, um ein „british subject" zu werden, andernfalls würde man ihm die Kündigung nahelegen. Dies bedeutete, dass er seine deutsche Staatsbürgerschaft abgeben und dafür die südafrikanische annehmen sollte. Vater war Reichsdeutscher und sprach weder das landesübliche Afrikaans noch Englisch, auch fühlte er sich nach wie vor der deutschen Kultur eng verbunden, so dass er sich zu diesem einschneidenden Schritt nicht durchringen konnte. Wir verließen also CDM und Oranjemund.

Onkel Hermann hatte sich naturalisieren lassen und blieb bei der Mine angestellt. Trotz der nun folgenden unsicheren Zukunft stand für Mutter eines fest und sie sagte zu Vater: „Alles kann ich mir vorstellen, nur nach Deutschland gehen wir nicht!" Während des Sanatorium-Aufenthaltes in Berlin war ihr nämlich unmissverständlich klar geworden, dass bald Krieg in Europa kommen würde.

Vater kaufte uns in Keetmanshoop ein Auto, einen Nash Lafayette, der uns noch über viele Jahre gute Dienste leisten sollte. Möbel hatten wir keine, da diese ja der Minengesellschaft gehörten. Ohnehin durfte man als Angestellter bei CDM keine eigenen Möbel besitzen, da man ja sonst darin, bei einem Umzug, gut ein paar Steinchen hätte verstecken können.

Zunächst reparierte mein Vater bei einem Herrn Doktor Mehl auf Farm Guinas bei Maltahöhe Motoren und Pumpen. Dann, obwohl wir Deutsche waren und Vater die Landessprache nicht beherrschte, bekam er eine Anstellung als Reparaturschlosser bei der Eisenbahn in Usakos. Usakos lag an der Bahnstrecke Richtung Swakopmund und ich ging dann dort zur Schule. Wir wohnten in einem schönen, großen Steinhaus, welches meine Eltern von einem Herrn Hoffmann mieteten. Herr Hoffmann war der Tischlermeister von Usakos und fertigte uns endlich eigene Möbel an.

Das erste Jahr in Usakos ging schnell vorüber. Mitte 1939, während der Ferien, als wir Onkel Pepi auf Nonidas besuchten, kehrte auch endlich mein Bruder Horst wieder heim und wir holten ihn vom Schiff in Walfischbucht ab. Gerade noch rechtzeitig, denn kurz darauf brach der Zweite Weltkrieg in Europa aus, er hätte eine Rückkehr für ihn unmöglich gemacht. Und Vater musste nun schon wieder kündigen, weil er Reichsdeutscher war.

2. KAPITEL

Swakopmund und die Kleinsiedlung

Wir zogen erst mal zu Onkel Pepi nach Nonidas, zehn Kilometer außerhalb von Swakopmund, wo heute die gleichnamige Burg steht.

Vater bekam dann eine Anstellung in Swakopmund bei der Firma Woermann & Brock, die zu der Zeit auch das Elektrizitätswerk betrieb. Sie suchten einen Maschinisten, der die Generatoren zur Stromerzeugung wartete. Dies bedeutete wieder Schichtdienst für Vater. Ich wurde nun nach Swakopmund umgeschult, bekam ein Fahrrad und musste von der Kleinsiedlung zur Schule in die Stadt radeln.

Inzwischen schrieben wir das Jahr 1940, ich war neun Jahre alt geworden und täglich fuhr ich mit meinem Rad zehn Kilometer zur Schule hin und auch wieder zurück. Die Fahrstraße nach Swakopmund war eine gehobelte Schotterpiste. Da sie nicht ganz gerade verlief, fuhr ich mir einen eigenen Radweg ein, um so viele Meter wie möglich abzukürzen. Horst bekam eine Klempner-Lehrstelle bei Franz Boost in Swakopmund. Zunächst fuhr auch er noch mit dem Fahrrad, bis er ein Zimmer in der Stadt mieten konnte. Vater kaufte sich ein Miele-Motorrad, um zur Arbeit zu fahren. Seine Schichteinteilung war von morgens um sieben bis um drei Uhr nachmittags, von drei Uhr nachmittags bis um elf Uhr am Abend oder von elf Uhr abends bis um sieben Uhr morgens.

Nachdem wir etwa ein halbes Jahr auf Nonidas gewohnt hatten, wurde westlich davon eine Kleinsiedlung privat zum Kauf angeboten. Es war eine ehemalige Hühnerfarm, die Eier produziert hatte. Der Betrieb war inzwischen stillgelegt worden und so stand dort nur ein kleines Wohnhaus mit nichts weiter, kein Wasser, keine Einzäunung. Die Siedlung war offiziell auf den Namen „Farm Eier" eingetragen, was natürlich etwas albern klang und als Vater sie dann kaufte, benannte er sie gleich in „Swakopaue" um, weil das Ufer des Swakop Riviers dort ganz üppig bewachsen war mit Eukalyptusbäumen und Tamarisken-Hainen. Wir hatten zum ersten Mal einen eigenen Besitz in Südwestafrika und zogen ganz stolz in das alte Haus ein.

Zu meiner Freude waren es jetzt „nur" noch neun Kilometer zur Schule. Was ich nicht ahnen konnte, war, dass Vater mich, neben den täglichen Hausaufgaben und erst recht in den Ferien, auch für den Aufbau der neuen Kleinsiedlung eingeplant hatte.

Zu Anfang der Ferien montierte er immer das hintere Teil unseres Nash Lavayette ab und nietete das Rückfenster und das Dachteil hinter den Vordersitzen fest, so dass wir dann einen sogenannten Bakkie (Pick-up) mit Ladefläche hatten. Seitlich wurden noch Holzplanken zum Runterklappen angebracht. Wir waren ganz stolz auf unser Patent.

Damals war das stehende Wasser im Swakop noch trinkbar und es befand sich ein großer offener Teich in der Mitte des Riviers, wo wir zunächst Wasser schöpfen konnten. Auch unsere Gänse flogen täglich zum Teich zum Baden und dann wieder zurück in den Stall.

Fünfzig Meter vom Ufer entfernt bauten wir dann zuerst einen Brunnen, von dem aus das Wasser angetragen wurde. Ich bekam ein Joch mit Eimern auf jeder Seite über die Schulter und musste nachmittags jeweils fünf Mal Wasser holen und den Haustank auffüllen. Zugegebenermaßen stank mir diese Arbeit manchmal sehr, was ich auch öfter kundtat, aber jeder hatte seine Aufgabe, die es zu erfüllen galt. Vormittags, wenn ich in der Schule war und Vater bei der Arbeit, trug Mutter oft das

Wasser. Sie versuchte, mich zu entlasten und füllte so manches Mal den Tank für mich. Ich schämte mich dann, wenn der Tank mittags bereits voll war. Es ist mir bis heute ein Rätsel, wie sie so viel laufen konnte. Ihre Eimer waren dazu auch noch größer und entsprechend schwerer. In den Ferien machte ich es wieder gut und sorgte dafür, dass der Tank immer voll war.

Vater besorgte eine Flügel-Handpumpe. Auf der Müllkippe holten wir Fünfundzwanzig-Millimeter-Stahlrohre, die die Hansa-Brauerei ausrangiert hatte. Wir bogen die Rohre gerade und so wurde endlich eine Wasserleitung gelegt. Man musste also fortan nur noch zum Brunnen gehen und pumpen. Die lästige Tragerei hatte zum Glück ein Ende. Vater stellte noch einen kleinen Windmotor über der Pumpe auf. Wenn der Wind blies, lief der Tank sogar über. Mutter legte nun einen Garten an und pflanzte Gemüse für den Hausgebrauch.

Mein Schulfreund Kurt war in Otavi zu Hause, im Nordosten des Landes. Seine Eltern hatten dort eine Farm. Kurt war in Swakopmund im Schülerheim, aber auch in den zehntägigen Ferien konnte er aufgrund der Entfernung nicht nach Hause. Er wohnte dann immer, bis zum Ende der Ferienzeit, bei uns. Schnell erledigten wir unsere tägliche Ferienarbeit auf der Kleinsiedlung und dann stromerten wir in der Gegend herum, vor allem gingen wir Onkel Pepi auf die Nerven.

1941, inzwischen herrschte seit fast zwei Jahren Krieg auf der Welt, kam plötzlich die britisch-südafrikanische Polizei und verhaftete Onkel Pepi. Sie nahmen ihn gleich mit, um ihn zu internieren. Später hörten wir dann, dass Pepi und einige seiner Freunde unvorsichtigerweise bei einer Feierlichkeit in Swakopmund nationalsozialistische Lieder gesungen hatten. Er kam, wie viele andere Deutsche aus Südwest, in das Internierungslager Andalusia in Südafrika und wir sahen ihn erst viele Jahre später wieder. Welch ein Schock das für mich und alle anderen aus dem Umfeld war! Sein Vater musste wieder selbst die

Milchwirtschaft übernehmen. In dieser Zeit hielten sich meine Eltern auch mit Bekanntschaften in der Nachbarschaft sehr zurück. Es gab damals nur wenige Siedler am Rivier und man musste wirklich sehr vorsichtig sein, was man sagte, um nicht irgendwie angeschwärzt zu werden. Die Zeiten waren schlecht und zwischen den Kleinbauern herrschte große Konkurrenz. So manch einer gönnte dem anderen nicht die Butter auf dem Brot.

Nur ein Nachbar aus der Umgebung östlich von uns kam oft vorbei. Gustav war jedoch bei der „Home Guard" und man hatte uns ohnehin gewarnt, dass er immer auf seinen Vorteil bedacht war und außerdem eine sehr eigene Rechtsauffassung besaß. Also mussten wir auch ihm gegenüber vorsichtig sein. Später haben wir ihn dann noch viel besser kennengelernt und es hat sich bestätigt, dass „Onkel" Gustav es nicht immer so genau nahm mit dem Recht und der Wahrheit.

Er baute größere Mengen Gemüse an und schickte diese unter anderem auch nach Oranjemund, per Zugwaggon. Beim Transport ihrer Erzeugnisse von den beiden Eisenbahnstationen Nonidas und Rössing aus mussten die Siedler dann doch zusammenarbeiten, um die hohen Frachtkosten zu teilen.

Ich machte Bekanntschaft mit einem jungen Mann namens Billy King. Er war Mechaniker bei der Eisenbahn und pumpte das Wasser per Zentrifugalpumpe mit einem Petter-Motor nach Nonidas, wo es dann in großen Tanks gechlort und in die Dampflokomotiven gefüllt wurde. Billy war ein Engländer, wie er im Buche stand und sprach auch ausschließlich Englisch. Außerdem war er Junggeselle und fast zwanzig Jahre älter als ich, aber wir wurden die besten Freunde oder „Pellies", wie man in Südwest sagt.

Herr Schieri-Lartz, Pepis Vater, verkaufte meinen Eltern zwei Kühe, Auguste und Louise. So hatten wir nun auch immer eigene Milch, Quark und Butter. Auch Vaters Qualifikationen als

Schlosser hatten sich rumgesprochen und nach und nach fingen die Siedler an, ihre kaputten Motoren und Geräte zu ihm zu bringen, damit er diese nach Feierabend reparierte. Bezahlt wurde meist mit Gemüse, Eiern oder anderen nützlichen Dingen.

Ich bekam auch ein neues Fahrrad, ein Phillips, und Vater erwartete, dass dieses bis zum Ende der Schulzeit hielt. Wenn etwas kaputt ging, was aufgrund der strapaziösen Fahrten, die ich machen musste, nicht gerade selten vorkam, musste ich auf irgendeine Art einen Plan machen. Es war sehr schwierig, während des Krieges Ersatzteile zu bekommen. Wann immer ich einen neuen Mantel, Schlauch oder eine Kette für mein Fahrrad brauchte, half mir Herbert, ein Damara, der bei der Woermann & Brock-Handelskette Transportfahrer war. Er war berufsbedingt im ganzen Land unterwegs und konnte mir meistens das Nötigste besorgen. Da Südwest ja unter südafrikanischer Verwaltung stand, Südafrika wiederum britisch war, hatten wir natürlich auch deren Währung. Ich bezahlte Herbert also zehn Schilling für ein Ersatzteil und ein Pfund Kommission ging dann jeweils in seine Tasche. Wie und woher die Teile kamen, wurde lieber nicht gefragt. Auch Benzin war inzwischen rationiert und gab es nur noch über zugeteilte Coupons. Vater war froh, dass er das sparsame Miele-Motorrad hatte. Mit den Benzincoupons und auch mit Öl wurden in der Zeit die schönsten Tauschgeschäfte gemacht.

Im Oktober und November 1941, immer wenn ich von der Schule kam, konnte ich beobachten, wie sich prächtige Kumuluswolken im Inland aufbauten. Riesige Wolkentürme, die sich scharf vom blauen Wüstenhimmel abgrenzten, sah man am fernen Horizont. Dann, Anfang Dezember, kam eines Tages das Swakop Rivier ab. So heisst es, wenn sich die Trockenflüsse mit Wasser füllen, meist in Form von reissenden Fluten. Dass der Fluss wirklich vorstieß bis ins Meer, war ein sehr seltenes Schauspiel und höchstens alle paar Jahre oder sogar Jahrzehnte mal zu beobachten. Meistens war das Spektakel dann auch nach wenigen Tagen wieder vorbei. Das Flussbett des Swakop ist in der

Nähe der Mündung sehr breit und das Wasser lief zuerst auf der gegenüberliegenden Seite der Kleinsiedlungen. Wir dachten, dass es eigentlich nichts zu befürchten gab, vor allem was unseren Brunnen, der viel tiefer als das Haus lag, betraf. In diesem Jahr jedoch führte der Fluss schon einige Wochen Wasser und der Pegel stieg langsam höher und höher. Der Strom wurde immer breiter und dann waren es nur noch wenige Meter bis zum Brunnen. Den Windmotor bauten Vater und ich vorsorglich ab und so wurde in den nächsten Wochen wieder mit der Hand gepumpt, Mutter vormittags und ich nachmittags, und auch Vater – je nachdem, wie er Schicht hatte.

Wir hielten den Haustank immer ganz voll und stellten weitere Fässer auf, die wir ebenfalls immer füllten, für den Fall, dass wir auch die Pumpe noch abbauen mussten.

Dann, am ersten März 1942, Vater hatte Nachtschicht gehabt und schlief, sah ich wieder, während ich von der Schule kam, ganz dicke, bedrohliche Wolkenberge am Horizont. Die Strömung hatte allerdings etwas nachgelassen. Ich ging zur Pumpe, pumpte alles voll und hörte, wie Mutter mich zum Essen rief. Irgendein Gefühl sagte mir: „Nimm die Pumpe mit!" So schleppte ich sie mit zum Haus, woraufhin Mutter schimpfte: „Was machst du uns für unnötige Arbeit?" Ich sagte: „Ach, morgen kann ich sie ja wieder mit runternehmen."

Dann kam Billy mit dem Motorrad und erzählte aufgeregt, dass das Kahn Rivier sehr hoch bei Usakos stand und auch das Swakop Rivier. Der Kahn mündete in den Swakop. Billy hatte, per Telefon der Nonidas-Station, den Auftrag erhalten, die Pumpe der Bahn im Auge zu behalten. Er war noch keine fünf Minuten weg, Mutter und ich standen noch draußen, da kam eine unglaubliche Flutwelle an. Mutter rannte ins Haus, um Vater zu wecken. Ich erschrak ganz fürchterlich, aber der etwas höhergelegte große Garten von Mutter rettete uns. Durch ihn wurde ein Teil der Woge umgeleitet und diese spülte einen Hohlraum davor aus. Ein Teil des Wassers wurde so zurück zur Riviermitte geleitet.

Überall um uns war Wasser, Vater wollte das Auto rausfahren – musste zu allem Übel aber erst noch einen Reifen wechseln. Er stand dabei schon bis über die Knöchel im Wasser, schaffte es aber in letzter Minute, das Auto rauszuholen und auf einen nahen Hügel zu fahren. Wir konnten nichts weiter unternehmen, alles, auch unser Haus, stand im Nu unter Wasser. Das Swakop Rivier war weit über die Ufer getreten. Nach nur zwanzig Minuten war der Höchststand erreicht und der Pegel senkte sich wieder.

Später hörten wir, dass zwei Dämme am Oberlauf des Swakop gebrochen waren, daher die große Flutwelle, die uns überrascht hatte. So gegen halb sieben kam mein Bruder mit ein paar Freunden aus Swakopmund angefahren. Wir räumten das Haus fast leer und stellten alles zum Trocknen in die Fläche. Es wurde bereits dunkel, als alles leergeräumt war. Aber nun wurde die Strömung des Swakop wieder stärker, das Rivier fing an, am Ufer zu sägen. Viel Sand wurde weggeschwemmt und wir befürchteten das Schlimmste. Vorsorglich kampierten wir bei unseren Möbeln in einiger Entfernung. Um halb eins in der Nacht war dann das Haus an der Reihe. Das Rivier nahm die Küche, das Wohnzimmer und ein Schlafzimmer mit. Ich werde niemals den nächsten Morgen vergessen, als wir vor einem halben Haus standen. Das Wasser war jedoch dort, wo sich die Reste des Gebäudes befanden, nicht mehr ganz so reißend. Mehr konnte nicht weggespült werden, da sich unterhalb der verbliebenen Mauern Granitklippen befanden.

An dem Tag ging ich natürlich nicht zur Schule und auch mein Freund Kurt sagte zum Klassenlehrer: „Entschuldigen Sie mich, aber ich muss weg, ich muss Bruno helfen." Er lieh sich ein Fahrrad und kam um neun Uhr bei uns an. Das, was übrig geblieben war von unserem Haus, wurde saubergemacht. Wir putzten also die Garage und die drei restlichen Zimmer. Komischerweise stand dort, wo mal die Küche gewesen war, noch der Sendling-Holzofen auf drei Beinen. Er wurde zurechtgeschoben und so konnten wir wenigstens kochen.

Billy kam vorbei und bot uns an, erst mal das Eisenbahnhaus zu nutzen. Aber Vater lehnte dankend ab, weil wir ja noch ausreichend Platz übrighatten. Die Garage wurde als Allgemeinzimmer eingerichtet und diente als Küche, Wohn- und Abstellraum und die Eltern und ich hatten noch ein Schlafzimmer. Kurt blieb über Nacht und am nächsten Morgen mussten wir zur Schule. Damals hatten wir auch samstags Schule bis um zwölf Uhr. Wir schwänzten allerdings und ließen den Lehrer glauben, dass wir noch helfen mussten.

Was wir noch besaßen, wurde nach und nach wieder eingeräumt. Vieles war jedoch der Flut zum Opfer gefallen, der Garten und alle Gartengeräte waren weg, Amboss und Schraubstock, Eimer, Wassertank und sogar die Wasserleitung, alles war weg. Später fanden wir lediglich noch eine Harke und einen Spaten. Billy sagte, wir sollten bei ihm auf der Station mal schauen kommen, wie schief der Wasserturm seiner Pumpanlage stand. Die Flut hatte alles auf einer Seite ausgewaschen und nun sackte der Turm stark ab. In ihm befanden sich der Putter-Motor und die Stufenpumpe, zum Glück unversehrt. Herr Utech, der Eisenbahnmechaniker, kam und setzte die Maschinen mit Baken und Eisenbahnschienen gerade, so dass wenigstens Wasser nach Nonidas-Station gepumpt werden konnte. Bis heute steht der schiefe Turm noch an derselben Stelle.

Kühe, Gänse und Hühner hatten wir, im Gegensatz zu anderen Siedlern zum Glück nicht verloren – es gab aber kein Futter mehr im Rivier und so musste Vater für viel Geld trockene Luzerne bei Woermann & Brock kaufen. Der Swakop floss noch bis Ende April, die letzten zwei Wochen weniger, so dass man vorsichtig darin waten konnte. Man musste nur aufpassen, dass man im schwammigen Sand nicht wegsackte. Viele Kühe und Schweine von Onkel Gustav mussten ausgebuddelt und rausgezogen werden. Einige der Tiere verreckten auch. In der Mitte vom Rivier war eine schmale Insel übrig geblieben. Da entdeckte ich noch viel Schilf, was ich zu meinem eigenen Leid Vater berichtete. Es wurde sofort eine Sichel gekauft und Bruno musste fortan nachmittags Schilf schneiden und nach Hause bringen, da die Kühe zu ihrer eigenen Sicherheit im Stall bleiben mussten. Vater sagte: „Da du ja jetzt nicht mehr pumpen musst, kannst du auch Schilf holen." Nun ja, die Kühe waren dankbar, nur ich nicht so sehr.

Unterhalb unserer Wohn-Ruine wurde ein Fass als Brunnen eingebuddelt, die Pumpe aufgestellt und das Wasser unter das verbliebene halbe Dach der nicht mehr existierenden Küche gepumpt. So ging dann alles wieder langsam seinen Gang, Vater musste wieder ins E-Werk, ich zur Schule und Mutter legte einen neuen, allerdings viel kleineren Garten an.

Eines Tages, Anfang 1943, erzählte uns Billy, dass zwischen Schieri/Nonidas und Onkel Gustavs Grundstück Land von der Stadtverwaltung angeboten wurde, welches keiner bewirtschaftete. Mein Vater und ich kannten das Gelände und gingen daraufhin zum Magistrat, um einen Kaufantrag zu stellen. Der Magistrat füllte mit uns alle Formulare aus und schickte den Antrag nach Windhoek zum Tintenpalast, dem Sitz des Parlaments. Die Magistrats-Sekretärin war sehr freundlich und uns Deutschen gut gesinnt. Sie fragte immer wieder nach bei der Obrigkeit und legte ein gutes Wort ein. Die Antwort lautete dann aber doch: Da wir Reichsdeutsche waren, hatten wir nicht das Recht, Land zu erwerben. Man bot uns jedoch an, das Stück über einen Zeitraum von zwanzig Jahren zu pachten und zu bewirtschaften. Meine Eltern stimmten sofort zu und beauftragten einen Landvermesser mit der Vermessung. Wir bezahlten fünf Pfund Pacht im Jahr.

Jetzt ging es erneut an die Arbeit, Vater wünschelte nach Wasser und wir stellten einen Arbeiter vom Owambo-Stamm ein. Der musste zunächst ein großes Loch graben. Ich half nachmittags dabei und nach ungefähr drei Metern Tiefe erreichten wir Wasser. Dieses war süß, gut und trinkbar. In den zehntägigen Ferien kam, wie üblich, Kurt mit auf die Kleinsiedlung und wir schufteten nun zusammen an dem neuen Brunnen. Vater besorgte alte Blechplatten, ein Ring wurde gebaut, Zement und zwei Schubkarren gekauft. Als der erste Ring endlich gegossen war, waren die Ferien schon wieder um. So ging es nun nachmittags weiter – Vater, der Owambo und ich. Ringe wurden gegossen, dann wurde wieder geschaufelt und allmählich sackte der Brunnen in die Tiefe. Eine alte Zentrifugalpumpe wurde bei der Salzkompanie von Herrn Klein abgesahnt und ein alter Schlüter-Motor musste dann die Pumpe antreiben.

Mutter benutzte nun meines Bruders Fahrrad, da dieser es nach seinem Umzug nach Swakopmund nicht mehr brauchte. Sie fuhr jeden Tag von unserer alten Siedlung zur neuen, um Zementsteine zu gießen. Vater hatte dafür eine Form gebaut, so dass man jeweils drei Steine am Stück formen konnte. Mit diesen Steinen sollte ein neues Haus gebaut werden.

Wie schon erwähnt, wurde Benzin durch die Vergabe von Coupons rationiert. Wir bekamen pro Monat zehn Gallonen Benzin für das Auto und drei für das Motorrad. Da dies sehr wenig war, wurde viel mit Benzincoupons geschmuggelt und gehandelt. Onkel Gustav war hier ganz in seinem Metier. Er hatte sich den Transportauftrag ergattert, Diesel für den Pumpmotor von Nonidas-Station zur Pumpe zu fahren. Für die Fahrten bekam er Diesel-Coupons, nur dass er gar kein Fahrzeug hatte, stattdessen transportierte er die Dieselfässer mit dem Eselskarren. So hatte er die begehrten Coupons zum Handeln zur Verfügung, wovon auch wir profitierten. Und auch die Füllmenge der Dieselfässer, die Onkel Gustav bei der Pumpe ablud, entsprach selten der ursprünglich geladenen Menge. Unterwegs gab es immer Schwund.

Vater kaufte für fünf Pfund einen Eineinhalbtonner-Pick-up der Marke Whippet bei Herrn Wenk, der Maurerarbeiten in Swakopmund verrichtete und einen größeren Laster brauchte. Mit diesem Whippet lernte ich schon mit elf Jahren Auto fahren.

Das viele Holz, welches der Swakop vom Inland hergespült hatte, fuhr ich damit zur Siedlung. Wir benutzten das Holz zum Anfeuern des Küchenherdes und zum Bau der Einzäunung der neuen Siedlung.

Mit Mutters Zementsteinen wurden drei Zimmer gebaut, gleich neben dem Brunnen. Später wurde vergrößert und ein Badezimmer angebaut. Ende 1943 konnten wir dann endlich in das neue Haus umziehen. Onkel Gustav, der jetzt unser direkter Nachbar war, kam nun noch öfter zu Besuch, wobei wir beim Abschied immer darauf achteten, dass er nichts mitgehen ließ, da er sich ganz gerne Dinge aneignete, die er selbst gut gebrauchen konnte.

Zu meinem Leidwesen war mein Schulweg jetzt wieder zwei Kilometer weiter. Um sechs Uhr dreißig fuhr ich morgens mit dem Rad los. Meistens war dicker Nebel und so kam ich dann pitschnass in Swakopmund an. Wenn der Ostwind allerdings von hinten blies, raste ich mit dem Wind im schnellen Tempo zur Stadt, aber wehe, wenn er mittags immer noch wehte. Dann musste ich das Fahrrad im Gegenwind schieben und kam halb verdurstet erst um drei oder halb vier zu Hause an.

Die Schule selbst war eigentlich recht vergnüglich. Kurt und ich heckten oft Streiche aus. Einmal fing ich auf dem Schulweg eine große Maus ein, die ich in meine Frühstücksbox sperrte. In der Schule angekommen dachten sich Kurt und ich sofort einen Plan aus. Als dann Fräulein Storm die Lehrstunde führte, ging ich zur Tafel und putzte diese, in meiner Tasche befand sich die Maus. Kurt ging zur Ablenkung mit einem Buch zum Lehrerpult und fragte Fräulein Storm etwas. Ihre Handtasche stand zwischen Pult und Tafel auf dem Boden und schnell landete die Maus darin. Die ganze Klasse wartete nun gespannt auf die weiteren Geschehnisse, aber leider passierte gar nichts. Fräulein Storm nahm nach der Unterrichtsstunde ihre Bücher in den Arm, schloss ihre Handtasche und verließ den Klassenraum. Sie unterrichtete die nächste Stunde nun im Nachbarzimmer. Es verging eine ganze Weile, wir waren bereits in den nächsten Lehrstoff vertieft, da gab es plötzlich einen lauten Schrei nebenan, gefolgt von Gepolter und aufgeregten Rufen. Fräulein Storm hatte ein Taschentuch aus der Handtasche nehmen wollen, als die Maus heraussprang und durch das ganze Klassenzimmer rannte. So war es uns gelungen, nicht nur eine Lehrerin, sondern gleich ein ganzes Klassenzimmer zu erschrecken. Natürlich kam heraus, wer dahintersteckte und ich bekam mal wieder eine Verwarnung.

Trotz der Arbeit auf der Kleinsiedlung waren die Ferien am schönsten. Und zumindest den Sonntag hielten die Eltern frei. Mutter pflanzte Gemüse an und Vater nahm die Ernte im Rucksack mit zur Stadt, wo er sie an Privatkundschaft verkaufte. Da es jedoch immer mehr Abnehmer für das Gemüse gab, musste er bald immer mit dem Auto fahren. Das Hansa-Hotel und Woermann & Brock-Einzelhandel wurden ebenfalls ständige Abnehmer. Auch das Hotel Europahof und Eggers-Hotel kauften von uns Gemüse. Inzwischen hatten wir noch zwei weitere Owambo-Männer eingestellt, die sehr fleißig waren. In den dreiwöchigen Juniferien schaufelte ich mit dem einen Owambo ein Wasserloch. Wir mussten nun einen zweiten Brunnen bauen, weil Mutter einen zusätzlichen Garten anlegte.

In einigen Jahren wuchsen Zucker- und Wassermelonen im Überfluss und im nächsten Jahr gab es wieder ganz wenig Ernte. Ich erinnere mich noch gut, dass wir einmal so viele Zuckermelonen ernteten, dass wir nach Walfischbucht fahren mussten, um sie dort einfach auf der Straße zu verkaufen. Abends bin ich mit dem Whippet nach Nonidas-Station gefahren, wenn ein Personenzug unterwegs war und verkaufte Melonen während der Haltezeit im Zug. Der Lokführer hupte dann schon, wenn er fast bei der Station war, ich sprang schnell in den Laster und raste hin. Der Zug stand dann etwas länger, damit jeder kaufen konnte. Der Lokführer bekam immer einige Melonen umsonst und auch Billy erhielt seinen Teil. Die Verspätung des Zuges konnte der Lokführer trotzdem wieder ganz gut aufholen, so dass der Zug pünktlich in Usakos ankam.

Herr Lindau von der Siedlung Brockenfels erntete in einem Jahr so viele Tomaten, dass er einen großen Vertag mit der Fischfabrik in Walfischbucht schließen wollte, um Fisch in Tomatensoße in Dosen einzumachen. Der Vertrag kam aber nicht zustande, worüber Herr Lindau dann heilfroh war, da im nächsten Jahr die Tomatenernte sehr kläglich ausfiel.

So gab es gute und schlechte Jahre und man konnte nie wissen, wie die Ernte ausfallen würde.

In den Juniferien half ich auch oft bei Onkel Gustav. Er hatte von der Regierung die Farm Jakkalswater gepachtet, wo sein Trockenvieh auf Weide stand. Die Milchkühe, die „trocken" waren, wurden hierhergebracht und die, die frisch gekalbt hatten und gemolken werden sollten, wurden zur Siedlung getrieben, von wo aus er Butter, Milch und Sahne verkaufte. Außerdem schlachtete er auch selbst und verkaufte Frischfleisch. Seine Frau, Tante Sofie, fuhr drei Mal in der Woche mit dem Eselskarren nach Swakopmund, um die Produkte zu verkaufen. Sie konnten jede helfende Hand gebrauchen und ich verdiente mir so ein schönes Ferientaschengeld, mit dem ich mir ein Francis-Barnett-Motorrad kaufte. Es war alt und verrostet, dafür aber billig. Billy half mir, es zu überholen und wieder fahrtüchtig zu machen. Anmelden konnte ich es nicht, da ich ja unter sechzehn war und noch keinen Führerschein besaß. Sonntags fuhren Billy und ich meist mit dem Motorrad zum Angeln. Den Fisch verkaufte Billy dann an das EggersHotel. Er kaufte sich von dem Entgelt meistens eine Flasche Brandy und ich bekam den Rest bar in die Hand. Es war ein gutes Zusatzgeld und ich sparte alles, damit ich mir eines Tages ein größeres Motorrad leisten konnte. Ersatzteile bestellte Billy für mich in Johannesburg bei Motor Cycle Works. Alles kam per Post und wir hatten zumindest keine Ersatzteilprobleme.

Die Ferienarbeit bei Onkel Gustav war vielseitig. So musste ich unter anderem auch mit der Sense Luzerne für die Kühe schneiden. Eines Nachmittags fuhr ich wieder um vier Uhr zu seiner Siedlung und schnitt das Futter. Als Onkel Gustav von Jakkalswater zurückkehrte, bekam ich meinen Lohn: zwei Schilling und sechs Penny, dazu einen vier Wochen alten Welpen. Tante Sofie brannte gerade Schnaps von Pfefferminze, die bei ihnen im Garten wuchs. Ein großer Kupferkessel stand auf dem Holzofen, von dem aus durch ein kleines Rohr das Destillat in ein großes Glas tröpfelte. Zur weiteren Belohnung bekam ich ein Schnapsglas von dem warmen Gebräu. Es schmeckte herrlich und sogleich bekam ich noch ein Gläschen. Das Resultat war, dass die Erde etwas schwankte, während ich, meinen Welpen unter dem einen Arm, das Fahrrad über dem anderen, singend zu Hause ankam. Zum Entsetzen der Mutter war ihr Bub mit dreizehn Jahren betrunken. Onkel Gustav musste sich eine Predigt anhören, die sich gewaschen hatte. Zu Mutters weiterem Ärger war sein einziger Kommentar: „Früh übt sich, wer ein Meister werden will." In meinem späteren Leben war ich dann tatsächlich bei so mancher Gelegenheit ein Meister.

Auch während weiterer Ferien bat mich Onkel Gustav immer wieder um Hilfe. Wenn meine Eltern mich entbehren konnten, nahm ich die Arbeit gerne an. Immer wenn wir das Trockenvieh nach Jakkalswater hin- und die Milchkühe zurückbrachten, mussten wir alles, was im Weg stand, zum Beispiel Esel, einfach mitnehmen, egal wem sie gehörten. Onkel Gustavs These war, dass es ja schließlich nicht unsere Schuld war, wenn diese Tiere sich uns einfach anschlossen.

Als ich eine nagelneue Schubkarre für die Arbeit vorfand, erklärte er mir, dass er sie sich bei Woermann & Brock als Entgelt mitgenommen hätte. Er hatte am Vortag dort fünf Sack Zement gekauft. Da gerade keine Hilfskraft zur Verfügung stand, um ihm die Säcke auf seinen Eselskarren zu laden, fuhr er sie mit der Schubkarre selbst aus dem Laden. Da sei es doch nur recht und billig gewesen, dass er die Karre gleich mit aufgeladen habe. So war er, der Onkel Gustav, liebenswert, aber trotzdem ein Gauner durch und durch.

Auf der elterlichen Siedlung waren für die beiden Owambo-Arbeiter inzwischen auch Unterkünfte aus Zementsteinen gebaut worden. Da Milchprodukte sehr begehrt in Swakopmund waren und oft Mangel herrschte, hatte Vater eines Tages eine brillante Idee. In den Juniferien rief er mich zu sich und sagte: „Bruno, jetzt sind Ferien, du bist nun schon vierzehn Jahre alt und damit groß genug. Am Montag bringe ich dich mit dem Owambo Lukas in die Nähe von Karibib, ich möchte dort auf der Farm Ababis drei Kühe bei dem Farmer Gladis kaufen. Du und Lukas bringt die Kühe mit den zwei Kälbern dann zu Fuß, entlang des Swakop, zurück zur Siedlung."

Ich hatte keine Ahnung was „in der Nähe von Karibib" hieß und auch nicht, wo der Lauf des Swakop Riviers verlief. Vater sagte: „Es ist recht einfach: Von der Farm bis zum Rivier ist noch gute Weide, danach finden die Kühe im Flussbett genug Grün. Den Weg solltet ihr in etwa fünf Tagen schaffen." Der Owambo Lukas und ich bekamen jeder einen alten, geflickten Rucksack. Dann wurde gepackt: ein gusseiserner Dreibeintopf, Streichhölzer, Maismehl, ganz wenig Zucker, denn zu viel davon machte, laut Vater, nur schlapp, Kaffee, Corned Meat aus südafrikanischen Armeebeständen und ein paar Pakete Trockenfleisch. Milch sollten wir unterwegs direkt von den Kühen melken. Billy lieh mir noch sein Tesching-Gewehr und gab mir viele Patronen mit, damit ich unterwegs Perlhühner schießen konnte. Er riet mir außerdem: „Wenn die zäh sind, koch sie einfach die ganze Nacht, im Revier gibt es ja genug Holz." Vater füllte noch zwei große alte Wassersäcke, made in Germany, noch aus Oranjemund stammend, und ab ging es mit dem Nash-Bakkie Richtung Wüste.

Mittags kamen wir auf Ababis an. Vater schloss mit dem Farmer Gladis den Handel mit den Kühen ab und verabschiedete sich mit den Worten: „Ihr beide habt alles, was man braucht. Schöne Ferien, Bruno!" Dann fuhr er in einer großen Staubwolke davon.

Am nächsten Morgen sollte es losgehen. Während ich bei Gladis im Farmhaus übernachtete, hatte Lukas auf der Werft bei den Farmangestellten geschlafen. Er hatte die Gelegenheit genutzt und sich bei den Leuten schlaugemacht, wo genau wir trecken mussten. Die Damara-Arbeiter kannten die Gegend gut und so war Lukas schon etwas besser über die Route im Bilde. Frau Gladis gab mir auch noch ein Päckchen mit selbstgebackenem Biskuit und ein Farmerbrot mit. Voll bepackt machten wir uns dann auf den Weg, die Kühe mit zwei Kälbern vor uns hertreibend.

Lukas sagte, dass unser Treck einen Monat dauern würde, dies zumindest hatten die Arbeiter behauptet. Das waren keine guten Nachrichten und obwohl ich sehr gespannt war auf die Dinge, die auf uns zukommen würden, machte ich mir auch entsprechend Sorgen.

Am ersten Tag ging alles gut. Wir waren stundenlang durch die wogenden Grasflächen der endlosen Namib-Wüste gelaufen. Gegen Abend trafen wir dann auf ein einsam gelegenes Gehöft. Es war die Farm Ubib von einem Herrn Kruger.

„Wo kommt ihr denn her, seid ihr wahnsinnig, zu Fuß nach Swakopmund?", war seine erste Frage.

„Ja, Herr Kruger, es muss halt sein, sonst bekommen wir unsere Kühe nicht zu unserer Siedlung", antwortete ich.

Wir wurden mit gutem Essen versorgt und im Haus untergebracht. Am nächsten Morgen gab Herr Kruger uns noch mehr Vorräte mit. Außerdem zeichnete er uns eine Skizze von seiner Landkarte ab. Jetzt planten wir neu, der Weg, den Lukas auf der Werft besprochen hatte, wurde korrigiert. Herr Kruger sprach gut Herero, was auch Lukas beherrschte und so konnte er ihm alles noch mal deutlich erklären. Er verfasste auch einen Brief in Herero, da weiter draußen auf dem einen Viehposten Herero-Arbeiter stationiert waren. Sie sollten uns von dort aus weiter die Richtung weisen.

Dank dieser Hilfe gelangten wir schließlich am nächsten Abend bei Ukuib endlich an den Swakop. Hier war die Landschaft viel zerklüfteter. Der Fluss hatte sich über Jahrtausende tief in die Schichten der Wüste gefressen und dabei die verschiedenen Gesteinslagen freigelegt. In der Abendsonne leuchteten die Felswände in allen Braun-, Grau- und auch Rosatönen. Als wir schließlich unten im Flussbett angekommen waren, bereiteten wir uns auf dem Feuer schnell unsere Mahlzeit zu, rollten unsere dünnen Matten im weichen Sand aus und legten uns dann erschöpft unter dem südlichen Sternenhimmel schlafen. Das Feuer brannte die ganze Nacht und die Kühe, die wir angebunden hatten, blieben ganz in der Nähe, damit herumstreunendes Raubwild sie nicht attackieren konnte.

Am Morgen waren wir ganz zeitig wieder auf den Beinen und treckten am und im Swakop, je nachdem, wie das Gelände es zuließ, vorbei an der Farm Dieptal und dann erreichten wir Salem, wo ein Herr Bertram siedelte. Er kannte mich noch von Oranjemund her. Herr Bertram besaß ein BMW-Motorrad und wollte damit am nächsten Tag nach Swakopmund fahren. Er versprach, bei meinen Eltern vorbeizufahren und ihnen zu berichten, dass alles gut ging und wir wohlauf waren. Am nächsten Tag erreichten wir Gaub, wo einige Mischlinge wohnten. Sie nahmen uns sehr gastfreundlich auf und auch sie reichten uns allerhand zu essen.

Der fünfte Treck-Tag brach an und mittags waren wir bei Riet, wo die Familie Brockerhof siedelte. Herr Brockerhof, der selbst nicht da war – seine Familie bewirtete uns jedoch köstlich – war ein alter Schutztruppler, den ich auch kannte. Er lief nämlich einmal im Monat zu Fuß nach Swakopmund, um Post zu holen und Besorgungen zu machen. Dabei kam er regelmäßig an unserer Siedlung vorbei und trank bei den Eltern immer einen Kaffee. Nun wusste ich, dass es nicht mehr allzu weit war und dass die Damara mit ihrem Monat deutlich übertrieben hatten.

Nach dem Mittagessen bei Brockerhofs zogen wir weiter. An dem Abend, wir lagerten gerade zwischen Arcadia-Siedlung und Husab, bekam die dritte Kuh plötzlich Wehen. Mitten in der Nacht kam dann ein gesundes Kälbchen zur Welt. Husab war ein Trockenposten von „Oubaas" Schieri-Lartz, Pepis Vater. Dort mussten wir dann zwei Tage Rast einlegen, bis das neugeborene Kälbchen kräftig genug war, um den Treck zu begleiten. Trotzdem mussten wir es abwechselnd immer wieder ein Stück weit tragen. Inzwischen waren wir bereits sieben Tage unterwegs und als wir bei der Siedlung von Familie Poser vorbeitreckten, bat ich Frau Poser, im Hansa-Hotel anzurufen und meinem Vater, wenn er dort das Gemüse ablieferte, ausrichten zu lassen, dass wir bald kommen würden. Am Abend des achten Tages erreichen wir dann endlich die elterliche Siedlung – wohlauf mit drei Kühen und drei Kälbern.

Vater war erleichtert und freute sich. Dass er stolz auf mich war, zeigte er, indem er mich immer wieder damit aufzog, dass ich drei Tage länger gebraucht hatte, als er berechnet hatte. Zwei Jahre später kaufte er vier neue Kühe bei Herrn Kruger auf Ubib und schickte mich und Lukas wieder los. Diesmal brauchten wir nur ganze drei Tage, um die Strecke zu schaffen.

Nach dem ersten Treck hatten wir dank der neuen Kühe natürlich viel Milch, die wir an die Milchwirtschaft Nonidas zu „Oubaas" Schieri-Lartz lieferten. Ich stand also morgens eine Stunde früher auf, melkte drei Kühe und gab die Milchkannen, die ich mir an die Lenkstange hängte, dort ab. Mittags, auf dem Rückweg, nahm ich dann die leeren Kannen wieder mit. So gab es also noch mehr für mich zu tun als ohnehin schon. Aber die Eltern brauchten jeden Penny. Der Gemüseanbau wurde mehr und mehr, die Nachfrage war groß. Mutter konnte das alleine nicht mehr schaffen und so kündigte Vater schließlich bei dem Elektrizitäts-Werk, um sich ganz auf der Siedlung einzubringen. Er fuhr jeden Dienstag und auch freitags mit dem umgebauten Nash-Bakkie nach Swakopmund und lieferte die Bestellungen ab.

Jeder Tag war ausgefüllt. Neben den Arbeiten auf der Siedlung mussten täglich die Schulaufgaben erledigt werden. Dann kam noch der Konfirmandenunterricht bei Pastor Schmidt dazu. Zusätzlich einmal in der Woche nachmittags zwei Stunden und dann musste ich auch noch am Sonntag zur Kirche gehen, an dem ich bisher meinen Ruhe- und Fischfangtag gehabt hatte. Meist hatte ich das Glück, dass eine benachbarte Siedlerfrau am Sonntag Milch ablieferte und so konnte ich oft mit ihr mit dem Auto mitfahren. Sie hatte so auch einen Grund, private Besuche zu machen, bis ich aus der Kirche kam. Wenn das Wetter gut war, wartete Billy schon auf mich, damit wir wenigstens am Nachmittag noch zum Angeln fahren konnten.

An einem dieser Angeltage erzählte mir Billy von einem seiner Eisenbahnkollegen, der kürzlich verstorben war. Kurz vor dessen Pensionierung fuhr er mit seinem Motorrad am Strand entlang, um zu angeln. Er war etwas kränklich, hatte Asthma, fuhr aber trotzdem regelmäßig an diesen Strandabschnitt. Eines Tages, auf der Rückfahrt, sah er ein Stück von einem hölzernen Schiffsrumpf aus den strandnahen Wogen ragen, darauf einen Schiffsnamen eingebrannt. Er schrieb diesen Namen auf seine Zigarettenschachtel und fuhr heimwärts. Zu Hause berichtete er seiner Frau davon und gab ihr die Schachtel zur Aufbewahrung. Kurz darauf verstarb er und seine Frau hatte Billy nach der Beerdigung die Schachtel gegeben. Die Ehefrau war gleich wieder zurück nach Südafrika gegangen, wo die Familie ursprünglich hergekommen war. Billy gab mir dann die leere Schachtel mit der Aufschrift und ich verstaute sie zu Hause in meinem Kleiderschrank.

Meistens kam ich spät nach Hause, wenn ich mit Billy angeln war. Aber es gab dann immer frischen Fisch und auch das Kleingeld stimmte.

Anmerkung: Viele Jahre später fand ich bei irgendeiner Sucherei den abgerissenen Deckel der alten Zigarettenschachtel wieder und erzählte einem befreundeten Anwalt von dieser Geschichte. Wir gingen nicht weiter auf die Sache ein, aber es ließ ihm doch wohl keine Ruhe und am nächsten Morgen rief er mich an und sagte: „Bruno, bring mir den Deckel doch mal ins Büro, wir sollten vielleicht einige Nachforschungen anstellen." Ich brachte den Deckel also zu ihm. Da der Name, der auf dem alten Stück Schiffsrumpf gestanden hatte, portugiesisch klang, beauftragte er seine Sekretärin zunächst einmal, einen Brief an das portugiesische National-Archiv in Lissabon zu schreiben. Sie sollten uns informieren, ob sie Kenntnis von einem Schiff mit diesem Namen hatten. Wir hatten den Vorfall längst vergessen, als viele Monate später die Antwort aus Portugal eintraf. Mein Freund rief mich eiligst in sein Büro. Das Segelschiff war tatsächlich unter der Flagge Portugals, sie teilten uns das genaue Jahr Ende des achtzehnten Jahrhunderts mit, auf Handelsreise nach Indien gefahren. Auf der Rückreise muss es zwischen Angra Pequena und Cape Frio untergegangen sein. Die letzte Rollenmeldung war nachweislich in Angra Pequena abgegeben worden, das Schiff war aber nie am nächsten Stützpunkt, Cape Frio, angekommen. Das Archiv Lissabon hatte eine Liste der Ladung beigelegt. Diese bestand aus sechshundert Kilogramm Elfenbein, vierhundert Kilogramm Goldbarren und noch sehr vielen anderen Edelsachen. Immer wieder habe ich daraufhin an der von Billys Kollegen beschriebenen Stelle nach weiteren Hinweisen am Strand gesucht, leider ohne Erfolg. Meine Suche war allerdings aus Zeit- und Geldmangel auch nie besonders intensiv gewesen.

Eines Tages in den Ferien kam Pastor Schmidt auf seinem Motorrad zu Besuch. Er blieb zu Mittag und wie gewöhnlich fing dann gegen eins der Südwest-Wind zu wehen an. Gegen drei Uhr blies er dann aber so heftig, dass der Pastor unmöglich mit dem Motorrad fahren konnte. Vater sagte: „Bruno, lade das Motorrad auf den Nash und bringe den Pastor heim." Ich gab zu bedenken, dass ich ja noch keinen Führerschein besaß. Vater sagte: „Wenn der Pastor nicht heimkommt, hat er ganz andere Sorgen, also lasst euch nicht erwischen und bringe bitte noch die Post mit." So fuhr ich mit Pastors Segen das erste Mal selbständig in die

Stadt hinein. Zuerst lud ich den Pastor bei der Kirche ab, danach fuhr ich zur Post, die in derselben Straße lag wie das Magistratsgebäude und die Polizeistation. Angeberisch, wie ich mich fühlte, fuhr ich dann auch noch zu Kurt und besuchte ihn im Schülerheim. Alles ging gut und ich kam ohne Probleme wieder zu Hause an. Von da ab fuhr ich auch oft allein mit dem Motorrad in die Stadt. Führerscheinlos, wie ich war, verließ ich mich dabei immer „auf Pastors Segen". Bald war es die normalste Sache der Welt und es war allseits bekannt, dass Bruno in Swakopmund herumfuhr. Ich wurde niemals erwischt.

Das Problem kam dann erst, als ich sechzehn Jahre alt wurde und nun tatsächlich den Führerschein machen musste. Zuerst musste man einen Lehrschein beantragen, den man ohne Fahrprüfung bekam. Mit Lehrschein durfte man dann in Begleitung eines erwachsenen Führerscheininhabers das Fahren üben. Wenn man das gut genug konnte, prüfte die Polizei die Fahrtüchtigkeit. Erst dann erhielt man den eigentlichen Führerschein.

Ich fuhr also mit dem Auto in die Stadt, parkte vor der Post und ging zu Fuß rüber zur Polizei, um zunächst einmal meinen Lehrschein zu organisieren. Sergeant Venter war der oberste Polizeiwachtmeister. Er kannte meine Eltern gut und mich natürlich auch.

„Guten Morgen Sergeant", sagte ich freundlich.

„Kann ich dir helfen, Bruno?", fragte er.

„Sergeant, die Zeit ist gekommen, ich bin jetzt sechzehn und brauche nun einen Führerschein."

Sergeant Venter fiel der Stift aus der Hand: „Du hast gar keinen Führerschein? Und fährst schon seit zwei Jahren hier mit dem Auto herum? Wenn ich das gewusst hätte, hätte ich dich eingesperrt!"

„Sergeant, Sie haben ja nie gefragt und ich hatte einfach Glück."

„Geh sofort rüber zum Magistrat Maritz und hole dir dort den Lehrschein!"

„Sergeant, der Herr Maritz ist nicht besonders freundlich, der macht bestimmt Probleme."

Sergeant Venter verdrehte die Augen und stöhnte: „Ich komme mit!"

So marschierten wir zum Magistrat. Er entnervt vorneweg und ich hinterher. Und schon tratschten die Leute auf der Straße, dass der Bruno Hoppe wohl eingelocht werden solle.

Beim Magistrat Maritz angekommen, sagte der Sergeant barsch: „Gib Bruno einen Lehrschein!"

„Was, der hat gar keinen Führerschein?"

Der Sergeant antwortete, dass dies nicht sein Problem sein sollte und so stellte mir Magistrat Maritz widerwillig einen Lehrschein aus. Zum Glück war ich dort nicht alleine anmarschiert, das wäre mit Sicherheit nicht gut gegangen.

Der Sergeant fragte mich: „Wie bist du hergekommen?"

„Natürlich mit dem Auto, das steht bei der Post."

„Nun ja, dann kannst du mich jetzt prüfungshalber auch gleich zum Eggers-Hotel fahren!"

Ich tat wie geheißen und Sergeant Venter setzte sich an die Bar im Hotel und unterschrieb auf dem Lehrschein, dass ich die Fahrprüfung bestanden hatte. Er sagte: „So, nun kannst du deinen Führerschein holen und danach holst du mich hier wieder ab."

Eine halbe Stunde später war ich wieder beim Magistrat und gab den offiziell von der Polizei unterschriebenen Lehrschein wieder ab, um nun den Führerschein zu erhalten. Der Blick von Magistrat Maritz sprach Bände, als er mir ein Pfund Gebühr abrechnete, den Führerschein ausstellte und dann „raus!" brüllte.

Inzwischen war Billy im Hotel zum Sergeanten an die Bar gestoßen und die beiden tranken gemütlich ein Bier zusammen. Ich sagte: „Ich habe den Führerschein, Sergeant, und kann Sie nun zurück zur Polizeistation fahren."

„Du bezahlst die Rechnung hier zur Strafe", sagte er und stand auf. Als ich vor der Polizeistation hielt und der Sergeant ausgestiegen war, rief ich noch: „Danke und bis Morgen dann!"

„Du Lump, ich will dich hier nicht wiedersehen", war die Antwort.

Diesen Gefallen konnte ich dem Sergeanten jedoch leider nicht tun. Am nächsten Morgen lieh ich vorsorglich das Motorrad von Billy und erschien wieder auf dem Polizeirevier.

„Guten Morgen!", rief ich fröhlich. Grimmig fragte er: „Was willst du schon wieder hier?"

Als ich sagte „Sergeant, ich brauche doch nun auch noch einen Motorradführerschein", dachte ich, dass er gleich platzen würde.

Die ganze Prozedur vom Vortag wiederholte sich also. Zum Glück fanden wir anstelle des Herrn Magistrat Maritz nur eine freundliche Dame vor, die keinerlei Probleme bereitete. Sergeant Venter war inzwischen darauf gekommen, dass mein Motorrad ja nicht angemeldet, also nicht lizensiert sein konnte, da ich bisher noch keinen Führerschein besessen hatte. Schlau und voller Vorfreude fragte er mich, wo ich denn heute parke und ich solle doch einmal vorfahren. Als ich dann mit Billys angemeldeten Motorrad vorfuhr, ärgerte er sich gewaltig: „Seit wann stecken die Engländer mit den Deutschen unter einer Decke?"

Den Kommentar überhörte ich und sagte: „Bedauerlicherweise kann ich heute nicht beim Eggers-Hotel vorfahren, da Billy sein Motorrad dringend zurück braucht, außerdem habe ich nach den ganzen Ausgaben jetzt kein Taschengeld mehr übrig, um Drinks zu bezahlen."

Nachdem ich dann endlich den Motorradführerschein in der Tasche hatte, fuhr ich schnell zurück zur Nonidas-Station und brachte Billy seine Maschine zurück.

Am nächsten Tag fuhr Vater Gemüse in die Stadt und wurde von allen möglichen Leuten angesprochen, was sein Sohn denn ausgefressen hätte, da er ja mehrmals in den vergangenen Tagen im Schlepptau von einem wütenden Polizisten ins Magistratsgebäude musste.

Sergeant Venter und ich waren noch lange Stadtgespräch und -gelächter.

3. KAPITEL

Farmleben auf Krumhuk

Nach der Schulzeit blieb ich vorerst auf der Kleinsiedlung und half Vater. Er hatte als gelernter Schlosser viele Aufträge in der Nachbarschaft. Ich erhielt dadurch viel Kenntnis über Motoren.

Pastor Schmidt kam ein bis zwei Mal wöchentlich zu uns. Er hatte Magenprobleme und sein Arzt hatte ihm verschrieben, viel Buttermilch zu trinken. Da wir selbst absahnten und butterten, hatten wir immer Buttermilch übrig. Manchmal lieferten wir sie auch direkt in der Kanzlei ab.

Bei einer dieser Ablieferungen sagte Pastor Schmidt, dass er ernsthaft mit mir sprechen wolle. Ich setzte mich also gespannt ihm gegenüber. „Bruno, du kannst melken, mit Vieh umgehen, du kannst Motoren reparieren und vieles mehr. Ich habe einen Vorschlag. Zufällig habe ich gehört, dass Herr Dieter Voigts von der Farm Krumhuk bei Windhoek einen Mitarbeiter sucht. Sie haben dort eine Rinderzucht mit Milchwirtschaft, auch eine kleine Schafherde und zur Farm gehört sogar das Hotel Aris und ein Store, wo die Leute aus der Umgebung einkaufen. Das wäre was für dich."

Meine Eltern fanden den Vorschlag auch gut und der Pastor kontaktierte Herrn Voigts, der dann wollte, dass ich mich so schnell wie möglich auf den Weg nach Krumhuk machte. An dem darauffolgenden Sonntag ging ich das letzte Mal mit Billy angeln und traurig nahmen wir Abschied voneinander. Mutter organisierte mir die Wäsche, sie packte selbstgestrickte Strümpfe ein, dazu neue Arbeitskleidung, ein paar neue Hemden, Hosen und eine gute Jacke.

Nachdem ich mich am Vorabend von allen Nachbarn und von den Eltern verabschiedet hatte, brauste ich in aller Früh mit meinem Motorrad in eine mir bis dahin völlig fremde Gegend und in ein neues Leben. Die gesamte Strecke bestand aus Schotterpisten, trotzdem erreichte ich um zwei am Nachmittag die Hauptstadt Windhoek. Mit staubtrockener Kehle hielt ich beim Hansa-Hotel an und bei einem Bierchen an der Theke erkundigte ich mich nach dem Weg zum Hotel Aris.

Das Hotel lag einige Kilometer südlich von Windhoek und, dort angekommen, teilte mir der Geschäftsführer mit, dass ich an der Farm Krumhuk bereits vorbeigefahren sei und dass das Ehepaar Voigts gar nicht da sei, da sie auf ihrer Süden-Farm weilten, wo sie Schafe hielten. Der Verwalter sollte aber auf Krumhuk sein und mich empfangen. Ich machte mich sogleich auf den Weg, da es inzwischen schon später Nachmittag war und erreichte dann das schöne Steinhaus der Farm Krumhuk. Der Verwalter stand auf der Veranda und begrüßte mich. Er zeigte mir mein Zimmer, mit eigenem Bad und Toilette in einem der schönen, großen Nebengebäude. Er bat mich, zum Abendbrot ins Haupthaus zu kommen. Ich parkte mein Motorrad vor meinem Zimmer und packte meine Sachen ab. Dann ging ich rüber zum Haupthaus.

Katrina, die Köchin, servierte das Abendessen. Alles ging recht vornehm zu, was ich nicht gewohnt war. Der Verwalter erzählte, dass er aus persönlichen Gründen Krumhuk in einigen Tagen verlassen und nach Windhoek ziehen würde. Zum Abschluss des Mahls servierte Katrina jedem noch einen Teller Dickmilch, dazu eine große heiße Schokolade. Damit wir besser schlafen konnten, wie sie sagte. Als ich schließlich erschöpft ins Bett fiel, war ich voller Neugier auf den kommenden Tag.

Morgens, es war noch halb dunkel, war ich bereits aus den Federn. Alles war still. Ich lief über den Hof zu den Ställen. Außer vier Pferden, die dort standen, waren diese jedoch leer. Die Pferde beäugten mich neugierig und wunderten sich wohl, was der hier so früh machte. Ich lief zu den Garagen und sah mich auch hier um, plötzlich kam jemand um die Ecke: „Guten Morgen, Mister", sagte Katrina, die Köchin, Kaffee ist gleich fertig." Sie sauste in die Küche und klapperte mit Geschirr.

Der Verwalter kam und schnauzte mit Katrina: „Was polterst du immer so laut rum? Guten Morgen, Bruno, Frühstück gibt es um halb acht." Zwei Arbeiter kamen, grüßten und gingen zu den Pferdeställen. Wir folgten ihnen und der Verwalter stellte mich als den neuen Mister vor, der seinen Platz bald einnehmen würde. Sie beäugten mich mit unergründlichem Blick und fuhren fort, zwei Pferde zu satteln, stiegen auf und preschten davon. Der Verwalter erklärte mir, dass sie die Milchkühe zum Melken vom Feld hertreiben würden. Es dauerte nicht lange und der ganze Farmhof war voller Leben. Die Kälber waren über Nacht im Gehege oder „Kraal", wie wir sagten, gewesen. Auch sie fingen nun an zu blöken, um ihre Mütter zu rufen. Ich kannte das von zu Hause nicht, da wir die Kälber nicht bei den Kühen saugen ließen, sondern ihnen aus Eimern Milch gaben. Mir war klar, dass ich noch viel lernen und auch umlernen musste. Nach einem Rundgang gingen wir ins Haus und frühstückten erst einmal reichlich.

Mit riesigem Gemuhe waren inzwischen auch die Milchkühe aufgetaucht, dazu alle anderen Arbeiter. Ich war überrascht, wie hier gemolken wurde. Vier Kühe kamen in den „Melkkraal" zu den Kälbern. Diese rannten gleich auf ihre Mütter zu und begannen, an den Eutern zu saugen. Zur gleichen Zeit wurden bei den Kühen die Hinterbeine mit einem Riemen zusammengebunden. Dann gab der Melker dem Kalb mit einem Stock einen Klaps auf die Nase, so dass es vom Euter abließ. Nun konnte er mit dem Melken beginnen. Nachdem in etwa das halbe Euter ausgemolken war, wurde dies wieder dem Kalb überlassen, damit es sich satt trinken konnte. Ich konnte beobachten, dass die Kälber von Kühen, die sich nur schwer hantieren ließen, fetter und runder waren, da sie am Ende immer mehr Milch abbekamen als diejenigen von Kühen, die sich problemlos melken ließen.

Dann fuhren wir zum Viehposten und sahen nach der Wasseranlage. Hier standen ein Windmotor und ein Dieselmotor. Wenn kein oder zu wenig Wind wehte, musste mit Dieselmotor und Pumpenbock gepumpt werden, was wohl ziemlich oft vorkam. Nachdem wir noch weitere Teile der Farm abgefahren waren, kamen wir gegen Mittag wieder zum Farmhaus zurück. Krumhuk war wunderschön gelegen, die Landschaft war teils leicht hügelig, teils auch richtig gebirgig mit schönen Ausblicken in die weiten Täler der Dornbuschsavanne. Es standen viele alte, knorrige Kameldorn-Bäume an den kleinen Trockenfluss-Läufen, die sich überall ihren Weg in die Ebene suchten.

Inzwischen war es halb zwölf und die Melker waren nun fertig mit dem Melken der vielen Kühe. Wenn die Milch abgekühlt war und in Kannen abgeseiht, wurde sie in den großen Kühlraum gestellt. Gegen zwei Uhr wurde die Milch dann von einem Kühlwagen abgeholt und zur Molkerei nach Windhoek gebracht.

Am Nachmittag fuhren wir wieder hinaus zu einem anderen Posten, wo Arbeiter damit beschäftigt waren, Draht für einen neuen Zaun zu spannen. Diese Arbeiten mussten kontrolliert werden und schon war der erste aufregende Tag vorbei und es wurde Abend. Ich war sehr angetan von meinem neuen Arbeitsplatz – Krumhuk war gut organisiert und eine richtige Vorzeigefarm.

Der zweite Morgen war dann meine Generalprobe als neuer Verwalter. Dieser war nämlich bereits im Dunkeln nach Windhoek gefahren, weil er dort wichtige Besorgungen zu erledigen hatte. Als ich zu Arbeitsbeginn in den Kraal kam, waren nur zwei Melker anwesend. Der Vorarbeiter aus Rehoboth erzählte mir, mit einem Grinsen im Gesicht: „Mister, heute Probleme, zwei Melker sind nicht da. Der eine krank und anderer weiß ich nicht."

Ich überlegte kurz und sagte dann: „Hör zu, Petrus, du spannst die Kühe und bringst die Kälber raus und ich melke."

„Ei, Mister, denkst du, das geht?"

„Los, fang an!", befahl ich und Petrus brachte die erste Kuh.

Die beiden glotzten erstaunt, dass ein Weißer so gut und schnell melken konnte und das sprach sich wie ein Lauffeuer herum. Katrina kam aus der Küche und brachte mir in einer Thermoskanne den Kaffee und ein paar Schnitten Brot. „Atata, Mister, du melkst besser als die ganze faule Bande zusammen!", sagte sie und ging strahlend zurück zur Küche. Sogar der „Weiß nicht"-Melker eilte plötzlich doch noch zur Arbeit, um sich das Schauspiel anzuschauen. Ich schickte ihn zurück nach Hause und sagte: „Du ruhst dich besser noch aus heute und kommst erst morgen wieder. Dieser Tag wird dir aber vom Lohn abgezogen!"

An dem Tag waren wir eine ganze Stunde früher fertig als am Vortag und mehr Milch hatten wir auch noch in den Kannen. Als der Verwalter mittags aus Windhoek zurückkam, nahm er mich schmunzelnd zur Seite und sagte: „Nun hast du einen Vorsprung, Katrina hat mir vom Melken erzählt und hat gesagt, alles ging so gut, dass man mich hier gar nicht mehr brauchen würde."

In den nächsten Tagen war es meine Aufgabe, den Melkbetrieb zu beaufsichtigen. Meist packte ich mit an, da es mir bis zum heutigen Tag schwerfällt anderen beim Arbeiten nur zuzusehen. Gerade melkte ich eine der schönsten Friesenkühe, die besonders viel Milch gab, als ich hörte, wie der Vorarbeiter am Tor mit jemandem sprach: „Ja, Mister, wir haben neuen Melkjungen eingestellt und der kann das viel besser als wir."

Ich melkte die Kuh fertig, goss die Milch in die Kanne und stellte mich dann meinem neuen Arbeitgeber, Herrn Dieter Voigts, vor.

Wir gingen zum Haus, wo ich mich auch Frau Ursula vorstellte, die bereits von Katrina alles von dem neuen, komischen Mister berichtet bekommen hatte. Natürlich hatte sie dabei maßlos übertrieben.

Herr Dieter brachte mir als Erstes bei, wie man die Jungbullen kastrieren und die Schaffelle richtig aufspannen musste. An dem einen Viehposten weideten zu der Zeit fünfhundert schwarze Karakulschafe. Die Lammfelle waren für die Pelzindustrie bestimmt und mussten sorgfältig behandelt werden, damit sie vor der Verarbeitung keinen Schaden nahmen. Diese Felle waren das Gold des Südens. Viele Groß-Schaffarmer wurden richtig reich mit der Produktion dieser wertvollen Lammfelle.

Nur das Schlachten habe ich nie richtig gelernt. Es widerstrebte mir ein Leben lang, auch das Verarbeiten der geschlachteten Tiere fiel mir immer schwer und ich drückte mich davor, wenn ich nur irgendwie konnte.

Manchmal fragte ich mich, warum Herr Dieter eigentlich nicht Tierarzt geworden war, so wie er die Tiere auf Krumhuk medizinisch versorgte. Er konnte operieren, holte zum Beispiel auch mal Drahtstücke aus zwei Rindermägen, die die Tiere beim schnellen Fressen aus Versehen verschluckt hatten. Er impfte und spritzte wie ein Spezialist. Ich guckte mir viel ab bei ihm und er brachte mir eine Menge über Tiermedizin bei.

Ich hatte dann auch alle Pumpmotoren auf der gesamten Farm gewartet, mit neuem Öl versorgt und teilweise repariert, so wie den alten Lister-Motor beim äußeren Aris-Posten. Petrus staunte, dass der neue Mister, neben dem Melken, dies auch noch alles konnte. So ging er davon aus, dass ich auch mit Sicherheit gut reiten könne: „Mister Bruno, nächste Woche müssen wir das Vieh zusammentreiben. Du musst mit uns reiten." Nun steckte ich in der Klemme, wollte mir keine Blöße geben und sagte zaghaft: „Ja, ja, natürlich ..." Auf dem Esel war ich bereits bei Onkel Gustav geritten, fiel dabei viele Male runter, lernte dann aber mich ganz gut zu halten. Einmal war ich mit einer Siedlertochter nach Brockenfels geritten, aber das war sehr lange her. Was sollte ich nur tun? Auch meinem Chef, Herrn Dieter, mochte ich nichts sagen. In meiner Not wandte ich mich an Frau Ursula. „Das bekommen wir schon hin, Bruno, machen Sie sich keine Sorgen."

Am Abend vor dem Viehtrieb brachte man alle Pferde, die zu reiten waren, in den Stall. Frau Ursula rief Petrus zu sich und sagte: „Petrus, meinen Fuchs darf ja niemand außer mir reiten, aber du weißt doch, dass ich zurzeit nicht reiten darf. Bringe ihn bitte in einen separaten Stall, Mister Bruno wird ihn morgen reiten beim Viehtrieb. Der Fuchs muss auch mal bewegt werden."

Als der Fuchs dann im Stall stand, rief Frau Ursula mich. Es war ein prächtiges Pferd. Er kam sofort schnaubend zu Frau Ursula angetrabt, sie stellte mich „Fuchs", der tatsächlich auch so hieß, vor und ich gab ihm eine Extraportion Hafer. Dann zeigte sie mir, wie ich ihn zu putzen hatte und gab mir noch weitere Ratschläge. Am nächsten Morgen trafen wir uns zeitig vor allen anderen in der Küche und gingen gleich darauf in den Stall. Fuchs wieherte freudig, als wenn er sich auf den Tag mit dem Viehtrieb freute. Frau Ursula legte das Geschirr an und gab mir den Sattel von Herrn Dieter. Ihr Sattel war speziell für sie angefertigt und den durfte kein anderer benutzen. Fuchs wurde gesattelt und ich musste aufsitzen. Angesichts meiner Unbeholfenheit konnte Frau Ursula dann doch ein Schmunzeln nicht verkneifen. Aber ich war oben und Fuchs spitzte die Ohren. So ritt ich in früher Dämmerung über den Hof, Trab, Galopp und wieder Schritt, dann alles nochmal und nochmal. Dann wieder zurück in den Stall. Keiner hatte etwas bemerkt, auch Herr Dieter nicht.

Die geschwätzige Katrina kam erst, als ich bereits wieder abgesattelt hatte. Alle trafen sich zu einem frühen Frühstück. Die Pferde wurden gesattelt und als keiner auf mich achtete, saß ich schnell auf und dann ging es los zu den Posten. Die Rinder wurden von den verschiedenen Weiden in die Kraale an den Posten getrieben. Zum Glück kannte Fuchs die Arbeit, ich brauchte nicht viel zu tun, außer darauf zu achten, dass ich den Anschluss nicht verpasste und nicht runterfiel. Gegen zwölf am Mittag machten wir bei einem Posten Rast. Es wurde abgesattelt und Herr Dieter brachte uns mit dem Auto Essen und Tee. Nach einer Stunde Rast ging es weiter, bis wir erschöpft am Abend zu

Hause ankamen. Fuchs bekam von mir Extrahafer und trockene Luzerne. Das hatte er sich wahrlich verdient, nachdem er es mit mir den ganzen Tag über ausgehalten hatte.

Insgesamt dauerte der Viehtrieb vier Tage, da wir in Aris und auch auf der benachbarten Farm Mittelhof, die ebenfalls zum Familienbesitz gehörte, die Rinder zählen und sortieren mussten. Herr Dieter hatte einen sehr durchdachten und gut organisierten Betrieb.

In der nächsten Woche kam ein Herr Schwermer mit seiner Frau aus Deutschland zu Besuch. Er hatte mal vor dem Krieg, Ende der dreißiger Jahre, auf Krumhuk gearbeitet. Zur Kaiserzeit war er kaiserlicher Rittmeister gewesen und inzwischen ein älterer, aber immer noch sehr stattlicher Herr. Petrus hatte mir bereits von diesem großen Herrn erzählt, der auf wundersame Weise mit Pferden umgehen konnte und, wie er sagte, den Tieren sogar das Tanzen beibringen konnte.

Inzwischen ritt ich auch mit den anderen Pferden von Krumhuk, suchte mir aber immer die fügsamsten aus und verwöhnte diese dann heimlich mit Sonderrationen Futter und Streicheleinheiten. Selten noch fuhr ich mit dem Laster zu den Posten, außer wenn Reparaturen gemacht oder Futter und Salz gefahren werden mussten. Es gab auch eine schöne Pferdekutsche mit zwei ausgebildeten Kutschpferden. Mit der Kutsche fuhren wir dann regelmäßig nach Aris zum Hotel und zum Laden dort, um einzukaufen und die Post zu holen.

Als ich eines Tages zum Posten wollte und an der Veranda des Haupthauses vorbeikam, stand Herr Rittmeister Schwermer dort. Ich ritt ganz stolz vorbei und grüßte höflich. Als ich zwei Stunden später zurückkehrte, ließ er mich wissen, dass er mich sprechen wollte.

Er fragte: „Sag mal, Junge, willst du richtig reiten lernen und lernen, etwas von Pferden zu verstehen?"

Ganz kleinlaut stammelte ich: „A ... aber ich kann doch reiten, zumindest bilde ich mir das ein."

„Ja, ja, die Antwort habe ich erwartet, aber so wie ihr hier alle reitet und mit Pferden umgeht, das ist katastrophal."

„Also, wenn das so ist und ich genügend Zeit dafür von der Arbeit freimachen kann, will ich das gerne lernen", sagte ich. Ich wusste ja nicht, was auf mich zukommen würde.

„Morgen früh schickst du Petrus ins Feld, er soll das schon ältere Pferd ‚Dongschwarm' holen und in den Stall bringen. Das Pferd kennt mich, ich habe es früher eingeritten und trainiert. Lass mich dann wissen, wenn alles so weit ist."

Am nächsten Morgen rief ich dann Rittmeister Schwermer, als Dongschwarm im Stall stand. Als der Rittmeister kam, war es kaum zu glauben, wie sich die beiden alten Herren mit Gewieher, Gelächter und Gerede begrüßten. Man sah deutlich, dass es alte Bekannte waren, die sich mochten.

Zuerst musste ich lernen, wie man das Pferd richtig putzte und wusch, Hufe auskratzte und striegelte. Es war fast wie im Kasernenhof. Dann ging es in das in der Nähe gelegene Rivier-Bett. Hier im Trockenfluss war weicher Sand, ideal zum Üben. Erst einmal richtig aufsitzen üben, wieder und wieder, links aufsitzen, rechts absitzen. Dann umgekehrt. Das ging nach Feierabend eine Woche lang so. Dongschwarm ließ alles geduldig über sich ergehen. Abends fühlte ich mich zerschunden, aber es wurde immer besser und machte Spaß. Immer nachdem ich Dongschwarm geputzt hatte, zog sich Rittmeister Schwermer einen weißen Handschuh über und zeigte mir dann die Stellen, die ich ausgelassen hatte.

Dann fing das eigentliche Reittraining an. Später war ich oft dankbar, dass ich einen so guten Lehrer hatte und ich konnte dadurch ganz gut mit Pferden umgehen. Rittmeister Schwermer hätte eigentlich eine Reitschule eröffnen müssen.

Unten am Farm-Stausee, landläufig „Damm" genannt, wurde Luzerne angepflanzt und dann getrocknet. In der Nähe dieser Luzernefelder standen acht Bienenvölker, die regelmäßig von einem Windhoeker Imker, Herrn Ohlmann, betreut wurden. Im Sommer traf man ihn öfter bei den Bienenstöcken und während der Zeit, wenn der Honig geschleudert wurde, war er Gast bei Familie Voigts und wohnte dann eine Zeitlang mit im Farmhaus.

Später tat es mir leid, dass ich damals kein Interesse an den Bienen gehabt hatte. Ich hätte sicher einiges lernen können, da Bienen noch eine große Rolle in meinem späteren Leben spielen sollten. Zu der Zeit auf Krumhuk jedoch ging mir das ewige Geschwafel über Bienen gehörig auf den Geist. Der Herr Imker war ein etwas wundersamer Mensch, er wusste alles über Bienen und erzählte unablässig und schulmeisterlich über sie und das Imkern. Wenn er zu den Bienenschwärmen rüberging, war er ganz in Weiß angezogen, sogar seine Schuhe waren weiß. Kein Shampoo oder irgendwelche Riechmittel durften benutzt werden, da dies die Bienen ärgerte, wie er sagte. Ich hielt lieber weiten Abstand zu den Kästen.

Eines Abends hatte er wieder nur das eine nervige Gesprächsthema und wollte mir klarmachen, dass nur er die Sprache der Bienen wirklich verstehe und dass er so viel Einfühlungsvermögen habe, dass er niemals gestochen werde. Er ging mir gehörig auf den Wecker und am nächsten Morgen hat mich dann der Hafer gestochen. Ich stahl mich ganz früh in den Pferdestall und sattelte mir ein Pferd. Nachdem ich die Pumpe kontrolliert hatte, gab ich dem Pferd die Sporen und ritt runter zu den Bienenvölkern. Es war noch vor Sonnenaufgang und kein Mensch weit und breit zu sehen.

Mit einem langen Stab haute ich im Vorbeireiten ganz kräftig auf die Bienenkästen und verschwand so schnell wie möglich wieder mit meinem Pferd im Stall. Nach dem Absatteln ging ich seelenruhig zum Frühstück und begrüßte den Herrn Imker ganz unschuldig. Als er dann nach dem Frühstück runter zu den Bienen ging, beobachtete ich ihn heimlich. Plötzlich fluchte er in der Ferne das Blaue vom Himmel herunter und ich war überrascht, wie schnell der alte Herr Ohlmann plötzlich laufen konnte.

Ganz gelassen ging ich den restlichen Vormittag meiner Arbeit nach. Am Mittagstisch fragte ich dann scheinheilig, wie es denn heute den Bienen gehe.

„Tja, mein Jung, das erste Mal in meinem Leben hat mich der Teufel überlistet und ist in die Bienenvölker gefahren. Ich verstehe die Welt nicht mehr. Die Bienen sind ganz verrückt und lassen mich gar nicht mehr in ihre Nähe."

Erst nach drei Tagen hatten die Bienen sich wieder vollständig beruhigt. Ich löcherte derweil bei jeder Mahlzeit den Herrn Imker mit lästigen Fragen über das Verhalten der Bienen, bis er mit dem Latein am Ende war und seine Predigten allmählich nachließen. Zum Glück hat er die Pferdespuren nicht entdeckt, sonst wäre das alles nicht so glimpflich für mich ausgegangen. Allerdings warfen mir Frau Ursula und Katrina nachdenkliche Blicke zu. Ich bin sicher, dass sie etwas ahnen.

Anmerkung: Meine Mutter hatte mir immer gepredigt: „Alles im Leben kommt irgendwann zurück." Und sie hatte wahrlich Recht. Die Strafe für diesen bösen Streich bekam ich über fünfzig Jahre später, als ich einen Bagger bestieg, um damit Erdarbeiten für ein neues Seniorenheim zu erledigen. Unter den Hebearmen der Schaufel hatte sich über das Wochenende ein Bienenschwarm eingenistet. Als ich den Motor startete und den Hebel betätigte, stürzte sich der ganze Schwarm auf mich. Ein Arbeiter, der sich zufällig in der Nähe befand, war geistesgegenwärtig und spritzte mit dem Gartenschlauch auf mich, den er gerade in der Hand hielt. Der Schwarm ließ dann von mir ab, dennoch musste ich kurzfristig ins Krankenhaus eingeliefert werden und der Arzt entfernte über achtzig Stachel aus meiner Haut. Zum Glück gab es keine allergische Reaktion und ich habe diesen Überfall gut überstanden. Schmerzhaft war es trotzdem und ich bin sicher, dass es sich um Nachfahren der Krumhuk-Bienen gehandelt hat.

Herr Dieter und einige andere bekannte Reiter beschlossen ein Reitfest zu veranstalten. Die Idee war von Herrn Rittmeister Schwermer ausgegangen, da er die vergangenen dreißig Jahre immer wieder solche Feste gegeben hatte. Beim Hotel Aris sollte das Fest stattfinden. Herr Schwermer sagte: „Bruno, du bist der Jüngste hier, du wirst den Fuchsschwanz bekommen." Ich wusste überhaupt nicht, was das alles zu bedeuten hatte.

Mir wurde dann alles genauestens erklärt, auch von Petrus, der so eine Fuchsjagd schon mal mitgemacht hatte: „Mister Bruno, du kriegst den alten Dornschwarm, der kennt das." Rittmeister Schwermer hatte zwar etwas Bedenken, da Dornschwarm schon so betagt war, aber am Ende stimmte er dem Vorschlag von Petrus doch zu. Dornschwarm und ich wurden drei Tage lang trainiert. Fünf Arbeiter mit Pferden standen für das Training zur Verfügung. An meiner Schulter wurde der Fuchsschwanz angebunden und sie mussten versuchen diesen abzureißen. Kaum einem gelang es, da Dornschwarm unglaublich geschickt im Ausweichen war und ich musste all meine Reitkunst aufbringen, um nicht runterzufallen. Es machte sehr viel Spaß und wir lachten viel in diesen Tagen.

Dann war der große Tag da. Das Hotel Aris wurde geschmückt. Zum Abschluss der Fuchsjagd sollte noch ein Tanzfest stattfinden. Dornschwarm wurde gestriegelt und geputzt, dann auch noch geschmückt. Auch ich wurde von Frau Ursula feingemacht. Dann wurde mir doch etwas mulmig, als wir in Aris ankamen. Über zwanzig Reiter waren gekommen. Teils von den Nachbarfarmen, aus Windhoek und sogar von noch weiter her. Es wurden Trompeten geblasen und das Gelände für die Jagd abgesteckt. Die Jagdzeit war auf zwei Stunden festgesetzt.

Nach dem Abblasen der Trompeten stob alles auseinander. Dornschwarm wusste genau, was er zu tun hatte. Petrus schrie mir noch hinterher: „Bruno, festhalten!!!" Und genau das tat ich. Dornschwarm fand immer eine Lücke, um auszubrechen. Aber allmählich zog sich der Kreis immer enger um uns. Als ich schon das Aus für Dornschwarm und mich befürchtete, legte er beide Ohren an, stieg vorne auf und wieherte laut. Mit aufgerissenem Maul raste er dann direkt auf eine kleine Lücke zwischen den Verfolgern zu. Diese konnten nur noch auseinanderstieben – und wir waren wieder frei. Nach zweieinhalb Stunden wurde die Jagd abgeblasen. Dornschwarm und Bruno waren die glorreichen Sieger der Fuchsjagd. Das alles hatten wir Rittmeister Schwermer zu verdanken, der Dornschwarm so gut trainiert hatte und ich wusste nun, dass Pferde nie vergessen, was sie einmal gelernt haben.

Die Zeit auf Krumhuk war eine schöne Arbeitszeit. Herr Dieter stellte irgendwann noch einen Verwalter ein, mit dem ich mich jedoch einfach nicht verstand. Es gelang uns nicht, einer Meinung zu sein und ich wurde immer unzufriedener. Eines Nachmittags war ich in Aris, um Post zu holen, da traf ich beim Rausgehen einen Farmer, der drei Pachtfarmen, davon zwei im Süden betrieb. Ich sollte vor allem die technischen Dinge dort reparieren und kontrollieren. Das Angebot war lukrativ, ein gutes Gehalt, dazu die Möglichkeit, selbst fünfhundert Schafe frei weiden zu lassen. An der Schafhaltung war ich nicht so interessiert, die Karakul-Lammzucht zur Pelzherstellung war nicht mein Ding, aber ich konnte die Fellchen aufspannen und die Tiere auseinandersortieren. Das hatte mir Herr Dieter gut beigebracht. Und obwohl es mir schwerfiel, Krumhuk zu verlassen, kündigte ich also.

4. KAPITEL

Die Schafe und der Süden

So zog ich, inzwischen achtzehn Jahre alt, gen Süden. Ich hatte mir bei St.Cohen Ltd. einen Studebaker-Laster gekauft und mir eine kleine Rampe gebaut, so dass ich mit dem Motorrad auf die Ladefläche fahren konnte.

Meine erste Station tief im Süden des Landes war das Städtchen Kalkrand. Zuerst traf ich den Besitzer des dortigen Hotels und des Ladens, Herrn Julius Pupkewitz. Er fragte, wo es hingehen sollte und ich erzählte ihn von meinen Plänen.

Herr Pupkewitz sah mich eindringlich an und sagte: „Junge, bleib bei mir, hier ist viel Arbeit, auch im Hotel."

Ich nahm das Angebot nicht an, ein großer Fehler, wie sich noch rausstellen sollte. Dann fuhr ich zu der Farm, die mein neuer Boss zusammen mit seinem Partner betrieb. Auf meinem Weg dorthin kam ich durch Kub, ein winziges Örtchen, und kurz darauf erreichte ich endlich meine neue Arbeitsstätte und mein neues Zuhause. Als ich dort ankam, war alles still, niemand war da, bis ich nach einigem Rufen einem Arbeiter begegnete. Die Schafe waren noch auf der Weide. Der Mann grüßte mich einigermaßen freundlich, doch recht verhalten. Er machte einen ziemlich unzufriedenen Eindruck. Anscheinend wusste er auch nicht von mir, er sagte lediglich, dass er der Vorarbeiter sei. Auf meine Nachfrage, ob alles in Ordnung sei, schüttelte er lediglich wortlos den Kopf und ging.

Das Farmhaus war offen. Es war groß und auch teilweise möbliert, aber offensichtlich seit längerem nicht mehr bewohnt gewesen. Das kam mir dann doch etwas merkwürdig vor, da mein neuer Boss mir erzählt hatte, er wollte gemeinsam mit seinem Partner bereits zwei Tage vor mir eintreffen. Ich rief wieder den Vorarbeiter und fragte, was hier los sei.

„Wir haben seit Tagen kein Essen mehr. Wir können nur das Fleisch von den neugeborenen Schlachtlämmern essen und dazu haben wir noch nicht mal ein wenig Maismehl."

Nach kurzem Überlegen lud ich zuerst mein Motorrad ab und machte mich dann mit dem Laster auf dem Weg zurück nach Kub. Dort gab es einen kleinen Laden, der zu einer Autowerkstatt gehörte. Inzwischen war es Nachmittag geworden und die Sonne brannte heiß und gnadenlos von Westen auf die staubige Hauptstraße. Als ich den etwas kühleren Laden betrat, stellte ich mich dem Werkstatt- und Ladenbesitzer vor und sagte, von welcher Farm ich kam. Während der Mann hinter dem alten Verkaufstresen stand, räumte seine Frau wortlos in den Regalen und beäugte mich skeptisch. Meine Frage, ob dieser Farmbetrieb hier anschreiben lassen konnte, wurde etwas grimmig verneint. Trotz der angespannten Atmosphäre gab ich meine Bestellung auf: Maismehl, Zucker, Kaffee, Tee, Bohnen, Erbsen und Koch-Öl. Für mich selbst noch ein paar Dosen Corned Beef. Nachdem alles auf der Theke stand, sah mich der Besitzer zunächst schief an, als ich dann aber Bargeld hervorholte, ging ein Strahlen über sein Gesicht. Dann stellten auch er und seine Frau sich als Herr und Frau Redlinghuys vor. Mir fiel ein, dass ich in der Küche einen Petroleumkocher gesehen hatte und nahm noch zusätzlich fünf Liter Petroleum mit. Ich bezahlte alles bar, Redlinghuys half mir nun auch freundlich mit dem Aufladen und dann fuhr ich zurück zur Farm.

Als ich kurz vor Sonnenuntergang ankam, waren die Schafe inzwischen von der Weide gekommen und die Schafwächter in ihren Behausungen verschwunden. Ich rief alle zusammen und gab ihnen das gekaufte Essen, damit sie sich endlich eine ordentliche Mahlzeit zubereiten konnten. Den Rest trug ich in die völlig leere Speisekammer im Farmhaus. Der Vorarbeiter war nun ganz freundlich und sagte mir, dass er Boy heiße, außerdem fragte er, ob er Feuer machen solle, da kein Petroleum für die Küche da sei. Als er das gekaufte Petroleum sah, lachte er: „Oohh Mister, du kennst das wohl?" Ich blieb ihm die Antwort schuldig, nahm mein Deckenbündel vom Auto, was er mir jedoch sofort abnahm und für mich in eines der Schlafzimmer brachte.

Nun musste ich mir erst einmal was zu essen machen. Der Tag war lang und anstrengend gewesen und mein Magen knurrte. Von wegen „Das kennst du wohl". Bisher war ich ja ziemlich verwöhnt worden und hatte mich meist an einen gedeckten Tisch mit leckeren Speisen setzen können. Ich war froh, dass ich mir Brot und Eier in Kub besorgt hatte, Töpfe und Pfanne waren ja vorhanden und so machte ich mir ein schönes Abendessen aus Corned Beef, Eiern und Brot, dazu Kaffee.

Inzwischen war es draußen stockdunkel. Am nächsten Morgen wollte ich mir dann den Hof und die Garage mit dem Bestand an Fahr- und Werkzeugen für den Farmbetrieb genauer ansehen. Kaum im Bett war ich auch schon eingeschlafen. Kurz vor der Morgendämmerung hörte ich ein Geräusch aus der Küche. Machte sich jemand an meine Vorräte ran? Ich sprang aus dem Bett, zog mich an und schlich in die Küche. Zu meiner Verwunderung stand da ein uraltes Nama-Weib am Herd und kochte Maisbrei.

„Morro", sagte ich.

„Guten Morgen, ich mach dir jetzt Frühstück, der Kaffee ist schon fertig", kam die Antwort in gutem Deutsch.

„Arbeitest du hier?"

„Ja, Mister, immer wenn jemand kommt, arbeite ich hier, ansonsten bin ich auf der Werft."

„Woher sprichst du so gut Deutsch?"

„Ich bin bei deutschen Leuten aufgewachsen, sind beide schon lange tot. Deutsch ist besser als die Burensprache. Boy kam gestern Abend zu mir und hat erzählt, dass junge deutsche Mister gekommen ist, der hat die Farm gekauft und er sieht sehr dünn aus, da muss ich für ihn kochen."

Oh je, das hatte ich wohl angerichtet, weil ich gestern das Essen gekauft hatte. Jetzt glaubten die Angestellten, ich sei der neue Eigentümer.

„Nein, ich habe die Farm nicht gekauft, ich komme hier nur arbeiten. Aber du kannst ja trotzdem für mich kochen und putzen, ich bezahl dich auch." Freudig stimmt sie zu.

Nachdem ich den Maisbrei gegessen hatte, gab mir „Feechen", wie ich meine neue Fee nennen sollte, noch zwei gekochte Eier und Brote mit. „Für dein Elf-Uhr-Frühstück!", sagte sie. „Ich mache noch einen Zettel und schreibe auf, was du alles kaufen musst, so dass du hier gut leben kannst."

Worauf hatte ich mich bei diesem neuen Job nur eingelassen? Alles war ziemlich undurchsichtig für mich. Eigentlich sollte ich, wie vom Boss versprochen, freie Verpflegung erhalten.

Kaum hatte ich gefrühstückt, rief bereits Boy nach mir: „Mister, die Schafwächter sind da, wir müssen die Schafe zählen." Zum Glück hatte ich von Herrn Dieter zum Abschied eine Zähl-Uhr bekommen, die das Zählen der schnell passierenden Schafe erheblich vereinfachte. Man musste nur bei jedem Tier einen Knopf drücken, das Zählen übernahm dann die Uhr. Ich steckte mir die Uhr in die Tasche und ging rüber zum Kraal.

Die beiden Schafwächter waren Vertragsarbeiter auf Zeit aus dem Owamboland. Sie begrüßten mich freudig. Das Essen am Vorabend hatte sichtbar ihre Gemüter erfrischt. Zusammen zählten wir die Schafe, natürlich viel schneller und genauer als sonst. Ich schrieb die Zahlen auf und ab ging es auf die Weide ins weite Land. „Mooi, mooi, takamiso" (pass gut auf), riefen sie und verschwanden mit ihren zwei großen und blökenden Herden singend in der wogenden Savanne.

Die ganze Gegend war einsam und mir fremd, hinzu kam, dass die Farm kein Telefon hatte. Ich konnte also noch nicht einmal irgendjemanden erreichen. Eine Anschluss-Leitung führte zwar bis ins Haus, aber kein Apparat war vorhanden. Die alte Hausfee gab mir ein Papier, auf dem sie fein säuberlich alles aufgelistet hatte, was ich besorgen sollte. Es war eine ziemlich lange Liste und ich fragte sie, wie lange diese Vorräte reichen würden. „Ja, Mister, das reicht für vierzehn Tage. Du musst viel essen und ich bin ja dann auch noch da für das, was übrigbleibt."

Da ich glaubte, dass der größere Laden in Kalkrand diese Liste eher bedienen konnte, fuhr ich die vielen Kilometer dorthin und gab die Bestellung auf. Julius Pupkewitz freute sich, mich zu sehen: „Siehe da, nun bist du doch schon wieder zurückgekommen. Hast du es dir überlegt mit meinem Angebot?"
„Nein, ich muss meine Zusage, die ich dem Boss gemacht habe, einhalten, aber ich brauche Essen und ein leeres Fass für Benzin, außerdem wollte ich dich fragen, ob ich dein Telefon benutzen kann. Und noch was, hat der Boss oder sein Partner eine Rechnung hier bei dir?" Er sah mich staunend an und sagte: „Nein, es tut mir leid Bruno, aber die kriegen hier nur Ware, wenn bar bezahlt wird."

Ich versuchte nun, den Boss anzurufen, bekam aber keine Antwort. Daraufhin musste ich wohl oder übel mein eigenes Scheckbuch zücken, um meine Bestellung zu bezahlen. Gleichzeitig ließ ich mir auch etwas Bargeld auszahlen. Nachdem ich das leere Fass mit Benzin für meinen Studebaker gefüllt hatte, hielt ich auf dem Rückweg noch bei Herrn Redelinghuys in Kub an und plauderte ein wenig mit ihm. Ich hoffte, etwas mehr zu erfahren, was den Boss und den Partner anging, konnte aber nicht viel aus Redlinghuys herausbekommen.

Die Fee freute sich über die Vorräte, die sie gleich in der Speisekammer verstaute. „Jetzt können wir endlich wieder leben!", rief sie und strahlte mich mit ihrer Zahnlücke im alten, faltigen

Gesicht an. Boy kam und ich ging mit ihm erstmal zu dem etwa hundert Meter entfernt gelegenen Außengebäude, wo sich die Garagen und Abstellkammern befanden. Außer ein wenig Gerümpel gab es jedoch nur gähnende Leere.

„Wo ist denn das Auto?", fragte ich.

„Kein Auto hier, nur da hinten unter dem Baum steht ein ganz, ganz altes. Das kann vielleicht noch ein bisschen fahren", war die Antwort.

Wir gingen also zu dem Auto unter dem Baum, ein Dodge Brother von 1924 mit Holzaufbau, Holzsitzen, Segeltüchern als Türen, dafür aber eine Frontscheibe. Es hatte eine Magnetzündung am Steuerrad, mit Handgas und Fallbenzin, dazu eine rostige Kurbel zum Starten.

„Ja, Mister, ich habe gehört, der fährt sehr langsam, aber wir haben ja gar kein Benzin."

Na prima, dachte ich mir, aber inzwischen konnte mich das nicht mehr wirklich überraschen. Ich schickte also Boy zu meinem Auto, wo noch, neben dem Fass, eine Zwei-Gallonen-Kanne mit Benzin stand. Diese sollte er mir bringen und noch eine Kanne Öl. Inzwischen sah ich mir das Vehikel genauer an. Die Reifen waren hart, hatten noch Holzspeichen mit einem Stahlring. Als Boy kam, gossen wir eine Gallone Benzin in den Tank vor der Windschutzscheibe. Ich drehte den Benzinhahn auf und am Vergaser war, wie bei den alten Motorrädern, ein Knopf, den man drücken musste, bis der Vergaser voll war. Ich stellte ein wenig Handgas ein und sagte zu Boy: „Du musst mal kurbeln."

Entsetzt sah er mich an, schüttelte die Arme abwehrend und sagte: „Nein, nein, Mister, ich einmal versucht, da war mein Arm fast ab und ich saß auf meinem Hintern."

Ich hatte bereits viele Motoren angekurbelt und drehte zuerst die Kurbel langsam ganz durch, zweimal, dann hochgerissen – und der Motor lief! Ich war selber überrascht und staunte nicht schlecht. Boy jubelte laut und tanzte um das Auto herum. Wegen des ganzen Lärms kam sogar Fee angerannt und sagte: „Mister, Mister, du guter Autodoktor!"

Keiner konnte mir sagen, wie lange das Auto nicht gefahren war, niemand erinnerte sich daran. Als ich losfahren wollte, sah ich, dass das Getriebe von einem 34er-Ford-Modell stammte, Ärger also vorprogrammiert. Hier war wohl einiges zusammengeschustert worden. Aber ich fuhr den Dodge bis vor das Farmhaus und sagte zu Boy: „Morgen fahren wir bis zum ersten Posten. Du musst mir den Weg zeigen."
„Ja, Mister, aber da sind keine Schafe, denn der Motor und Windmotor sind kaputt, da ist kein Wasser."
„Ach Boy, wir schauen uns das morgen an. Gute Nacht!"

Am nächsten Morgen hatte Fee keinen Maisbrei gekocht, es gab Brot mit Butter drauf, dazu Spiegelei und Speck. Herrlich! Ärgerlich nur, dass ich das alles vorfinanzieren musste, obwohl die Vereinbarung mit dem Boss eine ganz andere war. Und, wo steckten er und der Partner überhaupt? Sie sollten ja zwei Tage vor mir hier sein und waren nun schon vier Tage überfällig.

Die zwei Arbeiter, die in den ersten Tagen gefehlt hatten, tauchten glücklicherweise auch wieder auf. Es gab nämlich eine Menge zu tun, Zäune reparieren, Wasserleitungen flicken und vieles mehr.

Da die Schaffarmen des Südens zigtausende Hektar groß waren und die Posten viele Kilometer entfernt lagen, konnte man diese Strecken unmöglich zu Fuß gehen. Boy und ich rumpelten also mit dem alten Dodge zum ersten Posten. Erstaunlicherweise lief die alte Kiste gar nicht mal so schlecht, wir hoppelten zwar etwas hart über die Piste, aber wir erreichten unser Ziel. Boy sagte mir, dass nun, da der Motor repariert sei, bestimmt noch fünfhundert Schafe von der benachbarten Farm Gras rüberkommen würden.

Erst drei Tage nach dieser ersten Postenfahrt kam der Partner auf die Farm. Nachdem wir uns begrüßt und vorgestellt hatten, ich kannte ihn ja bisher nicht, gingen wir zur Besprechung ins Haus.

„Wo ist der Boss, er muss doch bei dieser Besprechung dabei sein?", fragte ich.

„Er ist mit seiner Freundin in Swakopmund und macht Urlaub", war die Antwort. Ich konnte es nicht fassen und obwohl ich innerlich kochte, ließ ich mir nichts anmerken. Die Hausfee hörte mit gespitzten Ohren alles mit.

„Wenn das so ist, dann haben Sie sicher die Essensrationen für die Arbeiter, die Monatsgehälter und einen Betriebswagen organisiert, damit wir hier ordentlich arbeiten und leben können?"

„Tja, Bruno, das alles musst du lieber mit dem Boss besprechen, er kommt ja bald vorbei. In der Zwischenzeit kannst du am Posten den Motor und den Windmotor in Gang bringen."

„Haben Sie eine Rechnung irgendwo in der Gegend für die notwendigen Besorgungen?", war meine Frage.

„Auch das musst du mit dem Boss besprechen, wenn er kommt."

„Wo ist das Schafbuch mit den Vermerken über die Lämmergeburten?", lenkte er wieder ab. „Ich muss gleich weiter, wollte nur mal kurz schauen, ob alles in Ordnung ist und ob du da bist." Ich sagte ihm, dass wir den alten Dodge zum Laufen gebracht hätten.

„Na ja, dann hast du ja ein Fahrzeug", sagte er lakonisch, „und wenn du ins Dorf musst, dann kannst du ja deinen Wagen nehmen. Der Boss wird dir dann Meilengelder bezahlen." Er wolle noch weiter zur Farm Gras, daher die Eile, entschuldigte er sich, stieg in seinen nagelneuen Chevrolet und brauste davon.

Als ich ins Haus kam, servierte mir Feechen sofort einen Kaffee, dazu Plätzchen. „Warum hast du das nicht früher angeboten?", fragte ich sie.

„Oh, nein, Mister Bruno, dieser Herr Partner bekommt nichts von deinen Sachen." Langsam konnte ich zwei und zwei zusammenzählen.

„Mister", sagte Feechen, „Vorsicht ist die Kiste voll Glas."
„Wo hast du denn diesen Spruch gelernt?" Sie tippte sich nur an die Schläfe und verschwand in der Küche.

Als der Sonntag gekommen war, nahm ich mein Auto und fuhr zu den Nachbarn auf der anderen Seite rüber, um mich vorzustellen. Es waren sehr nette, Afrikaans sprechende Buren. Sie luden mich gleich zum Mittagessen ein, hielten sich aber sehr bedeckt, was den Boss und den Partner anbetraf, meinten, dass sie die beiden gar nicht kennen würden. Komisch, dachte ich, in so einer abgelegenen Gegend kennen die Leute in der Regel ihre Nachbarn.

Dann, kurz vor Ende des Monats, kam der Boss plötzlich an. Er brachte Essensrationen für die Arbeiter mit und auch das Geld für die Gehälter. Wir setzten uns zusammen und ich legte ihm meinen Bericht vor. Zum Glück führte ich Tagebuch, wo akribisch alles aufgezeichnet war: die Arbeiten die erledigt wurden, die Arbeitsstunden, dann alle Ausgaben, die ich getätigt hatte, und auch die Meilen, die ich mit meinem Auto für den Betrieb gefahren war. Bereits beim ersten Punkt waren wir uns nicht einig. Er stimmte mir nicht zu, dass es notwendig gewesen war, Lebensmittel für die Arbeiter zu kaufen. Dann kamen die Meilengelder, dann dieses und jenes, womit er nicht einverstanden war. Mit Diskussionen und Nachgeben meinerseits einigten wir uns schließlich über die Höhe der zu erstattenden Beträge.

Der Boss beauftragte mich, zunächst einmal den Posten in Ordnung zu bringen, das hieß, den Motor und den Windmotor zu reparieren, da bald neue Schafe eintreffen sollten. Ich sagte ihm, dass er ein Konto oder eine Kasse einrichten müsste, damit ich die für die Reparaturen und Zaunarbeiten nötigen Dinge besorgen konnte. Schließlich konnte ich dies nicht alles auslegen. Er sagte mir zu, in Kalkrand die entsprechenden Kredite zu regeln, ich sollte aber dafür erst einmal auf die Zahlung der Meilengelder für mein Auto verzichten. Er wollte mir einen alten, aber lizensierten Ford-Lastwagen bringen. Das Gehalt der Fee wollte er übernehmen, bot ihr jedoch so lächerlich wenig an, dass ich trotzdem wieder etwas beisteuern musste.

Worauf hatte ich mich da bloß eingelassen? Nachdem er abgefahren war, wusste ich, dass ich hier nicht alt werden würde.

In der Zwischenzeit hatte der Partner wohl einen Trupp Schafscherer aus dem Basterland organisiert. Als ich gerade mit Boy am Posten war, kam ein Wächter mit dem Fahrrad angeradelt und berichtete, dass die Scherer eingetroffen seien – ich müsse sofort kommen. Boy und ich brachen die Arbeiten ab und fuhren zum Haus zurück. Die Scherer sagten, dass sie vom Partner den Auftrag erhalten hatten, am nächsten Tag mit dem Scheren der Schafe anzufangen. Na prima, dachte ich – ich wusste mal wieder von nichts!

Also wurde am nächsten Morgen mit dem Scheren begonnen. Der Schertrupp bestand aus sechs Mann, sie machten ihre Sache wirklich gut und kamen flott voran. Am zweiten Morgen spürte ich plötzlich einen schneidend kalten Wind aus südlicher Richtung. Eine Kaltfront nahte vom Kap der Guten Hoffnung. Die südlichen Gebiete des Landes wurden oft extrem hart von diesen kalten Fronten getroffen. Die Luft war besonders trocken und das Land karg, da konnte die Kälte über Nacht gefährlich zuschlagen und die Temperaturen erreichten nicht selten tiefe Minusgrade. Innerhalb von wenigen Stunden konnte das Thermometer von plus zwanzig Grad Celsius am Mittag auf minus zehn Grad um Mitternacht fallen. Der Wind wurde im Laufe des Tages immer kälter und ich ließ vorsorglich die Garagen leerräumen, damit wir dort die frisch geschorenen Schafe hineintreiben konnten.

Am späten Nachmittag war das Thermometer bereits auf wenige Grad über null gesunken, die Garagen waren aber bereits überfüllt mit Schafen. So ließ ich dann das Farmhaus leerräumen. Die wenigen Möbel waren schnell in einem Raum verstaut, teilweise schafften wir sie auch nach draußen. Die Scherer schufteten noch bis zum Abend, sie waren echte Akkordarbeiter. Alle geschorenen Schafe waren bei Einbruch der Dunkelheit in den Gebäuden untergebracht. Zum Glück! In der Nacht wurde es bitter, bitter kalt und ich wusste, dass ich das einzig Richtige getan hatte. Auch die nächste Nacht hielt uns noch in Atem, dann flaute die Kaltfront ab. Feechen war zuerst stinksauer über die Schafe im Haus, aber sie beruhigte sich schnell wieder, da auch sie noch nicht so eine extreme Kaltfront erlebt hatte. Sie war dann gut damit beschäftigt, das Haus wieder zu reinigen und ich stellte ihr noch einen Arbeiter zur Seite, der ihr dabei half. Ausgerechnet an dem Tag nach dem Kälte-Spuk, als wir gerade noch beim Saubermachen waren, kam der Partner mit seiner Frau angefahren. Diese war ganz und gar nicht begeistert. Obwohl wir fast fertig waren, alles schon recht sauber war und wieder an seinem Platz stand, rümpfte sie die Nase und zeterte, dass man diesen Gestank nie wieder aus dem Haus bekommen würde.

Der Partner war aus Windhoek gekommen, um nach dem Rechten zu sehen. Er hatte sich große Sorgen gemacht, da sich die Nachricht über die Kaltfront im ganzen Land herumgesprochen hatte. Es waren hunderte Schafe auf den Süden-Farmen in diesen beiden Nächten erfroren und ein enormer wirtschaftlicher Schaden war entstanden.

Wir hatten kein einziges Schaf verloren – und das trotz des Scherens!

Wenn schon nicht seine Frau, so war doch wenigstens der Partner wirklich dankbar. Nachdem die Wolle in Säcke verpackt und zum späteren Abholen bereitgestellt war, zahlte er die Scherer aus, die sich sofort wieder auf den Weg zu einem anderen Auftrag machten.

Der Partner hatte auch den versprochenen Ford-Laster mitgebracht, was meine Arbeit sehr erleichterte, denn nun mussten eiligst die angefangenen Arbeiten am Posten erledigt werden.

Bald sollte ja die neue Schafherde eintreffen. Mehrere Jahre lang waren weder am Posten noch an den Wasseranlagen Wartungsarbeiten durchgeführt worden. Ich baute also den Motor ab und brachte ihn zum Haus. Werkzeug war quasi nicht vorhanden. Auch ich selbst hatte kaum was dabei. Da mir also, zu meinem Ärger, die Hände gebunden waren, lud ich am nächsten Morgen den Motor auf den Ford und brachte ihn nach Kub in die Werkstatt von Redelinghuys. Zu allem Übel blieb kurz vor Kub der Ford mit verstopfter Benzinpumpe stehen. Nachdem ich das wieder in Ordnung gebracht hatte, kam ich ziemlich schlecht gelaunt bei Herrn Redelinghuys an. Er hatte wenig zu tun und munterte mich erst einmal mit freundlichen Worten auf. Der Motor, ein Wolseley-Voco-Motor, war in einem schlechten Zustand, über ein Jahr nicht mehr gelaufen und ständig Wind und Wetter ausgesetzt gewesen. Bis zum Mittag schafften wir es aber, ihn zum Laufen zu bringen und Herr Redelinghuys lud mich zum Mittagessen ein. Er verzichtete darauf, eine Rechnung auszustellen, ich bezahlte ihm dennoch einen angemessenen Betrag aus eigener Tasche. Wir waren uns sehr sympathisch geworden und er sagte: „Bruno, wenn du die Schnauze voll hast, dann melde dich unbedingt bei mir. Hau bitte nicht ohne Worte hier ab."

Am nächsten Tag montierte ich den Motor auf das Bohrloch beim Posten und freute mich, als das Wasser endlich wieder in die Rinne bis zur Tränke lief. Beim Windmotor waren die Manschetten kaputt. Ich musste also alle Rohre und das Gestänge ausbauen. Meine drei Gehilfen waren zum Glück recht fleißig. Da es keine Ersatz-Manschetten auf der Farm gab, musste ich wieder nach Kub fahren.

Mein Freund Redelinghuys hatte jedoch leider keine in der richtigen Größe vorrätig. So musste ich in das weiter entfernte Kalkrand fahren. Da Redelinghuys nicht viel zu tun hatte, fuhr er mit und nahm bei der Gelegenheit noch eine Einkaufsliste seiner Frau mit. Da fiel mir ein, dass Feechen sicher auch etwas für den Haushalt brauchte und so hielten wir noch einmal bei der Farm, um sie zu fragen. „Oh, Mister, am besten fahr ich gleich mit." Und bevor ich mich versah, war sie schon wie eine junge Gazelle auf die Ladefläche gesprungen und rief: „Los, los, wir können fahren!"

In Kalkrand besorgte ich die Manschetten bei Julius Pupkewitz. Er begrüßte uns freudig und lud uns ins Hotel zu einem kleinen Bierchen ein. Feechen schickte ich derweil zum Store, um die Besorgungen zu erledigen.
„Sag mal, wie viele Schafe habt ihr verloren?", fragte Julius. „Alle hier in der Gegend haben große Verluste gehabt."
„Nicht ein einziges!", sagte ich und erzählte, warum. Darauf tranken wir dann noch ein Bier.

Feechen allein zum Einkaufen zu schicken, war wirklich ein Fehler. Sie besorgte gleich so viel, dass es für mehrere Wochen reichte. Der geschäftstüchtige Julius sagte zu ihr, als sie im Hotel erschien: „Alte, lass im Store anschreiben und lade schon mal alles aufs Auto. Dann warte draußen, dein Mister kommt gleich." Es wurde dann ziemlich spät an dem Abend. Nach Ladenschluss gesellten sich noch weitere Gäste zu uns an die Bar. Zur Erheiterung wurde jedem die Schafgeschichte erzählt. Julius sagte: „Bruno, mach dir keine Sorgen, du kannst hier alles anschreiben lassen und später bezahlen."

Als Redelinghuys und ich dann endlich aufbrachen, war es fast Mitternacht. Auch Feechen war wohl nicht mehr ganz nüchtern und sang die ganze Fahrt über laute und fröhliche Lieder. Wir stimmten lachend mit ein. Endlich in Kub angekommen, erwartete uns Redelinghuys' Frau. Sie war stinksauer: „Hast du die Besorgungen gemacht?" Das Gesicht von meinem Freund war zum Schießen, als ihm klar wurde, dass er das ja ganz vergessen hatte. Stotternd sagte er: „Ja, Mariental ist weit weg und wir waren so in Eile wegen den Manschetten, da habe ich es nicht mehr geschafft." „Wieso Mariental? Ich dachte, ihr seid nach Kalkrand gefahren?" Ganz schnell verabschiedete ich mich und machte mich mit Feechen aus dem Staub. Auf der Farm angekommen sagte ich zu ihr, dass wir erst am nächsten Morgen abladen würden. Kaum ausgesprochen war sie auch schon verschwunden.

Ich war ziemlich überrascht, dass die Fee am nächsten Morgen so früh zur Arbeit erschien und noch mehr wunderte ich mich über die Mengen an Vorräten, die sie besorgt hatte. Sie hatte an alles gedacht: Porridge, Wheat-Bix, mehrere Kartons Eier, Corned Meat und dann auch noch zwei Kisten Bier und fünf Flaschen Wein. „Ja, Mister Bruno, ich sehe, ihr feiert so gerne, da habe ich mir gedacht, es ist recht so." Sie gab mir die Rechnung für den Einkauf. Ich sagte: „Das sind ja fast zwei Monatsgehälter und außerdem stehen hier sechs Flaschen Wein, es sind aber nur fünf da."

„Ja, Mister Bruno, dafür sparen wir jetzt Benzin. Und gestern Abend war es so spät, da habe ich die Flasche mit nach Hause genommen und dachte mir, das rechnen wir ab als Überstunden." Die Alte war wirklich ausgeschlafen, trotzdem aber ehrlich. Vorsichtshalber sagte ich ihr nicht, dass ich gar keinen Wein trank, sonst wären die restlichen Flaschen auch noch gleich verschwunden.

Die Manschetten wurden eingebaut, der Pumpenbock frisch geölt und da genug Wind war, pumpte der Windmotor schon bald das erste Wasser. Die Tage waren mit Arbeit ausgefüllt und vergingen recht schnell. Der Vorteil des Alleinseins war, dass ich meine Zeit selbst einteilen konnte und das gefiel mir natürlich.

Am Monatsende kam der Boss wieder und brachte diesmal seine neue Freundin mit. Feechen hatte ruckzuck alle Vorräte versteckt, auch das ganze Bier. Dann fragte sie ganz frech: „Habt ihr Essen und Bettzeug dabei? Hier ist kaum was im Haus." Ich war wirklich überrascht, wie geschickt sie das machte. Sie forderte den Boss gleich auf, mehr zu essen zu besorgen, da wir alle sehr viel arbeiten würden. „Jage dieses freche, alte Weib gleich weg", forderte er. Ich zuckte lediglich mit den Schultern.

Spät am Nachmittag fuhren der Boss und seine Freundin rüber zur Farm Gras, um dort über den Erwerb der neuen Schafe zu verhandeln. Sie wollten erst am nächsten Tag zurückkommen.

Feechen bereitete mir ein besonders leckeres Abendessen zu, mit Kartoffeln und allem Drum und Dran. Kochen konnte sie gut und sie sagte: „Mister Bruno, die wollen sich hier nur durchfressen bei uns, ich kenne diese Frau schon."
„Wie meinst du das, du kennst sie?"
„Das ist die Frau von Besitzer von der Farm, der Boss ist nur Pächter hier."
Ach, jetzt ging mir ein Licht auf, deswegen benahmen sich alle so verhalten, wenn ich über den Boss reden wollte.
„Vorsicht ist die Kiste voll Glas", sagte Fee.

Am nächsten Tag kam der Boss doch nicht zurück und Feechen räumte die Vorräte wieder in die Speisekammer. Sie schloss ab und sagte mir, dass sie den Schlüssel jetzt behalten würde, außerdem beauftragte sie Boy, die Fenster von außen mit Farbe zu streichen, so dass niemand hineinschauen konnte. Die Fee kam mir immer gerissener vor, aber ich merkte, dass kein bisschen was fehlte, als sie wieder einräumte.

Ich sah nicht ein, dass ich die Fee entlassen sollte, sie war mir ans Herz gewachsen. Der Boss kam auch am Wochenende nicht wieder zurück. Nur mein Freund Redelinghuys und seine Frau kamen zu Besuch vorbei. Sie hatten Steaks mitgebracht und wir grillten, machten „Braai", wie man bei uns sagt. Ich rief meine tolle Fee und sagte ihr, dass sie die Kammer aufschließen solle, da wir Vorräte und Bier brauchten. Sie sagte: „Schreib aber bitte alles auf, was ihr nehmt, sonst heißt es nachher, Feechen klaut." Als sie die Flasche Branntwein sah, die mein Freund mitgebracht hatte, sagte sie: „Wenn ihr Brandy am Wochenende trinkt, dann nehme ich mir eine Flasche Wein." Gesagt, getan und dann rief sie noch im Weggehen: „Denk dran, Mister Bruno, jetzt sind es nur noch vier."

Wir verbrachten einen herrlichen Sonntag und Redelinghuys' Frau neckte uns damit, dass wir in Kalkrand versackt waren: „Euch beide lasse ich nicht wieder alleine losfahren."

Spät fuhren die beiden dann wieder davon und ich blieb nachdenklich zurück, denn ich hatte viele Dinge erfahren, die hier auf den Farmen nicht so liefen, wie sie eigentlich sollten.

Eines Morgens kam der Partner mit zwei neuen Schafwächtern vorbei. Er wollte wissen, ob der Posten vorbereitet sei. Ich bestätigte ihm, dass alles in Ordnung sei. Da wir zwei Wochen lang guten Wind gehabt hatten, pumpte der Windmotor ordentlich. Der Tank war bis zum Überlaufen voll und es war bisher gar nicht nötig gewesen, den Dieselmotor zu starten.

Dann fuhren wir rüber zur Farm Gras, wo Boss und Partner weitere sechshundert Schafe gekauft hatten. Ich war im Ford mit Boy hinter dem Partner hergefahren. Die Fee hatte uns beiden für die Fahrt leckere Sandwiches und eine Thermoskanne Kaffee eingepackt. Während der Fahrt erzählte mir Boy die letzten Neuigkeiten. Es war erstaunlich, was er alles über die Nachbarschaft wusste und wie die Buschtrommel funktionierte.

Die Schafe waren bereits in den Kraalen und die neuen Wächter machten sich mit der Herde sofort auf den Weg zur Farm. Ich wurde nicht gebraucht, warum ich mit Boy herfahren sollte, war mir ein Rätsel und wir machten uns wieder auf den Weg zurück zur Farm. Als wir zu Hause ankamen, rief Fee überrascht: „Oh, oh, schon wieder da!?" Am Mittag kontrollierten wir nochmals den Posten und fuhren dann der Herde entgegen. Dort erfuhren wir von den Wächtern, dass der Partner bereits wieder unterwegs nach Windhoek war. Gesagt hatte er nichts davon. Als die Wächter dann am späten Abend mit der Herde beim Farmhaus ankamen, scheuchten wir die Tiere in den großen leeren Kraal. Am nächsten Morgen sollten sie dann zum Posten getrieben werden.

Die Wächter hatten Hunger, hatten den ganzen Tag nichts gegessen und fragten natürlich nach Kost. Ich war mal wieder sprachlos, wie schlecht alles für die Arbeiter geregelt war. Sie hatten nichts dabei, kein Essen, keine Decken. So gab ich ihnen von meinen Vorräten und dazu ein Bündel Decken. Boy beauftragte ich, dafür zu sorgen, dass sie irgendwo einen Schlafplatz für die Nacht bekamen.

Am nächsten Morgen waren alle Arbeiter und Wächter versammelt. Die zwei Owambos gingen nach dem morgendlichen Zählen der Schafe wie gewohnt auf die Weide. Boy sollte mit den neuen Wächtern zum Posten aufbrechen. Auch diese Herde zählte ich nun erst einmal. Am Anfang des Trecks war der Partner dabei gewesen und es war seine Sache, den Bestand zu überprüfen. Fünfhundertsiebenundneunzig Tiere wurden gezählt, also drei zu wenig. Da konnte man nichts machen und ich trug in das Buch ein: fünfhundertsiebenundneunzig.

Dann fuhr ich den Weg nach Gras nochmals ab, konnte die Tiere aber nicht entdecken, auch am Posten auf Gras befand sich keine Seele mehr. Von Kub aus versuchte ich den Partner telefonisch zu erreichen, aber vergeblich. Ich hatte dem Boss und auch dem Partner gesagt, dass ich dringend ein Telefon benötige und dass das ein Leichtes wäre, da ja die Leitung vorhanden war und nur angeschlossen werden brauchte. Als ich mittags wieder zu Hause war, berichtete mir Boy, dass alles gut gegangen war, dass jeder Wächter jetzt eine Hälfte der Herde hatte. Es gab nur ein Problem, drei Schafe waren zu viel und so hatte der eine Wächter drei Schafe mehr zu bewachen. Er schlug vor, dass wir also drei Schafe schlachten sollten, damit das Problem ausgeglichen wurde. „Wir brauchen Fleisch, Mister, wir haben schon wieder nichts zu essen."

„Ihr seid mir vielleicht Schlauberger", sagte ich und musste schmunzeln. Dennoch fuhr ich am Nachmittag mit Boy zum Posten. Dort teilten wir die Herde in jeweils zweihundertachtundneunzig Tiere. Das eine Schaf, welches nun übrig war, ein älteres Muttertier, das nicht tragend war, nahmen wir mit zum Farmhaus und ich ließ es für die Leute als Ration schlachten.

Fee war selig, dass sie mir die Leber braten konnte und es war das leckerste Abendessen, was ich seit langem gegessen hatte. Sie meinte, dass ihr Essen mich bereits dicker gemacht hätte. „Und du?", fragte ich.

„Ne, ne, alte Weiber werden nicht mehr fett", sagte sie grinsend und ging nach Hause. Die Alte sorgte wirklich gut für mich und obwohl die vier Flaschen Wein inzwischen auf zwei geschrumpft waren, konnte ich ihr nicht böse sein.

Ende des Monats erschien der Boss wieder mit Rationen und Gehältern – nur für die beiden neuen Wächter hatte er nichts dabei.

„Hast du das nicht mit dem Partner geregelt?", fragte er. Mir platzte fast der Kragen. „Ich habe ihn lediglich zwei Stunden gesehen auf Gras und weg war er wieder. Für wen arbeite ich hier eigentlich?", fragte ich. „Für die Firma", sagte er. „Nun, dann müsst ihr beide das regeln, wenn euch die Firma gehört – und nicht ich."

Als der Boss merkte, dass ich stinksauer war – so ein Durcheinander hatte ich noch nie erlebt –, da gab er das Geld für die Gehälter der Wächter aus seiner eigenen Tasche und fuhr nach Kalkrand, um die fehlenden Rationen zu besorgen. Er brachte gleich alles für einen Monat im Voraus mit. Dies Problem war also erst einmal beseitigt, aber meine Zweifel an dieser Arbeitsstelle wuchsen stetig.

Da die Rationen der Arbeiter recht kläglich ausfielen, brachte ich von meinem nächsten Trip nach Kalkrand noch eine große Kiste Dosenfisch mit. Zwei Dosen zusätzlich pro Woche für jeden Arbeiter auf meine Kosten hoben die Arbeitsmoral nochmals erheblich. Fee kochte nun auch öfter Maisbrei oder Miliepap, wie wir sagen, mit Fleisch. Das war nicht so mein Geschmack, aber dafür blieb dann jedes Mal für sie mehr übrig.

Jetzt war die Lammzeit gekommen. Um Qualitätsfellchen für den internationalen Markt zu erhalten, mussten die Lämmer gleich nach der Geburt, innerhalb vierundzwanzig Stunden, geschlachtet werden. Nur so konnten die einzigartige Maserung und die Löckchen der Fellchen erhalten bleiben. Das war ganz und gar nicht meine Lieblingsbeschäftigung und das Schlachten widerstrebte mir persönlich sehr. Aber das richtige Aufspannen der Fellchen auf die Rahmen übernahm ich. Hierzu bedurfte es einiger Geschicklichkeit, die mir Herr Dieter gut beigebracht hatte. Die Fellchen durften am Rand nicht beschädigt werden. Auf der Farm waren glücklicherweise genügend Rahmen vorhanden, so dass diese Arbeit ohne Probleme erledigt werden konnte.

Draußen beim Posten waren die Mutterschafe noch nicht so weit, dass sie lammten. Wir konzentrierten uns also auf die Herden am Haus. Zweimal täglich fuhr ich zum Posten, um den Stand dort zu kontrollieren. Dann war es auch dort so weit. Ich musste nur die Böckchen schlachten lassen, die weiblichen Tiere bekamen Ohrmarken.

Dem Boss hatte ich vorgeschlagen, dass die Wächter für jedes Lämmchen, welches sie vom Feld brachten, einen kleinen Bonus erhalten sollten. Diese Regelung passte aber weder dem Boss noch dem Partner. Ich bin sicher, dass uns so mehr Lämmer verlustig gingen als nötig. Eine Beteiligung der Wächter an der Quote hatte auch auf anderen Farmen gute Erfolge erzielt. Der Boss war jedoch knauserig, wie es im Buche stand.

Am Ende des Monats erschienen der Partner mit Frau und der Boss mit Freundin. Die Atmosphäre zwischen den Herren war ziemlich angespannt. Dann fingen die Frau vom Partner und der Boss einen Streit miteinander an. Ich sollte nun schlichten.

„Da misch ich mich nicht ein, das müsst ihr selbst regeln", war meine Antwort. Ich hatte nun endgültig die Nase voll und nutzte gleich die Gelegenheit meine Kündigung auszusprechen.

Die Frau vom Partner sagte: „Wenn das so ist, dann kannst du auch sofort gehen!"

Da ich am Vorabend mein Gehalt bekommen hatte, packte ich meine Siebensachen. Währenddessen stritten die vier lautstark weiter. Meine übrigen Reserven ließ ich alle in der Speisekammer. Es war noch einiges an Bier dort. Den restlichen Wein hatte sich ohnehin das Feechen zu Gemüte geführt.

Der Boss kam dann noch zu mir und sagte, dass der Partner mit seiner Frau selbst den Betrieb leiten wollte, sie mich also ohnehin nicht mehr brauchten, mir dies jedoch nicht hatten sagen wollen. Als ich nach den noch ausstehenden Meilengeldern fragte, sagte er: „Du kannst den alten Dodge dafür mitnehmen, den brauchen wir nicht mehr." Ich war stinksauer. Was sollte ich mit der alten, unverkäuflichen Klapperkiste und außerdem, wie sollte ich sie jemals von hier wegschaffen? Ich hätte das Geld dringend bar auf die Hand gebraucht. Ich lud also mein Motorrad auf meinen Studebaker, den Partner und die Frauen sah ich nicht mehr, und dann fuhr ich los. Als ich zum Farmtor hinausfahren wollte, kamen Fee und Boy angerannt, um sich persönlich von mir zu verabschieden. Ich sagte ihnen, dass ich ihnen die Vorräte vermachen würde. Fee schrie und heulte und wollte mich so gar nicht ziehen lassen. Auch ich war traurig. Traurig, dass alles so gekommen war, aber auch ärgerlich, dass ich so ausgenutzt worden war. Als ich auf die Schotterstraße Richtung Mariental einbog, fühlte ich mich aber auch irgendwie befreit, als wenn eine große Last von mir abgefallen wäre. Dass noch ein dickes Ende folgen sollte, ahnte ich da noch nicht.

Ich war noch gar nicht weit gekommen, als mir ein Reiter auf der staubigen Straße entgegenkam. Im Licht der späten Nachmittagssonne winkte er wild und hielt mich mit aufgeregten Gesten an. „Middag, Mister, du doch Motor-Doktor. Mein Baas fragen, du ganz schnell zu uns kommen. Wir in große Not. Wind ganz bietjie (bisschen) und Motor nix laufen will. Keine Wasser mehr für Tiere, ganz durstig, asseblief, asseblief (bitte, bitte), komm helfe!" Wie konnte ich da Nein sagen? Ich fragte nach dem Namen des Farmers und der Farm. Der Reiter erklärte mir den Weg und sagte, dass es ganz nah war. Da ich inzwischen begriffen hatte, dass die Leute manchmal ein völlig anderes Verständnis von Entfernung und Zeit hatten als ich, machte ich mich auf alles gefasst.

Mein Studebaker hatte auch seine Macken. Er lief nur auf fünf, anstatt auf sechs Zylindern. Ich wollte eigentlich noch meinen Freund Redelinghuys aufsuchen, damit er sich den Motor mal ansah, da ich den Fehler nicht finden konnte. Aber nun musste ich erst einmal versuchen, diesem Farmer zu helfen. Als ich, nach doch recht langem Weg, endlich ankam, war es bereits dunkel. Das Tor stand offen und ich fuhr direkt zum Farmhaus.

Ein älterer Herr kam auf mich zu und begrüßte mich freundlich. Er bat mich auf die Veranda und dann begrüßte mich auch seine Frau. Es waren Afrikaans sprechende Buren. Die Sprache beherrschte ich ja zum Glück perfekt. „Hat mein Arbeiter dich also gefunden?"

„Ja, ich habe ihn an der Grenze getroffen, er hat mich hergebeten und reitet jetzt zurück."

„Wir haben hier in der Gegend schon viel von dir gehört. Was für eine Nationalität hast du eigentlich?"

„Ich bin in Kolmanskuppe geboren, meine Eltern sind aus Deutschland hergekommen. Aber wie kann ich hier helfen?"

„Das lassen wir bis morgen, jetzt ist es zu dunkel. Meine Tochter wird uns das Abendessen bereiten und meine Frau bringt uns zwei schöne große Flaschen Bier. Ich hoffe, du hast Zeit, hier zu übernachten?"

Da ich ja wirklich keine Termine hatte, sagte ich zu.

Die Tür der Veranda ging auf und im Schein der Petroleumlampe sah ich ein wunderschönes Mädchen vor mir stehen. Der Mund wurde mir trocken und ich musste schlucken.

„Das ist meine Tochter", stellte der Farmer vor.

Während sie das Bier eingoss, betrachtete ich sie verstohlen. Sie war ungefähr in meinem Alter. So lange war ich allein gewesen und plötzlich solch eine Augenweide hier im tiefen kargen Süden, das musste mein junges, überrumpeltes Männerherz erst einmal verkraften.

Im Laufe des Abends erzählte ich, dass ich bei meinen vorigen Arbeitgebern gekündigt hatte, dass ich mir nun erst einmal in Ruhe überlegen wollte, was ich nun mache. Wir unterhielten uns sehr gut, der Farmer war ein interessanter Mensch mit viel Lebenserfahrung. Er berichtete, dass er vier Jahre lang interniert gewesen war in Süd-Afrika. Er war daher nicht besonders auf die Engländer gut zu sprechen, stand den Deutschen recht nahe.

Als wir später ins Bett gingen, hing ich süßen Träumen nach und schlief so gut wie lange nicht mehr.

Ganz früh am Morgen fuhren der Farmer und ich mit seinem Ford-Laster zum Posten. Kein Wasser war in der Tränke und die vielen Schafe standen davor und blökten vor Durst. Es war ein erbärmlicher Anblick. Der Motor, der das Wasser pumpen sollte, war ein alter Lister. Ich sah ihn mir an und erkannte, dass die Lager geschlagen waren. Er musste also wahrscheinlich in die Werkstatt. Ich dachte mir einen Plan aus und prüfte, ob die Treibriemen des Motors dafür lang genug waren.

„Ich werde den Motor jetzt abbauen, Sie holen bitte in der Zwischenzeit den alten Armee-Jeep, den ich auf dem Hof gesehen habe, und füllen vorher Benzin und Öl auf." Erstaunt sah er mich an, fragte jedoch nicht lange und fuhr wieder los. Es war total windstill, so dass uns auch der Windmotor nicht weiterhelfen konnte. Ich baute den Motor ab, wobei mir der Postenaufseher half. Wir bremsten den Windmotor und schlossen den Pumpenbock an das Gestänge an. Während wir warteten, sah ich mir die Schafe an. Es war eine wunderschöne Herde mit einigen starken Böcken. Offensichtlich kannte der Farmer sich gut aus mit der Schafzucht.

Endlich nahte der Jeep. Zu meiner Freude sprang die hübsche Tochter heraus: „Mein Papa kommt gleich nach." Der Aufseher und ich räumten alles zur Seite. Die Tochter instruierte ich, den Wagen ganz dicht an den Pumpenbock heranzufahren. Ruckzuck tat sie das in einem Anlauf. Ich war erstaunt, wie behände sie mit dem Jeep umging. Dann bockte ich den Wagen mit dem Wagenheber vorne hoch und legte den Treibriemen an, verkürzte die Verbinder – fertig! Es war zum Glück ein nagelneuer Pumpenbock National, der rundum lief. Ich sagte zur Tochter: „Los, starte mal den Motor vom Jeep und dann lege den ersten Gang ein." Siehe da, nach weniger als einer Minute lief das Wasser bereits in die Rinne. Die Wächter hatten Mühe, die Schafe zurückzuhalten, so dass sie nicht über- und untereinander zum Wasser stürmten. Nun ja, nicht ohne Stolz genoss ich die Bewunderung der schönen Farmerstochter. Den Wächtern befahl ich, alle Schafe in den Kraal zu treiben und jeweils nur fünf von ihnen zum Wasser zu lassen. Derweil wir damit beschäftigt waren, nach und nach alle Tiere zu tränken, kam der Farmer zurück. Er stieg aus und schüttelte nur den Kopf: „Ihr Deutschen, mannomann, über euch kann man nur staunen!"

Wir luden dann den Motor auf und gegen zehn Uhr waren wir wieder beim Haupthaus. Die Mutter schimpfte, nicht ohne Augenzwinkern, wegen des späten Frühstücks, aber es schmeckte jetzt allen doppelt so gut. Meine Gedanken und meine Blicke wanderten immer wieder zu der Tochter und mir wurde klar, dass ich auf dem besten Wege war, mich haltlos zu verlieben.

Als ich den Motor auseinandergebaut hatte, stellte ich fest, dass er nach Windhoek in die Maschinenfabrik zur Komplett-Überholung musste. „Was rätst du mir?", fragte mich der Farmer. Ich sagte ihm, dass ich bei Pupkewitz in Kalkrand einen neuen Lister in gleicher Größe gesehen hatte. Er sollte den Kauf in Erwägung ziehen, da die Zeit uns davonlief. Die Lösung mit dem Jeep war ja nur eine kurzfristige. „Aber einer sollte schnellstens wieder zum Posten fahren und nach dem Rechten sehen", fügte ich hinzu. Der Farmer beschloss nun, mich nach Kalkrand zu schicken: „Ich gebe dir einen Blankoscheck mit und auch Bargeld. Kannst du mit deinem Auto fahren?"

„Ich hoffe, dass es das noch mitmacht, ich habe Probleme mit den Zylindern."

„Sonst nimm mein Auto und ich reite zum Posten, denn mit deinem Motorrad kann ich nicht fahren."

So machten wir es dann also und ich fuhr mit dem recht neuen Ford zu Julius Pupkewitz nach Kalkrand. Julius empfing mich ganz aufgeregt: „Bruno, die Polizei war hier und hat nach dir gesucht. Wo warst du denn?"

„Wieso das denn?", lautete meine erstaunte Frage.

Was Julius mir dann erzählte, war mehr als haarsträubend. Die Frau vom Partner war in der letzten Nacht, gegen Mitternacht, erschossen worden. Aufgrund von Zeugenaussagen verdächtigte man nun wohl mich des Mordes! Wir gingen sofort zur Polizeistation und klärten die Sache auf. Ein Anruf bei dem afrikaansen Farmer bestätigte meine Aussage, dass ich am Abend dort angekommen war und übernachtet hatte.

Es war unfassbar – diese Schweine! Da hatte man gedacht, dass ich ja nachts allein auf einsamer Schotterpiste unterwegs war und dass man mir nun gut was in die Schuhe schieben konnte, da ich kein Alibi haben würde, wenn man mich fasste.

Was für ein großes Glück, dass mich der Reiter aufgehalten und um Hilfe gebeten hatte. Nur deswegen konnte meine Aussage wasserfest bestätigt werden.

Anmerkung:

Später erfuhr ich, dass man den Tod der Frau dann im Nachhinein als Unfall beim Umgang mit einer Waffe deklariert und zu den Akten gelegt hatte. Die technischen Möglichkeiten der Polizei damals waren sehr eingeschränkt und es gab wenige Chancen, Indizien wissenschaftlich zu überprüfen. Ich persönlich habe nie an einen Unfall geglaubt. Zuerst die heftigen Streitereien am Nachmittag, die ich mitbekommen hatte, dann der Versuch, mich des Mordes zu beschuldigen. Aber die Wahrheit haben wohl alle Beteiligten mit ins Grab genommen.

Mit Verzögerung durch den Polizeibesuch gab ich also die Bestellung für den neuen Lister-Motor mit Zubehör bei Julius ab. Er freute sich, dass er ein so gutes Geschäft machen konnte und gab mir noch einen guten Abschlag für den Farmer. „Bruno, das sind gute Buren, feine Leute, sag ich dir! Ganz anders als der Boss und der Partner."

Während Julius alles fertig machte, tankte ich schnell noch. Als ich wieder ins Geschäft zurückkam, ging jemand an mir vorbei. Er trug einen neuen Pferdesattel auf der Schulter und rief im Hinausgehen: „Schreib auf meine Rechnung!" An der Kasse arbeitete eine neue Verkäuferin. Ganz aufgeregt stürmte sie hinter dem Tresen hervor und rannte hinter dem Mann her. Der war aber inzwischen bereits verschwunden. „Herr Hoppe, haben Sie diesen Mann erkannt?" Ich verneinte, ich hatte ihn noch nie gesehen. Dann kam Julius durch die Hintertür. Die Verkäuferin war völlig aufgelöst: „Es tut mir so leid, er rief nur, ich solle es aufschreiben, aber ich bin doch neu hier, ich weiß doch gar nicht, wer das war." Sie brach in Tränen aus. Julius beruhigte die Dame und sagte: „Machen Sie sich keine Sorgen, wir setzen einfach jedem Farmer, der bei uns anschreiben lässt, am Monatsende einen Sattel auf die Rechnung. Wer keinen gekauft hat, wird sich schon melden, dann werden wir den richtigen Käufer schnell finden."

Julius lud mit mir den neuen Motor auf und klopfte mir dann zum Abschied freundschaftlich auf die Schulter. Ich stieg in den Ford und machte mich schnellstens auf dem Weg zurück zur Farm. Der Jeep konnte nicht ewig den Pumpenbock antreiben.

Dort angekommen, wurde ich freudig von dem Farmerehepaar empfangen. Der Farmer erzählte, dass der Tank am Posten so weit mit Wasser aufgefüllt war, dass es bis zum nächsten Morgen reichen würde. Er schlug vor, dass wir Feierabend machen sollten und fragte, ob ich am nächsten Tag den neuen Motor aufbauen könnte. Als ich ihm sagte, dass ich zurzeit keine anderen Verpflichtungen hätte, fragte er, ob ich dann auch noch die anderen Motoren auf der Farm durchsehen und warten würde. Er wollte gut bezahlen. Ich sagte zu und während wir dann auf der Veranda, nach diesem turbulenten Tag, einen Sundowner genossen, kam die hübsche Tochter vom Kraal herüber. Sie setzte sich zu uns und berichtete, wie viele Lämmchen an dem Tag von der Weide reingebracht worden waren. Das gab viel Schlacht-Arbeit am nächsten Tag.

Die Mutter richtete in der Küche das Abendbrot und auch der Farmer musste plötzlich noch etwas erledigen. So genoss ich die Gesellschaft der Tochter natürlich noch mehr.

Am nächsten Morgen fuhren wir wieder sehr früh, vor dem Frühstück, zum Posten und bauten den Jeep ab. Ich zeigte dem Postenaufseher alles, was wichtig war, was er also beim neuen Motor beachten sollte. Er war bereits etwas älter, war sehr fleißig und wissbegierig. Beim Zubehör befanden sich auch eine Grieß- und eine Ölkanne. Ich zeigte dem Aufseher genau, wie er alles aufzufüllen hatte und auf was er jedes Mal achten sollte, bevor er den Motor startete. Er freute sich wie ein kleines Kind über seine neue „mooie" (schöne) Maschine. Jeden Tag sollte er jetzt auch die Stunden, die der Motor lief, in eine Karte eintragen. Der Farmer und ich blieben noch eine Weile und versicherten uns, dass alles einwandfrei lief. Der neue Motor pumpte kräftig Wasser in die Tränke und in den Tank. Wir fuhren zufrieden zurück zum Farmhaus, wo wir ausgiebig ein opulentes Frühstück genossen.

Dann, am Nachmittag, waren die anderen Motoren auf den anderen beiden Posten dran. Ich schaute alles durch, ölte und wartete und stellte die Ventile richtig ein. Es waren beides alte Deutz-Motoren, die aber in einem guten Zustand waren und schnell wieder einwandfrei liefen. Der Abend war dann wieder genauso friedlich nach diesem erfolgreichen Tag und im Schein der Petroleumlampen und Kerzen, durch die Gegenwart der Tochter, dazu noch recht romantisch.

Am nächsten Morgen packte ich dann – ich musste dringend bei Redlinghuys vorbei, wegen meines Studebakers –, das Mädchen war schon beim Schlachten. Als ich Abschied nehmen wollte und zur Scheune rüberging, blieb ich an der Türe stehen und beobachtete sie. Mir blieb fast die Luft weg, als ich sah, wie sie behände und schnell den Lämmchen die Kehlen durchstach, dann die Fellchen abzog, dabei das Schlachtmesser zwischen die Zähne nahm. Ruckzuck waren die Fellchen abgezogen und sie warf sie in den Wassereimer, dann griff sie gleich das nächste Lämmchen. An den Mundwinkeln floss das Lämmchenblut vom Messer und lief ihr über das Kinn, von wo es auf die Bluse tropfte, die etwas offenstand. Ein schöner Anblick, wenn nur das Blut nicht gewesen wäre. Farmersfrauen müssen wirklich tüchtig sein, dachte ich mir. Als sie mich entdeckte, nahm sie das Messer aus dem Mund und lachte: „Nur noch sechs Stück, dann bin ich hier fertig. Warte ein bisschen." Ich hatte ihr erzählt, dass ich auf Krumhuk gelernt hatte, Felle ganz besonders aufzuspannen und sie hatte mich gebeten, ihr das zu zeigen: „Man kann ja nie auslernen", hatte sie gesagt.

Sie war schnell fertig und ging dann ins Haus, um zu duschen und sich umzuziehen. Wir saßen auf der Veranda und die Mutter brachte uns ein Schälchen mit Keksen. Der Vater kam und fragte, ob ich nicht dableiben wolle: „Wir bringen dein Auto zur Reparatur und wenn es wieder fahrtüchtig ist, holen wir es ab, so lange kannst du doch wenigstens noch bleiben. Überlege dir das bitte." Wir gingen dann zur Fellkammer und ich zeigte ihr, was ich gelernt hatte. Es waren wunderschöne, silbergraue Fellchen bester Qualität, ganz sauber abgezogen. Sie war sehr geschickt und nach kürzester Zeit beherrschte sie jeden Griff. Wofür ich Tage gebraucht hatte, brauchte sie keine zwei Stunden.

Es wurde dann doch Mittag aber mir wurde immer klarer, dass ich nicht bleiben konnte. Irgendetwas trieb mich hier aus der Gegend einfach weg. Vielleicht ist es ein Fehler, dachte mein Herz, aber mein Verstand sagte mir, dass ich mich verabschieden sollte.

Der Vater übergab mir einen Umschlag, sagte, dass ich ihn erst später öffnen solle. Dann gab er mir die Hand und sagte, dass ich gern zurückkommen könne und jederzeit willkommen sei. Er umarmte mich, auch die Mutter umarmte mich. Das Mädchen fiel mir um den Hals und küsste mich. Es war nicht leicht und ich hatte feuchte Augen, als ich zu meinem Laster ging. Sie kam hinterher, sprang aufs Trittbrett und fuhr bis zum Hoftor mit. Dort küssten wir uns noch einmal mit Tränen in den Augen. Ich schenkte ihr zur Erinnerung noch meine Schaf-Zähluhr. Dann fuhr ich Richtung Kub zu Redelinghuys.

Am späten Nachmittag kam ich in Kub an. Redelinghuys kam mir entgegen und lachte: „Du bist jetzt der Dritte im Bunde", sagte er.
„Was meinst du mit Dritter im Bunde?"
„Die Krankheit, die dein Studebaker-Modell hat. Ich habe es schon von weitem gehört. Hatte schon zweimal dieses Problem hier. Zylinderpackung Nummer fünf bis sechs! Der Zylinderkopf muss runter und nach Windhoek zum Schleifen. Das kostet nicht wenig mit der neuen Packung und so weiter, die Arbeit dazu. Hast das Auto ja billig bekommen und vielleicht war es schon ein früherer Fehler an dem Wagen."
Mein Gemüt war ja ohnehin schon angeschlagen und nun noch diese Hiobsbotschaft.
Er sagte tröstend: „Komm erst mal rein, wir sehen morgen weiter."
Seine Frau begrüßte mich herzlich und ich berichtete beim Abendessen von meinen Abenteuern und der netten Farmersfamilie.

Der Farmer hatte mich im Umschlag sehr großzügig entlohnt. Redelinghuys holte Bier und Branntwein und sagte lachend: „Liebeskummer muss runtergespült werden!" Es wurde eine feuchte Nacht und Redelinghuys fragten, warum ich nicht einfach den Weg wieder zurückfahre, wenn mir das Herz so schwer sei. Ich erklärte ihnen, dass ich kein Schaffarmer sei und dass ich mich nie an das Schlachten der Lämmchen gewöhnen würde. Sie schlugen vor, dass ich doch bei ihnen arbeiten sollte, die Außenreparaturen auf den Farmen machen könnte und er würde die Werkstatt führen. „Damit könnten wir beide gut verdienen", sagte er und auch seine Frau befürwortete das.

Am nächsten Morgen hatte ich einen fürchterlichen Kater und meinem Freund ging es nicht viel besser.

„Hör zu, bring das Auto so gut wie möglich in Ordnung. Meine Sachen, die ich nicht auf dem Motorrad mitnehmen kann, verpacken wir in eine Kiste, die ihr mir dann nach Swakopmund schickt. Du verkaufst das Auto, ziehst deine Kosten ab und überweist mir dann den Rest. Ich rufe dich dann an, sobald ich weiß, was ich machen werde."

„Ach, Bruno, das ist so schade! Wir hatten gehofft, dass du hierbleibst, aber es ist dein Beschluss und wir wünschen dir alles Gute." Nachdem ich umgepackt hatte, nahmen wir also zum zweiten Mal Abschied, ich stieg auf mein Motorrad, winkte und brauste in den klaren Morgen der Namibwüste davon.

Anmerkung:
Julius Pupkewitz erzählte mir später, dass von allen Farmern, denen er jeweils einen Sattel auf die Rechnung gesetzt hatte, nur ein Einziger protestierte, alle anderen bezahlten brav. Das war das beste Sattelgeschäft seines Lebens gewesen.

5. KAPITEL

Lehrzeit in Omaruru

Neunzehn Jahre war ich inzwischen alt, ich wollte nun endlich eine richtige Berufsausbildung anfangen und nachdem ich wieder einige Tage auf der elterlichen Kleinsiedlung bei Swakopmund verbracht hatte, nahm ich eine zweijährige Ausbildungsstelle als Autoschlosser in Omaruru an. Omaruru war nicht so weit entfernt von Swakopmund und das kleine Städtchen lag sehr idyllisch am Omarurufluss, der hier mit großen Bäumen und grünen Auen gesäumt war.

Mein Lehrmeister hieß Fritz. Er war ein feiner Mensch, der mir sehr viel mit viel Geduld beibrachte. Nie schimpfte er und bei der Arbeit sang er immer. Es war ein wahres Wunder, wie gut er seinen Job machte. Er hatte goldene Hände. Jedes Auto, welches zur Reparatur angemeldet war, wurde vorher gewaschen, auch der Motor, erst dann fasste Fritz das Fahrzeug an.

Alle Farmer vor und hinter dem Brandberg brachten ihre Autos zu uns in die Werkstatt und wir hatten enorm viel zu tun. Die Fahrpisten waren zu der Zeit in einem extrem schlechten Zustand und so waren meistens Federbrüche zu beklagen. Fritz unterwies mich speziell im Bereich Federbrüche und Bremsen. Bei den Federhauptblättern schmiedeten wir selbst die Augen an und die Buchsen wurden selbst gedreht. Nur der Federstahl wurde angekauft. Reifen mit Löchern wurden bei uns auch vulkanisiert. Dies war meist mein Job. Wir hatten unendlich viel Arbeit und da ich der Stift war, neben zwei Gesellen, musste ich bereits vor Arbeitsbeginn da sein, alles aufschließen und den Fairbank-Dieselmotor starten, der unseren Strom erzeugte. Dann alle Maschinen gut ölen und abschmieren. Abends um sechs, wenn alle nach Hause gingen, blieb ich noch, um auszufegen und das Werkzeug wegzupacken.

Meistens sagte Fritz zu mir: „Bruno, beeil dich, wir haben jetzt noch einen Privatjob zu erledigen." Ich freute mich über diese Privatjobs nach Feierabend, denn sie brachten mir gutes zusätzliches Geld in die Tasche. Mein normaler Lohn betrug einen Guinea. Das waren ein Pfund und zehn Schilling.

Fritz war überall bekannt und durch seine gute Arbeit auch sehr beliebt. Auch an den Wochenenden arbeiteten wir meist auf verschiedenen Farmen in der Umgebung. Wir reparierten neben Autos auch Windmotoren und Pumpenböcke. Samstagabends schliefen wir bei den Farmern und zum Abschied bekamen wir meist noch Farmerbrot, Butter, Sahne, Wurst und Fleisch mit. Das reichte dann oft noch für die nächste halbe Woche und so hatte ich wenig Nebenausgaben und konnte einen großen Teil meines Gehaltes sparen.

Wenn dann mal ein Wochenende frei war, wurde ordentlich gefeiert. Fritz war sehr charmant und sah dazu auch noch gut aus. Was die Damenwelt anbetraf, ließ er nichts anbrennen und erklärte mir so manches, da ich ja in meinem jungen Leben noch kaum Erfahrungen gesammelt hatte. So gern alle Fritz mochten, war doch so mancher Farmer besorgt um Ehefrau oder Tochter, wenn er mit seinem Gesang und unwiderstehlichem Charme auftauchte.

Eines Tages kam ein Farmer mit Frau und Sohn zur Werkstatt herein. Ihr Auto stand in der Nähe von Kalkfeld, war ganz plötzlich stehen geblieben und startete nicht mehr. Er könne sich das überhaupt nicht erklären, sagte der Farmer. Nun waren sie per Anhalter bis zu uns gefahren. Fritz nahm den Autoschlüssel entgegen und er und ich fuhren zu der Stelle, wo der Wagen stand. Der Farmer wollte in der Zwischenzeit bereits einige Besorgungen im Ort erledigen. Fritz steckte den Schlüssel ins Zündloch, drehte ihn herum, dann drückte er den Startknopf, der sich seitlich daneben befand. Sofort sprang der Wagen an. Wieder und wieder probierte er es, es gab keine Probleme, der Wagen sprang immer sofort an. Dann stellten wir unser Auto erst mal am Straßenrand ab und testeten den Farmerwagen bis nach Kalkfeld. Dort im Hotel tranken wir ein paar Bierchen und fuhren zurück. Alles war bestens in Ordnung. Das war sehr merkwürdig und nach einigem Überlegen kamen wir zu dem Schluss, dass der Sohn des Farmers, der immer in der Mitte vorne saß, während der Fahrt gegen den Schlüssel gekommen sein musste, woraufhin der Motor dann plötzlich erstarb. Der Farmer hatte dann nur wieder den Startknopf gedrückt und nicht den Zündschlüssel neu gedreht. Also konnten wir dem Farmer seinen Wagen ohne Reparatur wieder übergeben. Wir hatten aber einen sehr schönen und lustigen Vormittag verbracht.

Zu der Zeit arbeitete die Kraansberg-Mine mit vollen Schichten und auch dadurch hatten wir viele Aufträge. Die Minenleute feierten gerne am Wochenende im Hotel Stäbe oder im Mecklenburger Hof. Auf dem Rückweg wurde dann so manches Auto umgeworfen oder kaputtgefahren. Fritz war auch ein sehr guter Ausbeuler und Lackierer. Er konnte gut die Farbtöne mischen. Nebenbei malte er auch schöne Landschaftsbilder. Hinter der Werkstatt befand sich die Karosseriegarage.

Einmal brachte Dr. Kirsten von Usakos seinen Wagen zum Service. Als der Wagen fertig war, fuhr ich zu schnell damit rückwärts und drückte eine ziemlich große Beule in das Schutzblech. Voller Not rannte ich zu Fritz und gestand ihm mein Unglück. „Mach dir keine Sorgen Bruno, bring den Wagen hinten rein und sieh zu, dass der Doktor abgelenkt wird, wenn er gleich kommt." Als Dr. Kirsten dann kam, versuchte ich, ihn mit Ausreden und unmöglichen Fragen hinzuhalten, bis er sich zum Glück wieder für eine Weile auf den Weg machte. Beim zweiten Erscheinen log ich ihm vor, dass wir den Wagen noch waschen und polieren müssten. Langsam wurde der Doktor ziemlich ungeduldig. Aber Fritz war dann auch schon fertig und ich wienerte schnell noch alles mit einem Lappen nach. Absolut nichts mehr war zu sehen von der Beule und Dr. Kirsten fuhr endlich ahnungslos und zufrieden ab.

So verging die Zeit und ich lernte alles bei Meister Frtz, was man nur lernen konnte. Aber eines Morgens dann, als ich erwachte, waren meine Hände ganz geschwollen und dazu hatte ich einen fürchterlichen Hautausschlag.

Fritz sah sich das an und sagte: „Sofort zum Arzt!" Ich fuhr also zu Dr. Kirsten nach Usakos. Er gab mir eine Salbe und auch eine spezielle Seife, um die Hände jedes Mal gründlich damit zu waschen. Dann fuhr ich wieder zurück zur Arbeit. Am nächsten Tag war es noch schlimmer – beide Arme waren nun bis hoch zu den Ellenbogen geschwollen und mit Ausschlag und Beulen bedeckt. Es war Samstag, Dr. Kirsten hatte also keine Praxisstunden und so fuhr Fritz mit mir zum Katholischen Krankenhaus in Usakos. Wir waren schon ganz früh da, um acht Uhr. Die Schwestern riefen sofort einen Arzt, es sah nämlich ganz schön scheußlich aus. Der Arzt untersuchte mich von Kopf bis Fuß, konnte aber nichts feststellen. Zunächst gab er mir eine Spritze und noch eine neue Salbe und Seife. Dann riet er mir, von allen Ölen und Schmierstoffen fernzubleiben.

Fritz teilte mich nun vorläufig dazu ein, die Bücher der Autowerkstatt zu führen und die Tankstelle zu beaufsichtigen. Es trat dann tatsächlich eine Besserung ein und nach vierzehn Tagen war der Ausschlag verschwunden.

Wir fuhren wieder zu dem Arzt nach Usakos und er bestätigte mir, dass ich allergisch auf das Öl reagierte. Ob ich meine bald anstehende Prüfung erst theoretisch ablegen und dann den praktischen Teil später nachholen könnte, war meine Frage. „Ich glaube nicht, dass es besser wird", sagte der Arzt.

Das war nun erst mal ein Schock für mich und auch für Fritz. Die theoretische Prüfung legte ich ab und nach Beratung mit der Prüfungskommission dann auch die praktische Prüfung, wobei Arbeiten, die mit Öl zu tun hatten, vermieden wurden.

Nun war trotzdem guter Rat teuer. Nach Swakopmund auf die Kleinsiedlung meiner Eltern wollte ich nicht zurück, aber was tun?

In Omaruru sprach sich mein Schicksal schnell rum und bald darauf kam der Manager der Butterfabrik von Omaruru, I.C.S. Imperial Cold Storage, zu uns in die Werkstatt. Er suchte dringend jemanden für die Produktionsstelle in Windhoek. Das Gehalt war gut und ich sollte auch eine freie Unterkunft dort bekommen. Es war so dringend, dass er mich bat, noch am selben Tag nach Windhoek aufzubrechen.

Ich besprach alles mit Fritz und da es keine andere Möglichkeit für mich gab, bereitete ich mein Motorrad für die Fahrt vor und wir verabschiedeten uns. Fritz wollte mir meine persönlichen Sachen am nächsten freien Wochenende nachbringen.

6. KAPITEL

Windhoeks Milch

Mit einundzwanzig Jahren verließ ich also Omaruru. Kurz nach Mitternacht fuhr ich los. Windhoek kannte ich nur von der Durchfahrt, hatte lediglich einmal dort beim Hansa-Hotel gehalten. Als ich endlich in früher Dämmerung in der Hauptstadt ankam, machte ich beim Hotel Halt und fragte, wo die Molkerei I.C.S. sei.

„Wenn du Richtung Rehoboth fährst, kommst du zu einem Eisenbahnübergang, dort, wo die Bahn nach Gobabis quert. Links wirst du ein großes Gebäude sehen. Das ist die Molkerei." Ich bedankte mich und machte mich gleich wieder auf den Weg. Ohne Probleme fand ich das Gebäude und fuhr auf den Hof. Im Büro stellte ich mich dem Betriebsleiter vor und wurde überschwänglich und freudig begrüßt. Man hatte mich schon seit dem vorigen Abend erwartet. Sogleich führte er mich in die Fabrik, wo ein Ein-Tonner-Fargo-Lastwagen bereits wartete. Er war geladen mit Flaschen voller frischer Milch. Vier Owambo-Männer saßen vorne beim Eingang. Sofort kam einer auf mich zu. Er hieß Johannes Baasboy.

„Ich bin von der Ablieferungsabteilung. Willkommen, Mister. Ich zeig dir gleich dein Zimmer, du kannst dein Motorrad dort in die Garage stellen." Ich tat wie geheißen und lud mein Deckenbündel und meine Tasche ab, brachte alles zusammen mit Johannes in das Zimmer. Dort befanden sich ein Bett, ein Tisch mit Stuhl und ein kleiner Schrank. Für mehr war ohnehin kein Platz. Ich sagte Johannes, dass mein restlicher Kram in der nächsten Woche abgeladen werden würde.

Dann rief der Betriebsleiter auch schon nach uns: "Ihr müsst los!!! Wir sind schon seit sechs Stunden überfällig."

Ich wusste gar nicht, was meine Aufgaben waren, aber mir wurde eine Karte in die Hand gedrückt mit einer Liste, auf der "Gallonen", "Quarts" und "Pints" standen, Johannes sollte mir alles Weitere unterwegs erklären und schon mussten wir losfahren, Johannes neben mir, die anderen drei hinten drauf.

Ich fuhr aus dem Hof auf die Hauptstraße, hinten ein großes Geschnatter.
 "Mister, gib Gas!", sagte Johannes.
 "Jetzt wieder langsamer!" Von hinten sprang der Erste ab, einen Korb mit sechs Milchflaschen in der Hand. Der Zweite sprang vom Auto, dann der Dritte.
 "Mister, stopp da vorne bei der Ecke. Hast du schon gegessen?"

Ich verneinte und schon war Johannes aus dem Auto, schnappte sich vier Flaschen Milch in einem Korb und verschwand ebenfalls. Kaum war er weg, kam schon der Erste wieder zurück mit einem Korb leerer Flaschen. Dann war auch der Zweite wieder da und im Nu alle Mann. Kaum war ich wieder losgefahren, sprangen sie auch schon wieder während der Fahrt hinunter, immer mit vollen Milchflaschen. Johannes trieb mich immer wieder an, schneller zu fahren.
 "Aber der Zweite ist doch noch nicht wieder da", protestierte ich.
 "Der steht schon da vorne und wartet auf uns." Wo der plötzlich wieder hergekommen war, war mir schleierhaft.

Alles ging im Galopp und ich kam mir vor wie im Film. Dann packte Johannes eine Tüte mit Brot, Butter und Wurst aus.
 "So, Mister, während wir fahren, kannst du essen." Während ich also fuhr, dabei frühstückte, sprangen die Männer auf und ab. Dabei lachten sie und prusteten vor Anstrengung. Johannes stand auf dem Trittbrett und gab uns allen Anweisungen. Mir,

wohin und wie schnell ich fahren sollte, den Männern, wie viele Flaschen sie jeweils einpacken sollten.

Beim Hotel Thüringer Hof mussten wir fünf Gallonen abliefern. „Morgen müssen es sechs sein", schrie Johannes dann, „Mister müssen aufschreiben, alle Leute böse heute, weil wir spät!" Inzwischen wusste ich gar nicht mehr, wo wir waren, ich hatte völlig die Orientierung verloren. An jeder Ecke standen meine Männer, um während der Fahrt hinten auf die Trittbretter zu springen. Ich hoffte nur, dass keiner dabei zu Schaden kam, so schnell ging alles.

Zweimal noch fuhren wir zurück zur Molkerei und holten Nachschub. Ich musste jedes Mal rückwärts in den Hof rangieren und dann laut hupen, damit die Arbeiter kamen und wieder Milchflaschen und -kannen aufladen konnten. Johannes sagte, dass wir an dem Tag kein Mittag machen könnten und durcharbeiten müssten. „Morgen fangen wir um drei Uhr früh an, dann niemand böse auf uns und dann auch schön lange Mittag machen!" Beim Ausladen des Leerguts musste ich die Tabelle für die Kunden ausfüllen. Dies zeigte mir der Vorarbeiter der Fabrik. Er war ein Tswana und hieß Clemens. Wir sollten noch viele Jahre zusammenarbeiten.

So ging es nun jeden Tag. Am Morgen besprachen sich Clemens und Johannes über die Lieferungen und dann ging die Post ab. Wir fuhren immer zuerst in den Norden, dann in den Westen und Süden der Hauptstadt und zuletzt belieferten wir den östlichen Teil, Eros und Klein Windhoek. Es war immer ein Fahren, Rennen und Lachen. Wir hatten viel Spaß bei der Arbeit und Johannes lobte meinen guten Fahrstil, auch dass ich nicht zu langsam war. Er erzählte mir, dass mein Vorgänger die Bücher mit den Ablieferungen im Boiler verbrannt hatte, dann den Tresor der Molkerei geknackt und abgehauen war. Ah, nun war mir klar, wieso hier Not am Mann gewesen war und ich so schnell gebraucht wurde.

Da wir vom Lieferdienst immer erst nach Feierabend der übrigen Arbeiter zurückkamen, gab der Fabrikleiter mir die Schlüssel für den Hof und die Fabrik. Wir wohnten alle dort vor Ort. Ich in einem Zimmer oberhalb der Molkerei und meine vier Mitarbeiter hinten im Hof. Ich stellte jeden Abend den Lastwagen so ab, dass er am Morgen gleich wieder beladen werden konnte. Um zwei Uhr dreißig wurde ich immer von dem Gescheppere der Milchkannen geweckt, sprang aus dem Bett und machte eine Katzenwäsche.

Wenn ich die Treppen herunterkam, hatte Johannes mir einen großen Becher mit Kaffee und viel Zucker vorbereitet. Während ich meinen Kaffee genoss, bereitete ich die Ablieferungslisten vor. Gefrühstückt wurde dann erst vor der zweiten Ablieferungsfahrt, wenn auch Zacharias da war, der den Boiler morgens anfeuerte.

Die Fabrik bestand aus zwei Abteilungen, auf der einen Seite die Wurstfabrik und Räucherei, auf der anderen Seite die Molkerei mit den Kühlkammern und Lagerräumen. Zwei große Ammoniak-Kompressoren betrieben die Kühlräume. Es war auch ein großer Eiscreme-Tiefkühlraum vorhanden. Alles war tipptopp, ein wirklich sauberer und vorbildlicher Betrieb. Als ich anfing, war kein Manager da, es musste erst ein neuer von I.C.S. Pretoria nach Windhoek versetzt werden.

Wir fuhren immer gegen drei Uhr morgens los. Um diese Zeit war es noch dunkel auf Windhoeks Straßen und so konnte ich mich erst recht nicht gut orientieren. Aber Johannes meinte: „Mister, das lernst du schnell." Und Recht hatte er natürlich. Die Kunden mussten immer Zettel ausfüllen mit Namen und Anschrift, so dass ihnen dann monatlich die Rechnung zugestellt werden konnte. Manche bekamen ein- bis zweimal pro Woche zusätzlich Butter und Sahne. Meine Männer wussten, wo und wann dies der Fall war, aber sie kannten nie die Namen der Kunden und so dauerte es eine Weile, bis ich alles genau durchschaut hatte.

Die erste Fahrt war so gegen fünf in der Früh erledigt und in der Fabrik erwartete mich dann Zacharias, der Boilerjunge, mit zwei gewaltigen Schnitten Brot, zwei Spiegeleiern und einem langen Stück Boerewurst. Johannes kochte immer Kaffee für uns alle. So ein Frühstück gab es jeden Morgen. Wir arbeiteten an sieben Tagen in der Woche, wobei an Samstagen und Sonntagen nur die Hotels und Restaurants beliefert wurden. Danach halfen wir in der Fabrik. Ich lernte den gesamten Milchbetrieb kennen – zentrifugieren, homogenisieren, buttern und Eiscreme machen.

Kurz vor Ende eines jeden Monats fuhren Johannes und ich alle Kunden während des Tages ab, überreichten die Rechnungen und kassierten das Geld. Nach zwei Monaten im Betrieb wusste ich so ziemlich über alles Bescheid und kannte inzwischen auch fast alle Kunden. Für die Anlieferung der Milch zur Fabrik war ein zweiter Fahrer zuständig, ein Herero. Er fuhr jeden Tag um elf Uhr mit einem größeren Lastwagen auf die Farmen und holte dort die Frischmilch ab. Am Nachmittag war dann sämtliche Milch in der Fabrik. Etliche Farmer brachten ihre Milch auch selbst, wo sie in Gallonen abgemessen und monatlich bezahlt wurde.

An einem Sonntag waren wir früh mit der Hotel- und Restaurantlieferung fertig, da kam die Botschaft, dass weder der Herero noch sein Assistent zur Arbeit aufgetaucht waren. Der neue Manager aus Pretoria sagte: „Bruno, du musst die Fahrten übernehmen." Zum Glück gab es einen Arbeiter, der die Route einmal aushilfsweise mitgefahren war. So fuhren wir bereits um zehn Uhr, nachdem die leeren Kannen aufgeladen waren, los. Wir waren zu dritt – Johannes war natürlich mit von der Partie.

Die Farmen, die wir abfahren mussten, waren Lichtenstein, Krumnek, Hogamas, Leutwein, Gocheganas und Krumhuk von Herrn Dieter und Frau Ursula. Da wir etwas früher losgefahren waren, waren wir auch früher auf den Farmen. Es war aber immer alles bereit, wenn wir kamen, da die Melker offensichtlich auch früher fertig werden wollten an einem Sonntag. Genau zur Mittagszeit kam ich dann auf Krumhuk an, fuhr rückwärts an die Kühlkammer, ich kannte das ja. Da zugeschlossen war, ging ich zum Haupthaus und klopfte laut, rief dabei: „Nicht ruhen, arbeiten!!!" Dies war ein Leitspruch von Herrn Dieter, als ich dort noch gearbeitet hatte. Frau Ursula öffnete die Tür und begrüßte mich freudig. „Bruno, wie schön! Und wie immer in Eile!" Sie lud mich zum Mittag ein, aber ich musste weiter und versprach, einmal auf Besuch zu kommen.

Um sieben an diesem Abend fiel ich todmüde ins Bett, wir waren schließlich schon die halbe Nacht auf gewesen. Der Herero erschien am Montag wieder und sagte, dass er nicht mehr an Wochenenden und feiertags arbeiten würde. Daraufhin musste der Manager ihn entlassen. Ich musste nun den Milch-Abholdienst auch noch übernehmen. Um alles immer rechtzeitig zu schaffen, gewöhnte ich mir einen ziemlich rasanten Fahrstil an, den ich leider bis heute nicht wirklich ablegen konnte.

Ich lernte einen Afrikaner, Joe Jacobs, kennen, der sich gehaltsmäßig verbessern wollte und sich dann bei uns bewarb. Die Firma stellte ihn an und wir teilten uns dann die Fahrerei. Er war im gleichen Alter wie ich, hatte aber bereits eine Familie gegründet. Wir verstanden uns prima, er war ein feiner Mensch und auch sehr fleißig und hilfsbereit. Meist fuhr er die Werft- und die Farm-Tour. Ab und zu übernahm ich dann an den Wochenenden die Farm-Tour, damit er bei seiner Familie sein konnte.

Die Firma hatte auch einen Schlosser angestellt, der alles reparierte. Es war auch immer ein Reservefahrzeug vorhanden, falls eines mal ausfiel.

Auf dem Auspuffkrümmer vom Auto brieten wir oft zwischen unseren Touren Boerewurst aus der Wurstfabrik. Fünfzehn Minuten jede Seite, dann war sie schön braun. So roch es immer sehr gut, wenn wir Frühstückszeit hatten und nicht selten kamen einige unserer Milchkunden, vom leckeren Duft angelockt, und probierten ein Stück Wurst.

Da Joe nun dazugekommen war und er auch die Hotels auf seiner Tour belieferte, konnte ich mit meiner Mannschaft etwas später starten. Jetzt ging es erst um fünf Uhr am Morgen los, was natürlich äußerst angenehm war. Trotzdem kamen wir auf ziemlich viele Überstunden und so verdienten alle recht gut und waren zufrieden und zuverlässig. Wir waren einfach ein gutes Team.

Einer von meiner Truppe wollte dann eines Tages, nachdem sein Arbeitsvertrag abgelaufen war und er diesen nicht verlängern wollte, zurück nach Hause in den hohen Norden. Wir bekamen also einen neuen, jungen Helfer, der angelernt werden musste. Der Vorgänger blieb noch einen Monat, um ihn richtig zu instruieren. Zuerst übten sie vom fahrenden LKW ab- und aufzuspringen, zuerst noch ohne etwas in den Händen. Dies ging mit lautem Geschreie und Gelächter vonstatten. Ich fuhr an den Stellen erst ziemlich langsam, damit er nicht hinfiel, aber trotzdem blieb das hier und da nicht aus. Und alle Stellen, wo er auf die Nase gefallen war, bescherten der Truppe dann noch tagelang erneutes Gelächter. Sie hatten natürlich völlig vergessen, dass es ihnen am Anfang nicht anders ergangen war. Aber unser Neuer lernte sehr schnell und verstand das Ablieferungssystem gut, kannte dann sogar alle Kundennamen auswendig.

Das Gebäude des Continental-Hotels war gerade neu erbaut worden. Im zweiten Stock wurden nun Büros und Praxen vermietet. Dort waren Ärzte und andere Unternehmen untergebracht, die auch zu unseren Kunden gehörten. Viele bestellten Milchflaschen für ihre Frühstückspausen. Johannes und der Neue sollte dort die Milch abgeben. Ich ging die ersten Tage mit hoch, um die Kundendaten und Bestellungen aufzunehmen. Die Reling am Treppengeländer lud quasi dazu ein, sie als Rutschbahn zu gebrauchen und so setzte ich mich darauf und rutschte runter bis zum Erdgeschoss, natürlich mit den Händen rechtzeitig abbremsend. Das ging ziemlich rasant und ich war längst vor meinen Leuten unten angekommen. Da bei uns immer alles um Schnelligkeit ging, war dies ein großer Spaß.

Am nächsten Montag gingen Johannes und der Neue dann allein zu den Kunden rauf, während ich im Auto wartete. Die beiden schlossen eine Wette ab, wer schneller wieder beim Auto war. Der Neue setzte sich also auf die Reling, in jeder Hand eine leere Flasche und sauste hinunter. Unten fehlten ihm aber nun die Hände zum Abbremsen und mit viel Schwung flog er über die Reling hinaus, über die Gummimatte am Eingang und dann weiter durch die große, neue Glasschwingtür bis auf die Straße. Der Lärm war ohrenbetäubend und das ganze Hotel im Erdgeschoss und ersten Stock geriet in Aufruhr. Man muss bedenken, dass es erst fünf Uhr dreißig morgens war. Überall gingen die Lichter an und ganz schnell war auch die Polizei da. Die große, neue Glastür war sogar mitsamt Rahmen aus der Wand gebrochen. Der Neue war zum Glück und unglaublicherweise unverletzt. Er war schnell aufs Auto gesprungen und sagte: „Mister, fahr schnell weg." Das machte ich natürlich nicht. Auch Johannes war aschgrau im Gesicht und schlotterte vor den Konsequenzen. Ich kannte den Polizisten, da wir auch bei der Polizeistation täglich Milch ablieferten. Wir logen dann und behaupteten, dass ganz plötzlich die Türe beim Öffnen rausgefallen war und dass wir heilfroh waren, dabei nicht verletzt worden zu sein, wahrscheinlich ein Baumangel und da sich das keiner weiter erklären konnte, übernahm schließlich die Versicherung den Schaden. Dieses Ablieferungsdilemma sorgte noch monatelang für Gesprächsstoff.

In der Nähe vom Eros-Flughafen hatten wir einen Kunden, bei dem ein großer Apfelsinenbaum direkt am Grenzzaun stand. Der Baum trug jedes Jahr die schönsten und größten Apfelsinen. Die Hälfte des Baumes hing weit über den Bürgersteig und bei jeder Milchablieferung bestaunten wir seine großen, runden Früchte. Eines Tages sagte Johannes: „Mister, fahr doch mal rückwärts an den Baum heran, dann können wir uns jeder eine Apfelsine pflücken." Ich tat wie befohlen und da der Bürgersteig keine Kante hatte, konnte ich ganz nahe heranfahren. Johannes dirigierte. Ich wollte so nahe wie möglich heran und dann war es doch zu spät, die Stoßstange berührte den Baum. Durch die Erschütterung fiel mehr als die Hälfte der reifen Apfelsinen herunter, die meisten davon auf unsere Ladefläche. Dann ging alles sehr schnell, die Jungs sammelten Apfelsinen in einem Tempo, das man sich nicht vorstellen kann. Im Nu wurden alle vom Boden und der Ladefläche in die Fahrerkabine gepackt. Vom Fußraum bis über die Sitze war alles vollgeladen und ich konnte gerade noch halbwegs zurück zur Fabrik fahren. Dort angekommen wanderten die Apfelsinen in unseren Kühler. In der Zeit danach vermied ich es, direkt mit dem Auto vor das Grundstück zu fahren. Johannes lieferte die Milch immer zu Fuß ab. Mich aber plagte das schlechte Gewissen und einige Tage später suchte ich die Besitzer auf und entschuldigte mich.

Eines Tages war ich etwas verwundert, als einer der Ablieferungsmänner einen Karton mit Birnen anschleppte. Er stellte den Karton wortlos vorne auf den Beifahrersitz und ging weiter seiner Arbeit nach. Als wir wieder in der Fabrik waren, fragte ich ihn, was es mit den Birnen auf sich habe. Er erklärte mir, von welchem Haus er sie bekommen hatte. Ich wunderte mich, dass wir von dort solch ein Geschenk erhalten hatten und auch Johannes sah etwas betreten drein. Aber nun, die Birnen schmeckten vorzüglich und sie wurden unter allen Angestellten verteilt.

In der Woche darauf bekam ich zusammen mit dem Leergut einen Zettel, auf dem stand, dass ich mich doch bitte mal bei dem besagten Haus melden solle. So fuhr ich dann mit dem Lkw direkt vor das Haus, mein guter Mitarbeiter stellte die Milch an den gewohnten Platz auf die Veranda und ich klopfte, den Zettel in der Hand. Johannes stand neben mir und ich sagte: „Jetzt gibt es vielleicht Gefängnis, wegen der Birnen." „Wieso?" „Hier kommen die gepflückten Birnen her und der Kunde ist Oberrichter Lemmer."

Es gab nun kein Entrinnen mehr, wir mussten uns stellen und dann ging auch schon die Tür auf. Dr. Lemmer blickte uns böse an und sagte: „So, ihr Strolche oder Diebe, was soll ich mit euch machen?"

Die zwei Männer am Auto blickten betreten zu Boden und auch ich ließ beschämt die Ohren hängen. Johannes sagte dann nach einer Weile: „Mister, wenn du uns einsperrst, kriegst du doch keine Milch mehr."

Dr. Lemmer hob erstaunt die Brauen und sein Blick war nun nicht mehr ganz so ärgerlich. Ich hatte bisher kein Wort dazu gesagt und er erwiderte: „Warum fragt ihr nicht, wenn ihr von den Birnen haben wollt, anstatt sie einfach zu stehlen?" Daraufhin meldete ich mich nun doch zu Wort, um meine Männer zu unterstützen: „Aber Dr. Lemmer, was würden Sie denn sagen, wenn wir morgens um vier Uhr dreißig bei Ihnen klopfen und um Birnen bitten würden?"

Darauf wusste der Oberrichter nun auch keine Antwort und er sagte, so streng er konnte: „Nun, geht wieder an eure Arbeit und wehe, ihr klaut wieder!"

Wir entschuldigten uns kleinlaut, dankten ihm sehr und ganz schnell fuhren wir davon.

Als es im Jahr darauf dann langsam wieder Herbst wurde, sagte eines Tages der Ablieferungsmann: „Mister Bruno, dort neben leeren Flaschen bei Dr. Lemmers „Stoep" (Terrasse) steht großer Karton mit Birnen. Ich lieber stehen lassen." Ich fuhr dann direkt zu Dr. Lemmers Haus und als ich den Lkw anhielt, kam er auch schon raus und brachte uns den großen Karton mit Birnen an das Auto. Schmunzelnd wünschte er uns einen guten Appetit und sagte: „Damit ihr nicht wieder stibitzen müsst!" Das war mal ein wirklich netter Herr Richter und die Freude war groß. Bei der nächsten Ablieferung stellten wir ihm ein großes Glas Sahne zu seiner Milch, obwohl er es nicht bestellt hatte. Ich schrieb dazu: „Nicht geklaut – aus unserer privaten Zuteilung!"

Die Zeit verging und es kam Weihnachten. Wir mussten durcharbeiten, denn die Milch musste weiterhin ausgeliefert werden. Zwar waren es weniger Bestellungen als sonst, weil viele Windhoeker in den großen Sommerferien in den Urlaub gefahren waren, aber das war auch gut so, da die Milch in den letzten Monaten des Jahres immer drastisch weniger wurde. Dies änderte sich erst dann wieder, wenn der Regen gekommen war und die Weide auf den Farmen grün und saftig war. Dann hatten wir wieder einen Überschuss und die Farmer lieferten so viel, dass wir ihnen manchmal begrenzte Quoten geben mussten. Irgendwie war es immer ein Problem.

Im folgenden Juni kam Johannes eines Tages an und bat mich um einen Liter Sahne und ein Pfund Butter. Ich fragte ihn, was er damit wolle und er sagte, dass er ein Fest organisieren müsse und da brauche er diese Extrarationen. Ich gab die Sahne und Butter, die mir zustand, und freudig zog er ab. Weitere Gedanken machte ich mir nicht darüber.

Am Morgen meines Geburtstages, ich hatte ihn tatsächlich vergessen, sagte Johannes, ich solle doch bei der Bäckerei vorfahren und etwas warten, er müsse dort etwas erledigen. Die Sache kam mir bisschen merkwürdig vor, aber ich wartete. Kurz darauf kam Johannes wieder raus – im Schlepptau Oberbäcker Spitze, der eine riesige Torte trug. „Herzlichen Glückwunsch von deinem Team und der Bäckerei!!!" Mir kamen die Tränen vor Rührung. Damit hatte ich nicht gerechnet.

Um zehn Uhr musste ich dann mit meinen Leuten zum kleinen Prosopis-Wäldchen bei der Eisenbahn fahren und dort wurde die Torte angeschnitten, dazu Milch getrunken. Den Rest der Torte bekamen die Leute in der Fabrik und im Büro. Ich musste dann wohl oder übel einige Flaschen Milch als „zerbrochen" abbuchen, damit meine Bücher wieder stimmten, aber diese Geburtstagsfeier war eine der nettesten, die ich je erlebt habe.

Während unserer Touren standen am Wegesrand immer wieder Kinder von armen Leuten, weiß oder schwarz, deren Mütter sie geschickt hatten, um Milch von uns zu erbetteln. Es war für mich immer schwierig, dies zu ignorieren und meist füllte ich ihnen etwas Milch in ihre hingehaltenen Gläser. Das zog ich dann ab von meiner eigenen Ration oder auch von der meiner Mitarbeiter. Wir selbst tranken dann einfach nur Wasser. So stimmte unsere Abrechnung immer und auch nur ganz selten zerbrach mal eine Flasche.

Irgendwann kam ein Inspektor von der Hauptverwaltung aus Pretoria zur Kontrolle. Alles wurde genauestens inspiziert und der Inspektor stieg morgens mit uns ins Auto und begleitete die Tour. Er nahm das Ablieferungsbuch zur Hand und zählte akribisch, was aufgeladen wurde, dann musste jeder ihm zeigen, was er im Korb hatte und wo abgeliefert wurde. Ich selbst lieferte auch an einigen Stellen die Milch persönlich ab und alles ging flott voran. Wie schon erwähnt ging fast nie etwas zu Bruch, aber genau an diesem Tag schlug Murphy's law zu, erst stolperte der Ablieferungsmann mit einem vollen Korb. Der Inspektor buchte das als Bruch ab, dann, auf der zweiten Tour, fielen wieder zwei Flaschen hin und zu guter Letzt wurde noch aus Versehen eine Gallonen-Kanne umgestoßen, bei der gleich auch noch der Deckel abbrach.

„So ein Pech", dachte ich, aber der Inspektor war davon beeindruckt, dass wir ansonsten bessere Zahlen lieferten. Normalerweise verhielt es sich umgekehrt, wenn er die Betriebe kontrollierte. Wir erhielten also ein großes Lob von ihm. Am Nachmittag fuhr er noch mit mir zu den Farmen raus und wie gewohnt fuhr ich im rasenden Tempo über die Pisten. Der Herr schloss die Augen und stöhnte. „Ja", sagte ich, „das ist unsere Arbeit, wenn wir nicht alle immer ordentlich Gas geben, schaffen wir das alles nicht."

Jeder in unserem Betrieb, selbst die Leute im Büro, erhielt dann eine schöne Gehaltserhöhung, bevor der Inspektor wieder abfuhr.

Ich arbeitete ohne freien Tag und ohne Urlaub. Auch an meinem zweiten Weihnachtsfest mussten wir Milch ausliefern. In diesem Jahr war noch weniger zu tun als im Jahr davor und wir beschlossen, ganz früh Feierabend zu machen. Joe fuhr auch viel zeitiger zu den Farmen und die hatten auch eher angefangen zu melken. Ich schickte ihn also vorzeitig nach Hause, da er ja Familie hatte, und fing dann mit dem Pasteurisieren an. Keiner meiner Leute murrte oder zog ein Gesicht und wir waren froh, als sich endlich unser Feierabend näherte. Da kam ein Anruf von Herrn Krogmann von Easy Eats: „Wir brauchen ganz, ganz dringend zweitausend Becher Eiscreme für heute Abend und morgen. Könnt ihr liefern?"

Das war dann also unser Heiligabend – wir machten Eiscreme, bis es uns fast zu den Ohren herauskam. Um acht Uhr abends waren wir immer noch beschäftigt, als plötzlich das Fabriktor aufging und zwei junge Damen hereinkamen. In den Armen trugen sie zwei große Kartons mit Weihnachtsgebäck und Süßigkeiten, dazu eine große Kanne Limonade. Wir freuten uns alle sehr. Es waren die zwei Pampe-Schwestern. Ihr Vater hatte gegenüber der Fabrik eine Motorenwerkstatt und als sie gesehen hatten, wie wir noch schuften mussten, wollten sie uns eine Freude machen. Johannes stimmte „Stille Nacht" an und alle sangen mit. Es war dann doch ein unvergessliches Weihnachtsfest und ich war den beiden Schwestern dankbar für diesen schönen, stimmungsvollen Abend.

Überhaupt bekamen wir viel geschenkt von den Kunden – von Socken über Taschentücher bis Kekse und andere Leckereien. Auch die eine oder andere Flasche Likör war dabei.

Eines Morgens sagte Zacharias betrübt: „Mister, heute gibt es leider keinen Speck zum Frühstück." Woraufhin Johannes schmunzelnd erwiderte: „Bestimmt wird es morgen wieder klappen mit dem Speck." Da wusste ich, dass wieder irgendetwas ausgeheckt wurde und beobachtete meine Leute. Ein Arbeiter putzte dann am Vormittag die großen Oberfenster der Schlachterei auf einer langen Leiter. Die Leiter stand am Abend immer noch da und am nächsten Morgen gab es tatsächlich wieder Speck zu unserem Frühstücksei mit Brot. Jetzt ging mir ein Licht auf. Offensichtlich gehörte der Speck gar nicht zu unserem Betriebsfrühstück dazu, wie ich seit über einem Jahr glaubte, sondern wurde immer heimlich aus der Metzgerei stibitzt. Diese Sache ließ ich einfach auf sich beruhen und gab weiterhin den Unwissenden, hätte es mir doch wirklich in der Seele wehgetan, morgens keinen Speck mehr zu bekommen.

Irgendwann rief der Chef mich zu sich und sagte: „Bruno, irgendwas stimmt nicht mit unseren Zahlen. Wir kaufen einiges mehr an Milch ein, als wir verkaufen. Was ist los? Nimm dich dieser Sache mal an." Da stand ich nun und fragte mich, was ich tun könnte. Ich wollte nun jeden Schritt kontrollieren. Ein Teil der Milchmenge ging durch das Pasteurisieren verloren, etwas drei Prozent. Aber das hatten wir einkalkuliert. So nahm ich mir zuerst die Lieferung der Milch vor. Beim Eichamt ließ ich eine Fünf- und eine Zehn-Gallonen-Kanne eichen. Dann ordnete ich an, dass die gelieferte Milch zuerst in diese Kannen umgefüllt werden sollte. Dabei erlebte ich auch schon die große Überraschung. Entweder waren die Kannen von den Farmern alt und zerbeult oder auch vermutlich teilweise absichtlich eingedellt. Kein einziges Maß stimmte. So ging ich zum Chef und schlug ihm vor, eine Waage zu kaufen und die Milch zukünftig nach Gewicht zu bezahlen. Schnell war das Problem gelöst. Jetzt war mein Chef zufrieden, dafür waren aber die Lieferanten sauer auf mich.

In dem darauffolgenden Jahr regnete es sehr wenig und es war extrem trocken. Entsprechend wenig Milch hatten wir. So beschloss die Firma, die Milch fortan in Outjo pasteurisieren zu lassen, wo es weidemäßig wesentlich besser aussah. In Outjo war auch die Käsefabrik.

Nun musste ich samstags immer mit dem Zehn-Tonner-Tank-Lkw nach Outjo fahren, um Milch zu holen. Die ganze Strecke bestand aus Schotterpiste und die Fahrt zog sich fast den ganzen Tag über hin. Gegen Abend kam ich immer erst an und dann wurde über Nacht pasteurisiert, sonntags ging es dann zurück nach Windhoek und montags konnten wir wieder ausliefern. Der anderen Molkerei in Windhoek, der Milchzentrale, halfen wir auch zeitweise mit Milch aus. Trotzdem bleib ein großer Engpass und so bekamen wir aus Vryburg, Südafrika, einen Waggon mit Pudermilch. In Vryburg war die Milch-Puderfabrik der I.C.S. Nun lernte ich, wie man wirklich gute Milch aus Pudermilch machen konnte. Wir hatten einen großen Homogenisierer, wo die gemischte Milch durchgepresst wurde, danach ging es ans Pasteurisieren. Wenn man es nicht wusste, merkte man es am Geschmack nicht, so gut wurde das Ergebnis. Im März regnete es dann doch noch ganz gut und so gab es wieder genug Milch.

In der Jagdsaison im Juli kam eines Tages mein Chef und fragte, ob ich ihn am Samstag nach Gocheganas begleiten könne, denn er dürfe sich dort einen Kudu schießen. So fuhren wir an einem Samstag um vier Uhr nachmittags mit dem Betriebs-Lkw – auf den Türen prangte das Molkerei-Logo – nach Gocheganas. Kurz nach sechs Uhr schoss mein Chef in Eile eine schöne Kudu-Kuh. Kaum war sie zu Boden gegangen, sprang ein fast ausgewachsenes Kalb aus den Büschen. Er legte an und schoss dann auch das Kalb. Er war wahrlich ein guter Schütze und als wir dann am Farmhaus ankamen, zerlegten die Farmarbeiter die beiden Tiere. Nach dieser erfolgreichen Jagd fuhren wir nach Windhoek zurück. Kurz vor Aris erschrak ich, vor uns war die Straße gesperrt, eine Polizeikontrolle! Mein Chef hatte sich das Gewehr nur geliehen, hatte also keinen Waffenschein und auch keinen Jagdschein. Außerdem hatten wir keine Schenkungsbestätigung von Gocheganas dabei.

Zuerst fuhr ich auf die Tankstelle, die sich noch vor der Sperre befand und tankte Benzin, dann kontrollierten wir, ob das Fleisch auch gut zugedeckt war. Ich hatte eine Fünf-Gallonen-Milchkanne mit Wasser geladen. Diese drapierte ich so unter das Segel, dass ein Teil rausschaute. Das Gewehr wurde hinter dem Sitz verstaut, wo man es nicht sehen konnte. Dann ging es los und ich sagte zu meinem Chef: „Lass mich reden."

An der Schranke stand Sergeant Bennett, den ich recht gut kannte, da er auch Milchkunde war. Er winkte mir, dass ich anhalten sollte. Noch während der Wagen rollte, kurbelte ich das Fenster herunter und rief: „Hinten drauf ein großer Kudu und noch ein kleiner Kudu dazu."

Der Sergeant ging um den Lkw herum und sagte: „Du Witzbold", dann winkte er mich weiter.

Bei der Fabrik angekommen luden wir das Fleisch ab und verstauten es erst einmal im Kühlraum. Vor Freude, dass alles glatt gegangen war, schenkte der Chef mir eine ganze Keule. Ich packte sie in einen leeren Milchpulversack und fuhr am Abend damit zu Sergeant Bennetts Haus. Er war noch nicht nach Hause gekommen und so legte ich die Keule seiner Frau auf den Küchentisch: „Richten Sie Ihrem Mann doch bitte aus, dass das alles ist, was vom Kudu noch übrig war – ein Geschenk von mir."

Als ich am Montag dann bei der Polizeistation die Milch ablieferte, stand er schon in der Tür: „Schönen Dank, Bruno, du hast mich ja voll verarscht! Ich dachte, bei euch unterm Segel wären Milchbehälter." Ich lachte und erwiderte: „Denke nie, gedacht zu haben!" Alle auf dem Polizeirevier lachten und zum Glück hörte ich nicht mehr, was er mir nachrief.

Die Regierung richtete dann, im Zuge der Apartheid, einen sogenannten Owambo Compound ein, wo alle Arbeiter aus dem Owamboland zukünftig wohnen sollten. Für die Versorgung mit Lebensmitteln mussten die Arbeitgeber aufkommen. Wir lieferten auch die Milch für den Compound. In meiner Naivität dachte ich damals zuerst, dass es eine gute Idee war. Unsere Arbeiter wurden also alle umgesiedelt und da sie nun nicht mehr auf dem Fabrikgelände wohnten, musste ich sie jeden Morgen erst einmal im Compound abholen. Schnell merkte ich, dass das weder für die Arbeiter noch für mich ein Vorteil war, da wir nun wieder viel früher aufstehen mussten als ohnehin schon. Und auch am Abend musste ich alle nach der Arbeit hinbringen.

Eines Nachmittags, es war schon später und wir wollten gerade Feierabend machen, läutete das Telefon im Betrieb. Die Büros waren schon geschlossen und so nahm ich diese späte Bestellung an. Der Thüringer Hof wollte noch fünf Gallonen Milch am Abend geliefert bekommen. „Wenn ich die Arbeiter nach Hause fahre, liefere ich die Milch bei Ihnen ab", sagte ich. Milch aufgeladen, die Arbeiter auf der Ladefläche, so fuhr ich die Kaiserstraße entlang. Wie immer war von hinten lautes Gequatsche und Gelächter zu hören. Wir fuhren an einem weißen Polizisten vorbei, der mit dem Fahrrad Patrouille fuhr. Meine Männer machten große Sprüche und wie ich später erfuhr verspotteten sie ihn wohl, weil er mit dem Rad fuhr und nicht mit dem Auto – armes Schwein. Er verstand sie wohl, obwohl sie Owambo sprachen. Beim Hotel angekommen hielt ich mit laufendem Motor in zweiter Reihe, da alle Parkplätze belegt waren. Schnell schnappte sich einer der Männer die Kanne Milch und lief damit ins Hotel.

Der Polizist hatte inzwischen zu uns aufgeschlossen und hielt neben dem Lkw an der Fahrerkabine. Dann stampfte er wie ein Walross auf das Trittbrett und fluchte und beschimpfte mich mit derben Worten. Ich sollte verdammt nochmal anständig parken und überhaupt, was ich für ein ungehobelter Kerl war. Ohne Worte stieß ich die Tür auf, gegen das Rad, und er fiel in den Dreck, dann stieg ich aus. Seine Dienstwaffe war aus der Halterung gefallen und seine Mütze lag auf dem Boden. Er schrie weiter auf mich ein und beschimpfte mich aufs Übelste. Ich packte ihn am Revers, zog ihn hoch und verpasste ihm eine. Die Arbeiter jubelten und feuerten mich an. Johannes hatte inzwischen die Waffe und die Mütze aufgehoben und vorne in die Kabine gelegt. Ich verpasste dem Polizistenrüpel noch einen Tritt und sprang wieder auf meinem Sitz. Dann fuhr ich die Arbeiter nach Hause. Mir war klar, dass innerhalb von zehn Minuten der ganze Compound von diesem Vorfall sprechen würde. Als ich dann weiterfahren wollte, direkt zur Polizeistation, setzte sich Johannes vorne zu mir rein und sagte: „Nee, Mister, ich komme lieber mit. Ich ja Zeuge bei dieser Sache!"

Bei der Polizei angekommen fuhr ich auf den Hof, setzte mir die Mütze auf, nahm die Waffe und ging rein. Johannes wartete draußen vor der Tür.
„Dich muss ich einsperren!", rief sogleich der diensthabende Major.
Der Polizist war nicht zu sehen. Ich erklärte dem Major den Vorfall, er sagte aber: „Dein Fehler war, dass du nicht gleich hergefahren bist, jetzt hat er dich vorher angezeigt." Er gab mir die Klageschrift, alles darin war erstunken und erlogen.
Ich rief Johannes rein und sagte: „Schildere du den Vorfall."
Der Major sagte, als er sich alles angehört hatte: „Wartet draußen."
Ich rief vom Münztelefon aus meinen Chef an und sagte: „Die wollen mich einsperren, bitte bring Geld mit und hol mich hier raus." Nach kurzer Zeit war mein Chef da. Er musste fünfundzwanzig Pfund bezahlen, um mich auf Kaution mitnehmen zu können. Am nächsten Tag um neun Uhr sollte ich dann vor Gericht erscheinen.
An dem Morgen fingen wir bereits um drei Uhr früh mit der Arbeit an, damit ich pünktlich bei Gericht sein konnte. Alle Arbeiter sprangen mit auf den Lkw und wollten mich begleiten.
Ich sagte: „Das geht nicht, ihr könnt nicht alle mit."
Sie sagten: „Scheiß Polizist, wir müssen alle mit!"

Also fuhren wir los. Pünktlich um neun Uhr begann die Verhandlung. Ich, der Angeklagte, der Polizist, der Kläger. Er sah, zugegebenermaßen, doch ein bisschen zerschunden und etwas mitgenommen aus, war aber in voller Uniform erschienen. Den Magistrat, der den Fall als Richter verhandelte, kannte ich recht gut. Ich bekannte mich schuldig, ihn verdroschen zu haben und erklärte den Grund. Es wurde kein Zeuge aufgerufen. Die Blöße wollten sie sich wohl nicht geben. Aber mit einem Schmunzeln verlas der Richter dann das Urteil: „Schuldig! Nicht weil du ihn verdroschen hast, aber du hast die Staatskrone beleidigt, fünfundzwanzig Pfund Strafe und sieben Jahre Bewährung. Hast du noch etwas dazu zu sagen?"

Ich akzeptierte das Urteil, sagte aber: „Wenn ich ihn mal privat erwische, ohne Uniform, dann verdresche ich ihn wieder, weil er auch noch gelogen hat!"

Anmerkung: Den Polizisten habe ich nie wiedergesehen. Er wurde gleich nach dem Vorfall versetzt. Jahre später, als ich längst verheiratet war, rief meine Frau mich eines Tages ans Telefon. Es war der Major: „Herzlichen Glückwunsch, heute sind sieben Jahre rum, du hast dich gut benommen, jetzt kannst du wieder jemanden verprügeln!"

Es folgten wieder einige Trockenjahre und wir mussten der Kundschaft die Milch reduzieren. Zu der Zeit konnte man ja keine Milch im Laden kaufen, die Menschen waren auf unsere Lieferung angewiesen.

Mein Chef, mit dem mich inzwischen eine gute Freundschaft verband – ich war öfter bei ihm und seiner Frau zum Essen eingeladen –, rief mich eines Tages zu sich. Wir saßen lange und besprachen die Lage und was wir tun könnten, wenn es im nächsten Jahr wieder nicht regnete. Er selbst hatte Anteile in der Imperial Cold Storage und klagte mir sein Leid, er sprach über den vielen Ärger, den er mit einem Teil der Angestellten hatte, in der Schlachterei und auch im Büro. Es war ihm alles zu nervenaufreibend und er überlegte, ob er der Firmenleitung in Pretoria nicht vorschlagen sollte, den Betrieb zu verkaufen. Ich musste ihm natürlich hoch und heilig versprechen, dass ich dies alles für mich behalten würde.

Dann kam doch wieder ein ausgesprochen gutes Regenjahr, schon im Oktober fing es an. Der Betrieb lief wieder gut und alles war in bester Ordnung.

Inzwischen war mein alter Lehrmeister und guter Freund Fritz von Omaruru nach Windhoek gezogen und arbeitete bei Ford Universal Motors. Samstags fuhr er oft mit mir zu den Farmen, um die Milch abzuholen. Dann brauchte ich auch keinen Arbeiter mitnehmen, denn Fritz half mir, die Kannen aufzuladen. Und er musste springen, um die Farmtore aufzumachen. So wie er mich als Lehrjunge rumgeschickt hatte, tat ich es ihm nun gleich und zahlte ihm manches heim. Er lachte und sagte: „Bruno, du hast recht gehabt, du hast mal gesagt, dass alles im Leben wieder zurückkommt." Wir waren die besten Kumpel und hatten viel Spaß miteinander.

Die Farm Ondekaremba hatte viele Milchkühe und belieferte unsere Konkurrenz, die Milchzentrale. Diese war ideal gelegen, mitten in der Stadt in der Triftstraße. Es war ein kleiner Milchbetrieb, alles war ein bisschen eng, aber sie machten guten Umsatz und hatten viele Hauskunden. Mein Chef teilte mir eines Morgens mit, dass er den Milchbetrieb der I.C.S an die Milchzentrale verkaufen wollte – mitsamt Zubehör, dazu gehörten der Pasteurisier-Apparat, Flaschen, Körbe, Eiscrememaschine, Behälter, Becher usw. Die Inhaberin der Milchzentrale, Frau Rust, sollte die gesamte Kundschaft von uns übernehmen.

Ich war eigentlich nicht überrascht, da wir dieses Thema ja bereits ein Jahr zuvor angesprochen hatten. „Bruno, setz dich bitte hin! Es wurde vereinbart, dass du mit übernommen werden musst, ansonsten möchte Frau Rust diesen Deal nicht abschließen. Du musst dich verpflichten, mindestens sechs Monate dort zu arbeiten und die Kundschaft einzuführen. Auch das Eiscremegeschäft kennen die dort noch nicht." Nun war ich doch etwas überrascht und musste das erst mal verdauen. Joe, mein Fahrerkollege, Clemens, der Tswana, Zacharias, der Boilerjunge, und einer der Ablieferungsmänner sollten ebenfalls übernommen werden. Johannes und die drei anderen sollten zurück ins Owamboland, da ihre Verträge ohnehin ausliefen.

„Wenn du nicht willst, geht der Verkauf nicht durch, überleg es dir. Ich kann dir nach den sechs Monaten auch einen Managerjob bei einem unserer Betriebe in Südafrika besorgen." In drei Monaten sollte die Übergabe stattfinden.

Jetzt war guter Rat teuer und ich besprach mich mit meinem Freund Fritz. Eigentlich hatte ich keine große Wahl und Fritz und ich beschlossen, dass wir nach diesen sechs Monaten eine Reise quer durch Afrika unternehmen wollten – mit unseren Motorrädern. Es kam natürlich anders und zunächst fing ich also bei der Milchzentrale an, bekam ein Zimmer auf dem Hof und freie Kost. Das gefiel mir natürlich, so brauchte ich mich nicht selbst zu versorgen.

Frau Rust, meine neue Chefin, war eine nette Dame. Sie arbeitete immer sehr hart mit im Betrieb und war dabei sehr gutmütig. Wir bekamen den, nun sehr vergrößerten Betrieb schnell in den Griff. Jo und ich freuten uns, dass jetzt die Nachtarbeit vorbei war. Morgens um sechs fingen wir an und arbeiteten, bis alles fertig war, meist war dies relativ spät am Abend. Da ich nun einen großen Teil meines Lohnes übrig hatte, kaufte ich mir bei Cohen Motors einen nagelneuen 1956er GMC-Pick-up. Mann, war ich stolz auf dieses Auto.

Schnell lernte ich die ganze Rust-Familie kennen. Sie hatten sieben Kinder, fünf Jungen und zwei Mädchen. Der Älteste, Erwin, ging als Autoschlosser in die Lehre bei Sam Cohen. Wilbert, der Zweitälteste, war auf einer Geflügelfarm in Südafrika. Alle anderen gingen noch zur Schule. Während der Woche waren sie in Windhoek im Schülerheim, nur an den Wochenenden fuhren sie dann auf die vierzig Kilometer östlich gelegene Farm Ondekaremba. Die Milch wurde täglich mit einem Eineinhalb-Tonner Chevrolet von dort zur Milchzentrale gebracht, zusammen mit der Milch der Seeis-Farmer und Herboths Farm. Freitagabends fuhr der Lkw die Rust-Kinder auf die Farm und Sonntagabends wieder zurück ins Schülerheim. Da der Ofen in der Zentrale noch mit Holz gefeuert wurde, lud man sonntags die Ladefläche zusätzlich voll Holz von der Farm.

Eines Sonntags musste ich dann die große Fracht Holz zusammen mit den Schülern auf Ondekaremba abholen. Vater Jochen lud das Holz auf. Ich habe weder vorher noch nachher gesehen, wie gut und akkurat man so einen Lkw beladen kann. Nach einer kurzen Kaffeepause ging es dann los. Heide, das älteste der Mädchen, und ihr Bruder Immo stiegen vorne bei mir ein. Die anderen drei saßen hinten auf dem Holz.

Als sich Heide neben mich setzte, wurde mein Mund ganz trocken und mein Herz geriet in Wallungen. Ich traute mich kaum, einen Blick zur Seite zu wagen, aus Angst, dass mir die Röte ins Gesicht schießen würde. Ihr Anblick war wirklich äußerst lieblich. Sie war sehr hübsch, hatte eine tolle Figur und langes, dunkles Haar, das zu zwei Zöpfen geflochten war.

Zuerst fuhren wir zur Zentrale, um das Holz abzuladen. Ich staunte, was für eine große Fracht wir mitgebracht hatten. Danach fuhr ich die beiden Mädchen zum Hostel 3 und die Jungen zum Hostel 4.

Als ich an diesem Abend endlich in meinem Bett lag, und trotz Anstrengung und Müdigkeit kein Auge zutun konnte, war mir eines klar: Ich hatte mich hoffnungslos verliebt!

Manchmal kamen die Geschwister freitags zur Milchzentrale, um dort auf die Fahrgelegenheit zur Farm zu warten. So sah ich Heide immer öfter. Ihr Bruder Immo hatte mich in der Zwischenzeit durchschaut und da ich ihm wohl sympathisch war, half er mir ein wenig in dieser Angelegenheit. So fuhr ich eines Freitags die Geschwister auf die Farm, da wir noch vor dem Wochenende Feuerholz in der Zentrale brauchten. Immo fädelte es so ein, dass ich beim Abschied kurz mit Heide allein sein konnte. Ich gab ihr den ersten Abschiedskuss, den sie zu meiner Freude leidenschaftlich erwiderte, was sie allerdings heute, seit über fünfzig Jahren meine Ehefrau, vehement bestreitet. Als ich Heide kennenlernte, ging sie ja noch zur Schule, entsprechend mussten wir uns etwas zurückhalten mit unserer Liebesbeziehung.

Joe, der die Milch auf den Farmen abholte, klagte eines Tages, dass er dies nicht mehr machen wollte, dass er lieber die Auslieferung in der Stadt übernehmen wollte. So besprach ich mit Frau Rust, dass ich die Farm-Touren auf eigene Regie nebenbei übernehmen könnte. Ich kaufte mir dazu bei Universal Motors noch einen Drei-Tonner Ford, fuhr nach Okahandja zu Herrn Schmidt, der mir einen Aufbau mit Seitenklappen und speziellem Stahlboden baute. Dies war notwendig für die Ladung der Zehn-Gallonen-Kannen, die auf den holprigen Schotterstraßen oft sehr hin und her gestoßen wurden. Außerdem ließ ich den Benzinmotor durch einen Dieselmotor ersetzen.

Irgendwann beendete Heide endlich die Schule und begann eine Lehre als Schaufensterdekorateurin bei Kock und Schmidt in Windhoek. An den Sonntagen fuhr sie nun meistens mit mir die Milch-Abholrunde zu den Farmen Krumnek, Lichtenstein, Heigamas, Gocheganas und Krumhuk. Bei dieser Gelegenheit brachte ich meiner geliebten Heide das Autofahren bei. Sie wurde eine sehr gute Fahrerin und musste ihr Können in den kommenden Jahren bei so mancher Gelegenheit beweisen.

Es regnete wieder sehr wenig und die Milch wurde immer knapper und dann baute ein Holländer eine neue Milchfabrik in Klein Windhoek. Er bekam die Milch per Frachtwaggon aus Gobabis. Das Geschäft der Milchzentrale ging dadurch so stark zurück, dass für Frau Rust nur noch die Stammkundschaft blieb. Diese zu beliefern schaffte sie allein. Joe und ich mussten uns um andere Jobs bemühen.

7. KAPITEL

Speedcop-Bruno

Inzwischen schrieben wir das Jahr 1958. Da ich bereits seit einiger Zeit Reservepolizist war, bewarb ich mich nun als Verkehrspolizist. Heide hatte inzwischen den ersten Teil ihrer Ausbildung fertig und wollte nun die Lehre in Deutschland abschließen. Sie bekam eine Lehrstelle bei Beck am Rathauseck in München. Gleichzeitig musste ich nach Bloemfontein in Südafrika, um dort einen Kursus für Verkehrspolizisten zu absolvieren. Wir verabschiedeten uns also schweren Herzens voneinander.

Als ich in Bloemfontein angekommen war, bekam ich meine erste Uniform und eine junge Polizistin brachte mir in den nächsten Wochen alles bei, was ich können musste, wie beispielsweise das Regeln des Verkehrs auf Kreuzungen, wenn Ampeln ausgefallen waren. Bloemfontein war eine schöne Stadt und die Zeit verging wie im Fluge. Trotz drei- und vierspuriger Straßen fuhren die Bewohner dort sehr gesittet und ordentlich. Ich gab mir viel Mühe und schloss die Prüfung dann auch mit Auszeichnung ab. Den praktischen Teil musste ich an einem Samstagmorgen bei starkem Verkehr auf einer vierspurigen Kreuzung absolvieren. Aber auch das meisterte ich gut. Mit fliegenden Fahnen und Zeugnis in der Tasche kam ich zurück nach Windhoek. Zu der Zeit gab es in Windhoek nur einen Verkehrspolizisten und den Polizeichef. Ich war dann der Dritte im Bunde.

Heide und ich hatten Sehnsucht nacheinander und wir schrieben uns regelmäßig Briefe. Ich half nebenbei weiterhin ihrer Mutter in der Milchzentrale. Da ich als Verkehrspolizist meistens die Schicht von nachmittags drei Uhr bis Mitternacht übernahm, konnte ich davor in der Zentrale noch die Eiscreme machen, welche für die Restaurants von Windhoek bestimmt war. Ich verdiente nun nicht mehr so gut wie vorher, wir Beamten bekamen ein recht kleines Gehalt. Trotzdem unterstützte ich Heide in Deutschland so gut es ging und schickte ihr regelmäßig Geld. Es war mir jedoch von Beginn an klar, dass die Arbeit als Verkehrspolizist keine dauerhafte Lösung für mich sein konnte.

In meiner ersten Arbeitswoche, ich stand etwas abseits einer Kreuzung, sauste ein Wagen mit hohem Tempo über die Stoppstraße. Ich fuhr mit dem Motorrad hinterher, hielt den Fahrer an und stellte einen Strafzettel aus. Er sah sich den Zettel höhnisch an, zerknüllte ihn und warf ihn mir vor die Füße.

Dann sagte er lachend: „Dir kleinem Deutschen zieh ich vor Gericht Hemd und Hose aus." Damit brauste er davon. So etwas Freches hatte ich noch nicht erlebt! Wieder auf der Polizeistation schilderte ich diesen Vorfall gleich meinem Chef. Der sagte: „Dieser Kerl ist Anwalt und zwar der beste, den wir in Windhoek haben, aber die Sache wird vor Gericht gehen müssen, wenn er nicht zahlt. Lass dir bis dahin etwas einfallen, damit er nicht damit durchkommt. Du hast ja noch Zeit."

Ich versteckte mich daraufhin in den folgenden Tagen öfter in einem Garten neben der besagten Kreuzung, was mir der Hauseigentümer freudig erlaubte. Aber jedes Mal, wenn der Anwalt zur Arbeit fuhr oder mittags und abends wieder nach Hause, hielt er nun vorschriftsmäßig an. Ich wusste, er wollte mir ein Strich durch meine Rechnung machen, aber das wollte ich nicht zulassen und so übergab ich ihm zwei Wochen später die Gerichtsaufforderung persönlich. Wieder lachte er und sagte: „Wenn ich mit dir fertig bin, kannst du Straßen fegen."

Dann war der Gerichtstag gekommen und ich erschien gestriegelt und gebügelt in meiner Uniform. Den Richter kannte ich von meiner Milchablieferungszeit nur zu gut und ich wusste, er war mir freundlich gesinnt. Als der Anwalt sich dann zu der

Beschuldigung, ohne Halten die Stoppstraße überfahren zu haben, äußern sollte, bekundete er ganz unschuldig, dass er das Stoppschild übersehen habe, weil vor ihm gerade jemand mit dem Fahrrad gefahren sei.

Ich erklärte dem Richter, dass man, wenn man viermal täglich denselben Weg fahre, genau wisse, dass dort ein Stoppschild sei. Und dass, selbst wenn über Nacht das Stoppschild zur Seite gedreht oder gar entfernt worden wäre, man dann wohl trotzdem aus Gewohnheit halten würde. Als Beweis, wie oft der Anwalt täglich dort entlangfuhr, zeigte ich meine Aufzeichnungen und erklärte, dass er jedes Mal ordnungsgemäß angehalten hatte.

Der Anwalt wurde schuldig gesprochen und musste wegen Nichtanhaltens zwei Pfund Strafe zahlen. Dazu dann noch weitere zwei Pfund, wegen schlechten Benehmens einem Polizisten gegenüber. Ich freute mich diebisch, der Anwalt gratulierte mir und später wurden wir sogar gute Freunde.

Es war ein großer Tag, als Windhoek die ersten drei Ampelkreuzungen erhielt. Sie wurden in der Kaiserstraße aufgebaut und kosteten uns zu Beginn so manchen Nerv. Einmal hielt ich einen Buren aus dem ländlichen Gobabis an und fragte ihn, warum er über die rote Ampel gefahren sei und nicht angehalten habe. „Ach, da muss man anhalten? Ich dachte, es wären neue Reklamelampen und meine Frau und ich haben gerade darüber diskutiert, für was diese bunten Lichter Werbung machen sollen."

In Windhoek gab es einen recht bekannten, sehr erfolgreichen deutschen Geschäftsmann, der mit einer unglaublichen Regelmäßigkeit Strafzettel bekam, meist mehrere im Monat, weil er ebenfalls die roten Ampeln überfuhr. Die Strafgebühren schrieb er dann immer von der Steuer ab. Im Gegensatz zu dem Buren aus Gobabis wusste er jedoch genau, was die „bunten Lichter" zu bedeuten hatten. Eines Abends brauste er wieder einmal über eine rote Ampel. Ich fuhr hinter ihm her und hielt ihn an. Er sagte freundlich in Afrikaans: „Schreib! und gib mir den Zettel, aber beeil dich, ich habe es eilig." Nun reichte es mir! Ich ging zur Beifahrertür, öffnete diese und stieg ein. „Und nun?", fragte er.

„Fahr los! Ganz offensichtlich brauchst du noch Verkehrsunterricht", erwiderte ich, ebenfalls in Afrikaans.

„Und wenn ich mich weigere?"

„Dann sperre ich dich ein!"

Er fuhr los und ich wies ihn an zur Kaiserstraße zu fahren. Viermal ließ ich ihn diese lange Straße gemütlich rauf und runter fahren. Bei jeder Ampel musste er rechtzeitig bremsen und ordentlich anhalten, sobald sie auf Gelb umsprang. Ständig schaute er dabei auf die Uhr. Die Zeit verging und irgendwann seufzte er resigniert. Offensichtlich war ein wichtiger Termin den Bach runtergegangen. Ich befahl ihm, zum Sport-Klub zu fahren, dort ein leichtes Bier zu trinken und runterzukommen. Er tat wie geheißen und brachte mich dann zurück zu meinem Motorrad. Dort angekommen wünschte ich ihm eine Gute Nacht auf Deutsch. Total verdattert schaute er drein, da er die ganze Zeit geglaubt hatte, dass ich ein Bure war.

Nach Tagen ohne Strafzettel sah ich den Geschäftsmann ordentlich fahrend mit seiner Frau auf dem Nebensitz. Ich stoppte ihn und trat an das Wagenfenster. Verwundert fragte er: „Was habe ich denn falsch gemacht?"

Ich sagte: „Nichts. Aber gnädige Frau", wandte ich mich an seine Frau, „ich möchte mich herzlich bei Ihnen entschuldigen, dass Ihr Mann letzte Woche so spät nach Hause gekommen ist. Er musste mit mir üben, wie man an einer roten Ampel anhält und auch sonst, wie man sich im Verkehr verhält."

Sie war völlig baff und sagte nach einer Weile schmunzelnd zu ihrem Mann: „Du Strolch hast mich doch tatsächlich angelogen, na warte, wenn wir wieder zu Hause sind ...!" Ich verbeugte mich und sie fuhren davon.

Zwei Tage später wurde „für Officer 2", der ich war, ein Kasten Bier im Revier abgegeben – „mit freundlichen Grüßen vom Herrn Geschäftsmann." Solange ich bei der Polizei war, bekam er nie wieder einen Strafzettel und immer grüßte er sehr freundlich und grinste dabei. Was seine Frau mit ihm an dem besagten Abend angestellt hatte, habe ich allerdings nie erfahren.

So manchen Herrn fuhr ich abends mit seinem eigenen Wagen nach Hause, wenn er zu tief ins Glas geschaut hatte. Die Ehefrauen brachten mich dann wieder zurück oder einer meiner Kumpels holte mich ab. Immer hing dann der Haussegen schief und meist blieben die Trunkenbolde danach nüchtern beim Autofahren. Dieses Nachhausebringen durch die Polizei half auf jeden Fall viel besser als irgendwelche Geldstrafen.

Eines Abends, es war der wöchentliche Kinoabend, an dem die Straßen immer sehr still waren, saß ich mit meinem Kumpel Kurz bei Easy Eats im Café, als der Stadtingenieur hereinkam. Der Besitzer hatte uns zu Kaffee und Kuchen eingeladen, was wir freudig angenommen hatten. Der Ingenieur grüßte freundlich und ging dann wieder. Als Tage später die Stadtratssitzung war, beschwerte er sich lautstark über die faule Polizei, die ihre Arbeit nicht mache und im Café rumsitze. Dieses Anschwärzen war einfach eine Gemeinheit, er hatte keine Ahnung, wie unser Arbeitsalltag aussah und die Sache verlief dann auch im Sande. Dennoch beschloss ich, dass ich ihm das irgendwie heimzahlen musste.

Sein Haus lag hinter einer Straßenecke im Wohnviertel. Ich beobachtete, dass er jedes Mal durch den Stopp sauste ohne anzuhalten, dann hinein in sein immer offenstehendes Hoftor. Eines Tages schloss ich das Hoftor, bevor er nach Hause kam. Wieder brauste er über das Stoppschild hinweg und musste nun unerwartet vor dem Tor anhalten. Als er ausstieg, um es zu öffnen, fing ich ihn ab, schrieb einen Strafzettel wegen „Nichtanhaltens bei einer Stoppstraße", den ich ihn mit den Worten überreichte: „Ja, manchmal machen wir auch unseren Job, Herr Ingenieur und sitzen nicht nur im Café!" Sein Gesicht werde ich niemals vergessen, aber er bezahlte die Strafe und war nicht nachtragend.

Die Frau meines Bruders arbeitete bei Kock und Schmidt in Windhoek. Sie fuhr immer mit dem Auto, obwohl sie keinen Führerschein besaß. Ich hatte sie bereits mehrmals angesprochen und gewarnt, dass es eines Tages auffliegen würde. Sie lachte immer und sagte: „Ach Bruno, mich erwischt schon niemand."

Das war doch sehr riskant, wenn sie mal einen Unfall verursachen sollte und dann keine Fahrerlaubnis hatte, dann hätte ich nicht in ihrer Haut stecken wollen. Ich wollte diese Sache nicht auf sich beruhen lassen, aber sie war total uneinsichtig. So ging ich eines Nachmittags zu meinem Chef und fragte, ob ich ihn an diesem Abend nach Hause fahren durfte. Er wusste zwar nicht, worum es ging, aber er stimmte zu. Ich richtete es dann so ein, dass wir genau dann auf die Kaiserstraße einbogen, als meine Schwägerin nach Hause fahren wollte. Wir fuhren also neben sie und dann hielt ich sie an, stieg aus und sie kurbelte das Fenster herunter.

„Es tut mir leid, mir wurde vom Polizeioberst, der da vorne im Wagen sitzt, befohlen, dich anzuhalten und deinen Führerschein zu überprüfen."

Inzwischen war mein Chef ausgestiegen und zu uns gekommen. Er hatte mitbekommen, dass es sich um meine Schwägerin handelte und sagte: „Führerschein bitte!"

Dann musste ich ihr „leider" einen Strafzettel ausstellen. Sie musste nun die Fahrprüfung nachholen und mein Chef richtete es so ein, dass ich die Prüfung abnehmen durfte. So hatte dann doch alles seine Richtigkeit und am Ende war nicht nur ich, sondern auch meine Schwägerin sehr erleichtert, dass sie nun den Führerschein besaß.

Ein junger Polizist in meinem Alter kam eines Tages kurz zu uns ins Revier. Wir stellten freudig fest, dass wir uns kannten, da wir gemeinsam die Schule in Swakopmund besucht hatten. Beim Erzählen sagte er, dass sein Vater bei der Bergung der Besatzung der Dunedin Star geholfen hatte. Das Schiff war damals an der Skeletten-Küste gestrandet, worauf eine haarsträubende Rettungsaktion gestartet wurde. Er fragte mich, ob wir beide nicht versuchen sollten, die Motorräder zu bergen. Es sollten nach Bericht zweihundert Harley-Davidson-Räder auf dem Schiff gewesen sein. Das Aluminium von den Maschinen erschien uns die Mühe wert und ich war gleich Feuer und Flamme. Meine Schatzsucherlust war wieder geweckt. Gleich in der nächsten Woche beantragte ich eine Prospektier-Lizenz, die ich bis heute jedes Jahr erneuere. Leider bekamen wir jedoch vom Staat keine Zustimmung für die Dunedin Star und so geriet der abenteuerliche Planin Vergessenheit.

Dann gab es einen Vorfall, der dazu führen sollte, dass ich die Uniform des Verkehrspolizisten an den Nagel hängte. Eines Nachts, es war schon recht spät, kam mir ein vollbeladener Lastwagen entgegen. Vorne brannte nur schwach ein einzelner Scheinwerfer und so hielt ich ihn an. Ich ließ den Fahrer aussteigen und zeigte ihm, was nicht in Ordnung war an seinem Lkw.

Er jedoch lachte nur und sagte: „Du hast mir gar nichts zu sagen, ich arbeite nämlich für deinen Chef, den Bürgermeister. Ich bin auf dem Weg nach Hentiesbay und dies ist alles Baumaterial für das neue Ferienhaus des Bürgermeisters."

Ich ging unbeeindruckt um das Fahrzeug herum und sah, dass auch hinten nur ein Licht brannte. Außerdem hingen die Holzbalken, die er geladen hatte, viel zu weit über und kein Wimpel oder Rotlicht markierte dies. Der Laster war zudem völlig überladen. Als ich ihn nach seinem Führerschein fragte, stellte sich heraus, dass auch dieser nicht für die Größe des Lasters ausgestellt war. Nun entdeckte ich auch noch, dass er keine Haftpflichtversicherung besaß. Ich zog den Zündschlüssel ab, sagte: „So fährst du nicht weiter", holte mein Buch heraus und schrieb die Strafzettel aus.

Er lachte wieder höhnisch und sagte: „Mal sehen, wer hier Recht behält, du oder der Bürgermeister."

Ich ließ ihn mit seinem Fahrzeug stehen und fuhr zur Polizeistation. Dort gab ich die Zündschlüssel ab und füllte die Formulare aus. Um Mitternacht hatte ich dann Feierabend und fuhr nach Hause.

Da ich ein ungutes Gefühl hatte, stand ich nochmals auf und schaute bei dem Lastwagen vorbei. Das Fahrzeug war verschwunden und offensichtlich nun doch auf dem Weg nach Hentiesbay. Ich reimte mir zusammen, dass der Fahrer wohl zu seinem Chef gegangen war, dessen Bruder eine Autowerkstatt hatte und sie den Wagen dann kurzgeschlossen hatten. Zurück auf der Station rief ich die Polizei in Usakos an und instruierte sie, den Laster anzuhalten, wenn er dort durchkommen sollte. Sie sollten ihn auf dem Polizeihof einschließen und den Fahrer vorerst ebenfalls hinter Schloss und Riegel bringen. Die Polizei in Usakos freute sich diebisch und harrte der Dinge, die da kommen würden. Sie hatten ja sonst auch recht wenig zu tun. Ich fuhr heimwärts und ging schlafen, weil es inzwischen schon zwei Uhr morgens war.

Um zehn Uhr läutete das Telefon mich aus dem Schlaf. Mein Verkehrschef war am Apparat: „Bruno, zieh deine Uniform an und komm sofort ins Büro." So fuhr ich kurz darauf zum Polizeibüro. Mein Chef rief mich in sein Zimmer und ließ mich die Türe schließen, damit wir ungestört waren.

„Bruno, es gibt Ärger und Probleme, was hast du letzte Nacht angestellt?" Ich erzählte ihm die ganze Geschichte. Daraufhin gab er mir die Strafzettel, die ich ausgestellt hatte. Sie waren vom Gerichtsempfänger zurückgezogen und als „ungültig" abgestempelt worden. Er sagte: „Bruno, jetzt musst du sehen, wie du mit dieser Sache umgehst."

Ich fuhr direkt mit den Strafzetteln zum Oberrichter und erzählte ihm, was vorgefallen war. Abschließend fragte ich, wie es denn sein könne, dass solche Strafzettel ohne Verhandlung zurückgezogen würden und ob nicht gleiches Recht für alle gelte.

„Du hast ganz Recht", sagte er und ließ den Ankläger ins Büro kommen. Ich wusste, dass ich mir nun große Feinde gemacht hatte. Die Strafsache wurde wieder eröffnet und so hatte ich die erste Runde gewonnen.

Ich fuhr zur Polizeistation zurück, wo mir aus Usakos berichtet wurde, dass sie den Lkw erwischt hatten und auf dem Hof der Polizei verwahrt hätten. Den Fahrer hatten sie zudem ins Gefängnis gesteckt. Dann rief mein Chef nach mir. Ich solle mich beim Bürgermeister melden, der wünsche, mich zu sprechen. Daraufhin rief ich den Bürgermeister an und fragte, um was es gehe. „Du weißt genau, was ich von dir will, komm sofort in mein Büro!" So begab ich mich in die Höhle des Löwen und erklärte dem Bürgermeister noch mal persönlich alle Einzelheiten des Vorfalls. „So etwas darf nicht in der Öffentlichkeit passieren. Recht ist Recht und ich habe meine Pflicht zu tun", sagte ich abschließend. Er erwiderte nichts und entließ mich vorerst. Wieder zurück im Polizeibüro erfuhr ich von den Kollegen in Usakos, dass sie den Lkw nicht weiterfahren lassen würden, es liege so viel im Argen, dass erst alles behoben werden müsse. Außerdem dürfe der besagte Fahrer nicht weiterfahren und es müsse ein anderer Fahrer geschickt werden. Es vergingen mehrere Tage, aber am Ende bezahlte der Bürgermeister die Strafen, die natürlich entsprechend hoch waren.

Nun war aber leider in der Zwischenzeit die ganze Geschichte an die Presse durchgesickert, vermutlich durch den Oberrichter, der Ärger wurde für mich noch größer dadurch. Die Zusammenarbeit mit einigen Beamten wurde sehr schwierig und ich beschloss, die Kündigung einzureichen. Noch während der Kündigungsfrist musste ich einer Dame einen Strafzettel ausstellen. Beim genauen Betrachten ihres Fahrscheines stellte ich mit Schrecken fest, dass es sich um die Frau des Bürgermeisters handelte. Schon wieder, dachte ich, aber nun, ich konnte es leider nicht ändern. Und auch dieser Strafzettel wurde ohne Murren bezahlt.

Kurz nach meiner Kündigung entschuldigte sich der Bürgermeister öffentlich in allen Zeitungen bei mir und bat mich sogar, die Kündigung zurückzuziehen. Damit hatte ich nun wirklich nicht gerechnet, aber mein Entschluss stand fest. Mit solchen Machenschaften wollte ich zukünftig nichts mehr zu tun haben.

Ich war unglaublich glücklich, als Heide nach eineinhalb Jahren ihre Ausbildung beendet hatte und wieder zurück nach Südwest kam. Endlich waren wir wieder zusammen. Heide und ich übernahmen fortan gemeinsam die Milchzentrale von ihrer Mutter. Nach nur drei Monaten bekamen wir die Milchlieferungen aus Gobabis und von Witvlei dazu, die Fabrik in Klein Windhoek hatte Schwierigkeiten und musste schließen. Außerdem ergatterten wir neue Regierungs- und Eisenbahnverträge. Es war sehr viel Arbeit, aber wir hatten gute Angestellte und mit dem Betrieb ging es zunächst aufwärts.

Da wir noch mehr Arbeiter brauchten, mussten wir Vertragsleute bei SWANLA anwerben. Diese Arbeiter kamen aus dem Owamboland und wurden von der SWANLA organisiert. Die SWANLA war die „Native Labour Association", sie vermittelte also vor allem Arbeiter aus dem Owamboland. Eigenständig durfte man diese Leute nicht anstellen. Viele Monate wartete ich bereits auf die neuen Leute, obwohl SWANLA längst die Anwerbungskosten kassiert hatte. Wir konnten kaum die Nachfrage befriedigen und die Arbeit begann, uns über den Kopf zu wachsen. Als dann eines Morgens der Gesundheitsinspektor bei uns auftauchte und einige Dinge bemängelte, musste ich versprechen, dass spätestens dann alles wieder in Butter sein würde, wenn die neuen Arbeiter endlich kämen. Er verstand unser Problem und gab uns erst einmal Aufschub. Ich war stinksauer auf die SWANLA und sehr gereizt, sprang sofort ins Auto und fuhr direkt zum Tintenpalast, wo der Regierungssitz war.

Ich meldete mich beim Sekretär an, um mit dem Herrn Administrator persönlich zu sprechen. Onkel Daan, wie wir ihn nannten, kannte ich persönlich, da er auch privat Milchkunde bei uns war. Des Öfteren hatte ich ihn schon bei der Ablieferung vor seinem Haus getroffen, wenn er mit seinem Dackel auf dem Weg zur Arbeit war. Er war immer vor sieben Uhr im Büro und wehe dem, der zu spät zur Arbeit kam. Er duldete so was nicht und war auch sonst sehr streng und gewissenhaft. Das einzig

Ausgefallene, was er sich erlaubte, war, dass sein Chauffeur immer um acht Uhr kommen musste, um seinen Dackel mit dem Auto wieder nach Hause zu fahren.

Ich wurde dann also tatsächlich zu ihn vorgelassen und sprach ihn respektvoll mit „Herr Administrator" an. Er sagte: „Komm lass das, wir kennen uns doch, sag Onkel Daan zu mir." Ich berichtete dann von unserem großen Problem, nämlich dass wir für ganz Windhoek die Milchprodukte ausliefern mussten, aber keine Arbeiter bekamen und daher den Betrieb vernachlässigen mussten. Er rief seinen Sekretär rein und befahl, SWANLA in Grootfontein anzurufen und ihnen zu sagen, dass sie sofort zwei Arbeiter für die Milchzentrale auf den nächsten Zug setzen sollten, die anderen zwei dann noch im Laufe der Woche. Meine eignen Anrufe hatten über Monate nichts bewirkt. Wir plauderten noch eine Weile und er lachte herzlich über meine Probleme, die ich als Verkehrspolizist gehabt hatte. Er beglückwünschte mich zu dem Beschluss, dort gekündigt zu haben. „Außer SWANLA, kannst du mir sonst noch irgendeinen Vorschlag zur Verbesserung machen, Bruno?" „Ach da fällt mir schon noch was ein", sagte ich, „ich würde bei allen Beamten, bei denen die Bürger irgendwelche Anträge stellen müssen, einen Spiegel neben die Bürotür anbringen lassen. Natürlich nur, wenn das Budget dafür vorhanden ist. Dann kann der Bürger immer beim Hinausgehen das Gesicht und die Handlungsweise des Beamten sehen, nachdem er seinen Antrag eingereicht hat." Das brachte den Administrator etwas zum Nachdenken und ich verabschiedete mich.

Am Abend dann rief mich ein befreundeter, recht hochstehender Beamte an und fragte: „Bruno, was hast du heute beim Administrator gemacht? Wir mussten uns alle heute Mittag eine Predigt anhören, dass wir das Publikum netter und zuvorkommender behandeln sollen. Dabei ist dann auch dein Name gefallen." Er war etwas aufgebracht, da es wohl ziemliche Unruhe gegeben hatte, aber ich sagte ihm, sie müssten sich den Schuh anziehen, wenn er passte. Trotzdem blieben wir gute Freunde und am nächsten Tag trafen endlich unsere zwei neuen Arbeiter ein.

Eine Weile ging nun alles gut und wir waren zufrieden. Unser erstes Kind, Tochter Monika, kam zur Welt und wir heirateten. Jetzt waren wir endlich eine richtige Familie.

Dienstags und samstags kam nachts immer zwischen zwei und drei Uhr der staatliche Eisenbahnkühlwagen mit den Milchkannen aus Gobabis. Nach Abkopplung lud ich die Milchkannen dann meist kurz nach drei Uhr auf und wir konnten mit dem Abfüllen und Pasteurisieren im Betrieb beginnen und pünktlich ausliefern. Nach und nach verzögerte sich das Eintreffen des Kühlwaggons jedoch immer mehr, bis er regelmäßig so spät eintraf, dass ich meist erst um sieben Uhr aufladen konnte. Alles Bitten und Betteln bei den zuständigen Stellen der regierungseigenen Bahn half nichts. Wir konnten dann erst spät am Nachmittag die leeren Milchkannen aufladen und die Klappen des Kühlwagens wieder mit Eis füllen – da es in Gobabis kein Eis gab. Als der Waggon dann eines Morgens erst um acht Uhr eintraf, platzte mir der Kragen. Nach dem Ausladen fuhr ich voller Wut zu meinem Rechtanwalt. Er war bekannt dafür, dass er sich regelmäßig in solchen Angelegenheiten mit der Regierung anlegte. Er setzte einen Beschwerdebrief auf, den er direkt, per Eilpost, an den zuständigen Minister, Ben Schoemann, nach Südafrika schickte. In den zwei darauffolgenden Wochen tat sich gar nichts. Unverändert traf der Zug immer erst um sieben Uhr oder später ein.

Am zweiten Dienstag jedoch, der Zug kam besonders spät an dem Tag, es war schon acht Uhr, konnte ich eine Person in einem Khakimantel beobachten, die am Bahnsteig auf und ab lief. Nachdem wir abgeladen hatten, war die Person verschwunden. Am darauffolgenden Samstag dann hörte ich den Zug um zwei Uhr bei Gammams tuten. Ich sagte zu Heide: „Ich glaube, da tut sich was." Schnell zog ich mich an, holte zwei meiner Arbeiter ab und als wir um drei Uhr am Bahnhof ankamen, stand dort unser Kühlwaggon und wartete bereits. Die Person im Khakimantel war auch wieder da und sprach mich diesmal an, ob ich zufrieden sei. Ich bedankte mich herzlich, aber im Büro, wo ich die Frachtbriefe unterschreiben musste, begrüßte mich fortan keiner mehr besonders freundlich. Auch der Frachtmeister zog ein saures Gesicht und ich wusste, hier hatte die Bombe von ganz oben eingeschlagen. Wir konnten aber wenigstens wieder ordnungsgemäß ausliefern und der Betrieb lief gut.

Heide und ich freuten uns über unser zweites Kind, Siegfried. Zusammen mit unseren beiden Kindern verbrachten wir erst einmal eine arbeitsreiche, aber gute Zeit. Dann brach die Maul- und Klauenseuche aus. Gobabis und Witvlei, wo ein großer Teil unserer Milch herkam, wurden als Erstes unter Quarantäne gesetzt. Das Amt für Milchproduzenten, „Dairy Board", riet uns nur, abzuwarten – so ein bis zwei Monate, dann wäre alles wieder beim Alten. Ich behielt also unsere Angestellten und Fahrzeuge und wartete ab. Das Problem mit dieser hochansteckenden Seuche zog sich dann aber doch fast ein Jahr hin. Als wenn das nicht schon genug Einbuße bedeutet hätte, beschloss die Stadt Windhoek, eine eigene Pasteurisier-Fabrik zu bauen und uns zu enteignen. Das brach uns finanziell endgültig das Genick. Wir konnten noch einige Monate weitermachen, nachdem die Quarantäne aufgehoben worden war und sich die neue Fabrik noch im Bau befand. Entschädigt wurden wir nicht für die Aufgabe unseres Betriebes.

Wenigstens konnte ich mir vorerst noch die Frachtfahrten von der Bahn zur neuen Fabrik sichern, bis dann die großen Milchtrucks auch diesen Transport übernahmen. Wir verloren alles, weil auch niemand die Maschinen haben wollte. Am Ende konnte ich diese nur mehr oder weniger an kleinere Ortschaften verschenken.

Die Armut hatte uns erwischt und wir mussten nun wieder komplett von vorne anfangen.

8. KAPITEL

Leben im Straßenbau-Camp

Guter Rat war nun teuer, aber einer meiner ehemaligen Milchlieferanten, Douglas Norval, sagte zu mir: „Bewirb dich mit deiner Lorrie doch bei den Regierungstendern für Wegebau. Nachdem die den neuen Hardap-Stausee gebaut haben, suchen die nun Leute mit Lastern, die die Schotterstraße neu auffüllen und so zum Teeren vorbereiten. Ich selbst habe dort mit meiner Lorrie Arbeit gefunden, als ich keine Milch mehr fahren konnte wegen der Seuche. Vielleicht hast du auch Glück."

Die Regierung hatte damals bestimmte Programme, wie den Straßenbau, ins Leben gerufen, das „hulpbehoevende Schema", um Farmern und auch anderen Leuten unter die Arme zu greifen, die zwar Fahrzeuge und Geräte besaßen, aber keine Arbeit hatten.

Ich ging also zum Straßenbauamt und bewarb mich mit meinem Lkw, bei uns auch Lorrie genannt. Nach drei Monaten hatte ich immer noch nichts gehört. Heide war inzwischen hochschwanger mit unserem dritten Kind und das Ersparte wurde langsam knapp. Nachdem mir Herr Voigts angeboten hatte, vorübergehend auf die Farm Bissipoort bei Kalkrand zu gehen, verkaufte ich meinen Laster und zog mit meiner Familie dorthin. Diese war nun um ein Mitglied reicher geworden, Heide hatte unseren Sohn Reinhard zur Welt gebracht.

Als wir gerade mal zwei Monate auf Bissipoort waren, erreichte mich ein Brief, abgegeben von dem Polizisten in Kalkrand. Ich hatte einen Auftrag bekommen und sollte mich dringend beim Straßenbauamt melden. Ich klapperte einen Autoverkäufer nach dem anderen mit meinem Vertrag in der Hand ab, aber keiner wollte mir einen Kredit für eine neue Lorrie geben. Dann traf ich zum Glück Herrn Menzel von der Firma Melchers, der mir anbot, eine alte Sieben-Tonner-Volvo-Lorrie zu kaufen. Abzahlen sollte ich so, wie ich es konnte. Das war sehr großzügig und ich schlug sofort in den Handel ein.

Beim Straßenbauamt gab man mir sofort den ersten Auftrag. Wir mussten Richtung Gobabis in den Osten fahren. Dort wurde der Weg nach Rietfonteinblok geschottert. Von Schwager Wilbert erhielten wir eine Rundhütte aus Blech und auch ein Zelt besaßen wir. Es wurde also gepackt, Diesel, Benzin und Petroleum sowie genügend Proviant. Heide fuhr unseren kleinen Ford mit Monika, dem sechs Wochen alten Reini, Hund Wagtertjie und der Katze. Ich fuhr mit der Volvo-Lorrie mit der ganzen Fracht und mit Siegi vorneweg. Die Piste war sehr schlecht und voller Wellblech. Die alte Lorrie fiel fast auseinander. Zuerst verloren wir das vordere Schutzblech samt Scheinwerfern. Ich baute es ganz ab und packte es hinten auf die Ladefläche. Als wir endlich in Gobabis angekommen waren, hielt ich vor dem Büro des Straßenbauamtes. Dort stand der Superintendent auf der Veranda und begrüßte mich mit den Worten: „Wieder ein armer Weißer, der hier Arbeit sucht."

Er betrachtete mich abschätzig von oben bis unten und schüttelte den Kopf, als er den Blick auf unsere beiden altersschwachen Fahrzeuge warf. Seiner Beschreibung nach sollten wir auf der Drimiopsiepad fahren, bis zu den ersten Schotterhaufen auf dem Weg, dann rechts abbiegen zum Schotterloch mit den anderen Lorries.

Ich ging zu Heide ans Auto und sagte: „Du, Heide, das fängt ja gut an bei den unfreundlichen Leuten, komm wir drehen um und fahren zurück." Sie sprach mir aber Mut zu und sagte: „Lass uns das überwinden, wir schaffen das schon."

Ich stieg also in die Lorrie und wir machten uns auf den Weg bis zu den Schotterhaufen. Beim letzten stand ein Arbeiter, der uns sagte, dass das Schotterloch noch ein kleines Stückchen voraus liege und wir fanden es dann auch ohne Probleme.

Dort angekommen hielten wir erst abseits an und ich ging allein zum Loch. Kein Mensch war weit und breit zu sehen. Neben zwei Lorries stand ein ebenfalls altersschwacher Lader. Er lief im Leerlauf, aber niemand war zu sehen. Nach einer Weile lugte dann ein Kopf hinter einem der Schotterhaufen hervor. „Guten Morgen!", rief ich, „ich suche Arbeit mit meiner Lorrie." Plötzlich schauten noch drei weitere Köpfe hinter den Schotterhaufen hervor. Freundlich kamen die Männer dann näher und begrüßten mich grinsend. „Puuh", sagte der Laderbesitzer, „jetzt sind wir froh, wir dachten, es sei der Gerichtsvollzieher, der uns die Fahrzeuge nehmen will." Also hatte der Superintendent doch wohl recht, dass wir arme Leute auf der Suche nach Arbeit waren, aber er hatte keinen Grund, so herablassend zu sein. „Ihr seid willkommen, sucht euch erst mal einen schönen Baum, wo ihr euch häuslich niederlassen könnt."

Wir suchten uns also einen schönen, großen Kameldornbaum und luden alles ab. Wilberts Blech-Rundhütte stellten wir mit großer Mühe auf. Es war ein echtes Problem, denn die Teile waren schwer und es mussten unendlich viele Schrauben eingesetzt werden. Wir brauchen Stunden, bis sie endlich stand. Das wollten wir nicht nochmal machen und wir beschlossen gleich, dass wir die Rundhütte in Zukunft nicht mehr aufstellen wollten.

Abends kam einer der Lorriebesitzer mit seiner Frau zu uns. Sie brachten selbstgebackenes Brot und eine Kanne Milch mit. Als wir zusammen am Feuer saßen, berichteten sie von ihren Erfahrungen, die sie mit dieser Arbeit gemacht hatten. Sie sagten uns, dass noch zwei weitere Lorries erwartet wurden und meinten, wenn sich hier nichts tue, würden wir verhungern, da der Schaufellader häufiger kaputt sei, als dass er laufe.

Na, das waren ja Aussichten, aber trotzdem ging es dann am nächsten Morgen an die Arbeit. Der Besitzer des Laders kam gleich auf mich zu und fragte, ob ich Überbrückungskabel hätte, denn seine waren alt und morsch und der Lader konnte nicht allein gestartet werden. Natürlich hatte ich gute Kabel dabei und gerne half ich beim Starten. Ich folgte dann den anderen Lkw, Schotter aufladen lassen, dann zur Piste, die geschottert werden sollte, abkippen und wieder zurück. Bis zum Mittag kamen wir gut voran. Aber nach der Mittagspause musste der Lader wieder überbrückt werden, damit er startete. Nach Feierabend sagte der eine Lorriebesitzer: „Heute hatten wir das erste Mal das Glück, dass wir den ganzen Tag arbeiten konnten, meistens steht der Lader nur rum und muss repariert werden."

So ging es dann zwei Wochen lang ganz gut und wir kamen flott voran, bis dann die beiden zusätzlichen Lorries eintrafen. Wir waren nun fünf Lorries mit einem alten Lader. Es dauerte immer ziemlich lange, bis eine Fracht voll war und so standen wir übrigen Lorriefahrer in der Zwischenzeit rum und warteten. Als dann Monatsende war und die Abrechnung kam, war ich ziemlich enttäuscht. Gerade mal den Brennstoff konnte ich bezahlen, ansonsten blieb nicht viel übrig.

Wir machten aber das Beste aus der Situation und ich half beim Reparieren des Laders, wo ich konnte. Heide lernte von der anderen Frau im Camp alle praktischen und nützlichen Dinge für so ein Leben in der freien Natur. Jeden Tag fuhren die Frauen mit unserem Ford zu dem Wohnhaus der Farmerfamilie hinüber, auf deren Farm wir unser Camp aufgeschlagen hatten. Dort bekamen sie Milch und die nette Farmersfrau gab den Kindern meist einen Becher Tee und manchmal auch ein Stück Kuchen. So großzügige und nette Farmersleute erlebten wir in den Folgejahren als Straßenbau-Arbeiter nur ganz selten.

Da gerade der afrikanische Winter herrschte, wurde es nachts oft bitterlich kalt. Heide ging dann nach dem Abendessen direkt mit den Kindern ins Bett, während ich noch eine Weile mit dem einen oder anderen Kollegen am Lagerfeuer saß. Der Tee, den Heide mir vor dem Zubettgehen aufgebrüht und in eine Thermoskanne gefüllt hatte, war meist schon nach einer Stunde eiskalt und morgens hingen oft Eiszapfen an der Kanne.

Im Oktober, als es endlich wieder nachts wärmer geworden war, war das Glück uns allen hold. Der Besitzer des Schaufelladers, Johny, hatte die Erlaubnis des Straßenbauamtes bekommen, einen Kredit für einen neuen Lader bei der Bank aufzunehmen. Er kaufte sich einen nagelneuen CAT-944-Lader auf Reifen und fragte mich, ob ich ihm helfen würde, die Maschine aus Windhoek abzuholen. Ich stimmte begeistert zu und wir fuhren mit meinem Ford nach Windhoek zu S.Cohen, die die Caterpillar-Vertretung für Südwest hatten. Wir fuhren dann noch in derselben Nacht den Lader zurück nach Gobabis, er zwanzig Kilometer, dann ich wieder zwanzig Kilometer.

Im Morgengrauen erreichten wir das Camp und begannen gleich mit der Arbeit. Jetzt konnten wir endlich Geld verdienen. Aber zu meinem Leid fing nun meine alte Lorrie an, reparaturbedürftig zu werden. Zum Glück stand Weihnachten vor der Tür und damit drei Wochen Ferienzeit, die wir in Windhoek bei Heides Mutter verbrachten. Vorher luden wir noch die Rundhütte bei Wilbert auf Ondekaremba ab, wo er einen Laden für die Farmer der Umgebung betrieb. Die Lorrie konnte ich bei Geigers Reparaturwerkstatt in Klein Windhoek abstellen, wo mein Schwager Immo arbeitete. Die machten dort auch Betriebsferien und so hatte ich viel Platz und Ruhe, um meinen alten Volvo auf Vordermann zu bringen. Immo half mir dabei, so gut es ging, und auch Herr Georg Geiger ging mir ab und zu zur Hand. Wir wohnten bei der ehemaligen Milchzentrale, in der meine Schwiegermutter inzwischen einen Imbiss eingerichtet hatte. Nach drei Wochen war die Lorrie wieder topfit und wir machten uns auf den Weg zurück nach Gobabis.

Als wir dort weitermachen wollten, benachrichtigte das Straßenbauamt uns, dass wir nun von der Gegenrichtung, vom Rietfonteinblok aus arbeiten sollten. Der Rietfonteinblok befand sich inmitten der Omaheke, an der Grenze zum Betshuanaland, genau dort, wo die Grenze eine Ecke bildet. Um unsere Lkw dorthin zu schaffen, zog ein großer Straßen-Hobel der Regierung uns über die Dünen. Nur Johny mit seinem Lader fuhr ohne Probleme über sie hinweg. Wir richteten uns ein schönes neues Camp ein, inmitten der roten Dünen der Kalahari. Um uns herum Savannenlandschaft, so weit das Auge reichte, dazwischen immer wieder Kameldornakazien und Antilopenherden. Für unsere Kinder war das ein fantastischer Spielplatz und sie wuchsen ein bisschen wie die Buschmänner auf.

Die Arbeit ging flott voran und wir verdienten alle zufriedenstellend. Ich konnte uns dann auch einen älteren Wohnwagen kaufen, den wir uns häuslich einrichteten. So lebten wir ganz gut und glücklich. Nach einem halben Jahr in der Kalahari richtete uns ein Ingenieur des Straßenbauamtes aus, dass wir allesamt nach Grootfontein versetzt wurden. Dort sollten wir von der Kreuzung bei der Maroelaboom-Polizeistation eine neue Schotterstraße auffüllen, bis nach Rundu. Zunächst wusste keiner von uns, wo Rundu lag, davon hatten wir zu der Zeit noch nichts gehört. Der Ingenieur erklärte, dass es ein größeres Dorf am Okavango sei, direkt an der Grenze zu Angola.

Als der Monat dann zu Ende war und wir unsere Abrechnung gemacht hatten, packten wir alles zusammen und wollten uns über Windhoek auf den Weg nach Norden machen. Das heißt, die anderen waren bereits vorneweg gefahren und wir machten uns zuletzt auf den Weg, ich mit der Lorrie und angehängtem Wohnwagen und Heide mit Kindern, Hund und Katze im Ford dahinter. Kaum gestartet brach vom Wohnwagen die Hinterachse und so musste ich erst zurück nach Gobabis fahren und sie schweißen lassen.

Endlich in Windhoek verbrachten wir dann das Wochenende noch bei Schwiegermutter und machten uns am Montag ganz früh auf nach Grootfontein. Leider ging die Pannenserie weiter. Als wir mittags Otjiwarongo passiert hatten, platzte uns nach dreißig Kilometern der erste Reifen – wieder der Wohnwagen. Nach Behebung dieser Panne ging es zunächst munter weiter –

dann gab der zweite Reifen den Geist auf und dann auch noch ein dritter. Nun hatten wir wirklich keinen Ersatz mehr, durch das lange Stehen in der Kalahari-Hitze waren die Reifen einfach so spröde geworden, dass sie jetzt beim Fahren wie Ballons platzten. Ich musste mich notgedrungen an die Straße stellen und auf eine Mitfahrgelegenheit zurück nach Otjiwarongo hoffen. Heide sollte mit den Kindern und Tieren bei den Fahrzeugen bleiben, bis ich wiederkam. Diesmal hatten wir sogar einen Käfig mit Hühnern dabei, eine wichtige Versorgungsquelle in unseren sehr abgelegenen Camps. Ich stand also an der Straße und ein Auto nach dem anderen brauste vorbei. Die dachten sich sicher: „So ein Zigeunerpack, denen helfen wir bestimmt nicht", bis endlich ein schwarzer Fahrer anhielt und mich freundlicherweise in Otjiwarongo bei der Autowerkstatt ablud. Durch meine frühere Tätigkeit als Schlosserlehrling kannte ich so ziemlich alle Werkstattbesitzer im Land, zum Glück auch diesen. Hier konnte ich drei neue Reifen auf Rechnung kaufen und wurde dann damit auch noch zurück zu den Fahrzeugen gebracht.

Da es schon spät war, schlugen wir unser Nachtlager gleich dort am Straßenrand auf und fuhren erst am nächsten Morgen weiter bis nach Grootfontein – diesmal pannenfrei. Bei Tietz' Garage tankten wir alle Fahrzeuge randvoll und nahmen noch etliche Reservekanister mit sowie Öl und Reservereifen. Weiter im Norden war ich noch nie gewesen und wusste daher nicht genau, was uns erwarten würde bei der neuen Strecke, die wir schottern sollten. Am Ende sollten es sechs Jahre werden, die wir hier verbrachten.

Als wir das Straßenbau-Camp mit unseren Kumpels erreichten, wurde uns gesagt, dass wir hier an der Maroelaboom-Kreuzung stehen mussten, da der Farmer, durch dessen Gebiet wir die Trasse legten, nicht erlaubte, dass wir auf seinem Gelände wohnten. Es war ein schöner Platz, aber nichtsdestotrotz mussten wir sehr weit fahren, um vom Schotterplatz zu der Arbeitsstelle zu gelangen. Und die Entfernung zu ihr wuchs naturgemäß von Tag zu Tag. Inzwischen bestand unsere Truppe aus sechs Lorries, eine weitere war dazugekommen. Johny, der Laderfahrer, verdiente pro Kubikmeter, die er auf die Ladeflächen lud, wir hingegen wurden pro Fracht, die wir fuhren, bezahlt. Je weiter die Fahrwege, desto ungünstiger für unseren Verdienst. Dann wurden vom Amt noch zwei weitere Lorries geschickt, nun wurde es immer knapper.

Im Juli 1964 hatten wir es bis zur sogenannten roten Linie geschafft, die das sichere Farmgebiet zum Norden abgrenzte. Dann kam wieder ein Ingenieur aus Windhoek und fragte, welche vier von uns bereit seien, aus Richtung Rundu entgegenzuarbeiten. Ich meldete mich sofort und auch drei andere Kollegen fanden sich schnell dazu bereit. Gleich schon am nächsten Samstag fuhr ich nach Grootfontein und besorgte zehn Dieselfässer, da es in Rundu kein Depot geben sollte. Heide kaufte Lebensmittel und andere wichtige Vorräte für ein paar Monate.

Der einzige Fahrweg nach Rundu ging über Kanoo-Vley und Karukuwisa. Es war ein einfacher zweispuriger Weg und der war in einem sehr schlechten Zustand. Wir brauchten zwei Tage bis nach Rundu, weil ich immer wieder mit der schweren Lorrie im dicken Sand stecken blieb und auch die anderen hatten es nicht einfacher. Heide hatte inzwischen den Dreh raus, den Ford so zu steuern, dass sie nicht mehr ohne weiteres stecken blieb. Man muss wissen, dass es zu der Zeit noch so gut wie keine vierradangetriebenen Fahrzeuge gab.

Die ganze Vegetation hatte sich merklich verändert. Die Dornbuschsavanne wurde durch Mopane- und Affenbrotbäume abgelöst. Das immergrüne Laub auf der kalkweißen Erde war dicht und teilweise undurchdringlich.

Zehn Kilometer vor Rundu hatte das Straßenbauamt uns ein schönes Stück Erde freigeschoben, wo wir unser Camp aufschlagen konnten. Am Abend kam unser neuer Vorgesetzter vorbei,

Herr Piet Schlechter. Ich kannte ihn recht gut, denn er hatte in den fünfziger Jahren einen Taxi-Betrieb in Windhoek mit drei Studebaker-Limousinen betrieben, als ich noch Verkehrspolizist war. Freudig begrüßten wir uns. Er erzählte, dass seine Frau in Grootfontein im „Bottlestore" arbeitete, da die Kinder dort zur Schule gehen mussten. Unsere Kinder waren noch zu klein und blieben bei uns im Camp, aber in absehbarer Zeit würde dieses Thema auch auf uns zukommen.

Es war ein schönes Arbeiten dort oben und wir verdienten wieder besser. Dann kam ein Gesetz raus, dass jeder Lorriebesitzer zusätzlich einen weißen Fahrer einstellen und sich eine neue Lorrie kaufen durfte. Außerdem sollten wir Jahresverträge erhalten. Das verbesserte natürlich unsere Situation etwas und wir konnten jetzt eher für die Zukunft planen.

Dann hatte ich einen Vorderfederbruch bei der Lorrie und ich war gerade dabei, mit Heides Hilfe die Feder auszubauen, damit ich sie reparieren konnte, als ein Lkw neben uns hielt und jemand ausstieg. Da ich gerade unter dem Fahrgestell lag und die Mittelbolzen losmachte, kroch ich nicht unter der Lorrie hervor. Die Sache war ohnehin schon sehr frustrierend. Da konnte kommen und warten, wer da wolle.

„Halte doch mal fest!", schrie ich zu Heide herüber.

„Hier will dich jemand sprechen", sagte Heide.

„Wer immer das ist, kann gefälligst warten, bis wir fertig sind", rief ich zurück.

Während ich meine Arbeit also fertig machte, blieb diese Person die ganze Zeit stehen und schaute zu. Was gibt es da zu glotzen, anstatt zu helfen?, dachte ich. Als ich unter der Lorrie hervorkroch, erkannte ich Herrn Menzel von Melchers. Ganz ernst begrüßte er mich und ich entschuldigte mich erst einmal für meine rüde Art.

„Herr Hoppe", sagte er, „morgen bin ich in Windhoek und bestelle Ihnen einen nagelneuen MAN-Zwölf-Tonner-Lkw. Im Dezember würde die neue Lorrie mit dem Dampfer in Walfischbay ankommen und Sie können sie dort persönlich abholen. Die Tipper-Ladefläche und die Hydraulik dafür bauen wir dann in Windhoek ein. Und Mitte Januar, wenn die Weihnachtsurlaube vorbei sind, dann können Sie mit neuer Lorrie starten. Na, was sagen Sie dazu?"

Ich war erst einmal völlig perplex und stotterte: „Ja, aber wie soll ich das denn bezahlen?"

„Genauso wie wir es bei diesem alten Lkw hier gemacht haben. Ich gehe in Vorkasse und Sie bezahlen monatlich ab. Bisher haben Sie immer alle Raten beglichen und ich denke, dass wir es diesmal wieder so hinbekommen, oder?"

Ich überlegte nicht lange und sagte zu, denn es war ein großzügiges Angebot, so ganz ohne Anzahlung. Herr Menzel hatte Bier dabei, ich hatte noch eine Flasche Constantino-Brandy aus Rundu und so besiegelten wir den Ankauf der neuen MAN-Lorrie. Heide hörte gespannt zu und wusste: Jetzt würde alles besser.

Ich hörte nichts mehr von Herrn Menzel, wir waren ja auch ohnehin nicht telefonisch erreichbar und so ging es dem Jahresende entgegen. Am achten Dezember wurden dann die Arbeiten für die großen Weihnachts- und Sommerferien eingestellt, wir packten unsere Sachen und fuhren los. Als wir durch Grootfontein kamen und tankten, wurde ich vom Vormann des Straßenbau-Depots angehalten. „Bruno, deine Lorrie ist auf dem Dampfer und bald in Walfischbay. Du sollst dich so bald wie möglich bei Herrn Menzel melden." Nachdem wir Otjiwarongo passiert hatten, fuhr ich auf die nahegelegene Farm von Douglas Norval, dem ehemaligen Milchlieferanten. Dort stellten wir die ausgediente Lorrie ab und fuhren nun wesentlich schneller nach Windhoek. Die Kinder und der Hund hinten auf dem Ford, Heide und ich vorne. Die Katze hatten wir im Camp gelassen, wo sie von dem Campaufseher versorgt wurde.

Wir fuhren direkt zur Autohandlung von Herrn Menzel und erfuhren, dass die Lorrie schon am nächsten Tag in Walfischbay eintreffen sollte. Herr Menzel wollte mit mir persönlich dorthinfahren und alles regeln. Heide und Kinder lud ich bei Schwiegermutter ab und voller Aufregung machten Herr Menzel und ich uns früh am nächsten Morgen auf den Weg nach Walfischbay.

Als wir im Hafen eintrafen, konnte ich gerade miterleben, wie der MAN und noch zwei weitere mit einem Kran vom Schiff gehoben wurden. Mann, war das ein gutes Gefühl, zu sehen, wie die neue Fahrerkabine so grün in der Sonne funkelte. Ich freute mich wahnsinnig. In einer großen Kiste verpackt, die auf dem Chassis verankert war, wurden die Lichter, Scheinwerfer und Rücklichter mitgeliefert, um sie auf dem Dampfer vor Schäden zu schützen, wenn das Meer bei der Fahrt unruhig wurde. Reifen und Batterie hingegen wurden aus ähnlichen Gründen gar nicht mitgeliefert und mussten noch zugekauft werden. Ein Freund aus Swakopmund half mir, alles zu montieren und am späten Nachmittag konnten wir fahrtüchtig das Hafengelände verlassen.

Voller Stolz fuhr ich zu meinen Eltern auf die Kleinsiedlung, wo ich übernachtete. Vater sagte: „Mein Sohn, wie willst du diese Super-Lorrie bezahlen?" Ich lachte und meinte: „Wird schon gutgehen." Natürlich war ich selbst auch etwas besorgt, aber doch zuversichtlich und es sollte dann ja auch alles gutgehen.

Am nächsten Tag fuhr ich meinen nagelneuen MAN nach Windhoek und bei der Pack-Baufabrik wurde mir der Tipper-Aufbau und die Hydraulik eingebaut. Noch vor Weihnachten konnte ich dann meine fertige Lorrie abholen. Nachdem der ganze Papierkram abgehandelt war, fuhren Heide, die Kinder und ich am ersten Weihnachtstag 1964 in Windhoek die Kaiserstraße auf und ab. Alle bestaunten diesen erst zweiten MAN in Südwest.

Im Januar fuhren wir dann wieder in den Norden nach Rundu. Ich hatte in Walfischbay viele Fässer mit Diesel gekauft, da es dort sehr viel billiger war als in Grootfontein. Herr Melzer hatte mir zum Abschied auch noch eine Druck-Abschmierpumpe geschenkt, dazu ein MAN-Tagebuch. War das ein gutes Gefühl! Mit einer Lorrie zu fahren, bei der man sich nicht ständig Sorgen machte, wann wieder die nächste Panne kommen würde.

Wir fuhren noch bei Norval vorbei, um ihn die neue Lorrie zu zeigen. Da es kurz vor Mittag war, luden Herr Norval und seine Frau uns zum Mittagessen ein. Norvals waren Engländer und recht feine Leute. Sie lebten in einem sehr großen, schicken Farmhaus. Kaum hatten wir uns auf die hohen Essstühle an dem edel eingedeckten Tisch gesetzt, fragte mein Sohn Siegfried laut: „Papa, kann ich bitte auf dem Fußboden sitzen?", „Ich auch!", „Ich auch!", kam es aus den anderen Mündern. Heide und ich wollten fast im Boden versinken, aber unsere Kinder waren ja nichts anderes gewohnt, da sie ja ansonsten nur im Camp am Lagerfeuer lebten. Die Gastgeber lachten herzlich und erlaubten unseren Kindern, auf dem Boden zu sitzen. Als Heide und ich später allein waren, raunte sie mir zu: „Als nächstes werden Tisch und Stühle gekauft! Auch wenn wir damit unter einem Kameldornbaum sitzen. Es wird Zeit, dass ihr, die Kinder und auch du, Tischmanieren lernt."

Das neue Arbeiten war ein Vergnügen. Der Lader lud auf, wir luden auf der Piste ab und der Regierungs-Caterpillar schob alles platt. So ging es Kilometer für Kilometer, Woche für Woche und Monat für Monat. Endlich verdienten wir richtig gut, da keine Reparaturkosten anfielen. Nach sechs Monaten kam Herr Menzel, um die erste Wartung, also den ersten großen Garantieservice, durchzuführen. Er kam an einem Wochenende, damit wir keinen Arbeitsausfall hatten.

Dann mussten wir zunächst die Landebahn für den vorgesehenen Flugplatz bei Rundu schottern, damit diese geteert werden konnte. Dadurch kamen wir in Rückstand mit dem Wegebau. Herr Schlechter, der Superintendent, erlaubte uns dann, längere Schichten zu arbeiten, da es inzwischen schon Oktober war und der Straßenabschnitt in dem Jahr fertig werden sollte. Nun ging es also bei Sonnenaufgang los, bis Sonnenuntergang, zwölf Stunden am Tag und auch noch samstags. Bis Weihnachten machten wir durch und ich verdiente so gut, dass ich die neue Lorrie in nur zwölf Monaten abzahlen konnte. Außerdem konnten wir die Anzahlung für einen neuen Ford leisten, diesmal mit Vierradantrieb, was eine echte Besonderheit war.

Die Weihnachtstage verbrachten wir bei meinen Eltern auf der Kleinsiedlung bei Swakopmund, fuhren dann zurück nach Windhoek und packten alles zusammen, um wieder gen Norden zu reisen. Am Morgen der Abfahrt, es war der zweite Januar 1966, wollten wir früh aufbrechen. Ich fuhr mit der Lorrie bereits vom Hof, als mich meine Schwiegermutter zurückrief: „Bruno, komm ans Telefon, dein Vater ist heute früh an einem Gehirnschlag gestorben." Das war ein Schock und nun ging alles drunter und drüber. Ich musste sofort nach Swakopmund zurück, zu meiner Mutter. Zum Glück sprang mein Schwager Immo ein und fuhr für mich nach Rundu, um dort erst einmal meine Arbeit zu übernehmen. Die Kinder blieben bei der Oma in Windhoek und Heide und ich fuhren zur Kleinsiedlung.

Onkel Pepi hatte sich in der Zwischenzeit rührend um Mutter gekümmert. Wir wollten nun die Beerdigung von Vater regeln, aber als ich bei dem evangelischen Pastor in Swakopmund anklopfte, sagte dieser mir: „Dein Vater war nicht in der Kirche, ich kannte ihn kaum und daher werde ich ihn auch nicht beerdigen." Nun war guter Rat teuer und ich war froh, als Pepi mit dem Vorschlag kam, zur Rheinischen Mission nach Walfischbay zu fahren und dort zu fragen. Der Pastor war gerne bereit, die Beerdigung zu übernehmen. Da nicht viele Leute von Vaters Tod erfahren hatten, war es nur eine kleine Trauergemeinschaft. Der Pastor aus Walfischbay konnte den evangelischen Pastor wenigstens dazu überreden, die Kirchenglocken zu läuten und so erfuhren die meisten Swakopmunder dann von Vaters Tod. Als wir am Tag nach der Beerdigung noch einmal zum Grab fuhren, erwarteten uns ein großen Blumenmeer und viele, viele Karten. Die alten Swakopmunder gaben danach ihrem Pastor deutlich zu verstehen, dass sie sehr verärgert waren über sein Verhalten.

Wir blieben noch eine weitere Woche bei Mutter, um nach dem Rechten zu schauen. Dann fuhren wir wieder mit den Kindern nach Rundu, um Immo abzulösen.

Das Blechdach unseres Wohnwagens hatte mit der Zeit einige Schrauben verloren und immer, wenn es regnete, tropfte es durch die vielen Löcher. Heide hatte dann die Idee, unter jedes Loch eine bunte Blechbüchse zu hängen. So war unser Dach ganz lustig verziert. Schwager Immo jedoch fand, dass seine Schwester wohl etwas wunderlich im Busch geworden war und dass diese Verzierungen reichlich merkwürdig aussahen. So hängte er einfach alles ab. Als es dann eines Nachts heftig schüttete, wusste er, wozu die Büchsen gedient hatten und revidierte vorerst seine Meinung über sein Schwesterherz. Ich war nun aber wirklich in der Pflicht und musste also endlich mal das Dach reparieren.

Wir arbeiteten bis August weiter, dann beschloss ich, einen Fahrer anzustellen. Wir mussten uns nun auch mehr um meine Mutter kümmern. Albert, der schon bei uns in der Milchzentrale gearbeitet hatte, übernahm den Fahrerjob. Ich gab ihm unseren alten Ford, damit er damit in den Norden zur Lorrie fahren konnte.

9. KAPITEL

Die Claims in der Namib und ein fast verlorener Schatz

Nun pendelten wir zunächst einmal zwischen der Kleinsiedlung, Windhoek und Rundu hin und her. Am Ende jeden Monats musste ich nach Rundu, um Albert das Gehalt auszuzahlen. In Windhoek wohnten wir in zwei Zimmern in der alten Milchzentrale. Vor den Zimmern befand sich ein großes Verandadach, unter dem Heide und ich meist in den heißen Sommermonaten schliefen.

Als in Pionierspark, einem Stadtteil von Windhoek, neue Grundtücke ausgegeben wurden, kauften wir in der Van-Aswegen-Straße eines der größten, weil wir Platz für unsere Fahrzeuge brauchten. Von der S.W.A Building Society bekam ich eine Hausbau-Anleihe mit fünfundzwanzigjähriger Laufzeit.

Im Jahr 1967 fing es bereits im September an, heftig zu regnen. Heides verwitwete Tante Lieselotte Rusch von der Farm Lichtenstein hatte Angst um den Damm auf ihrer Farm im Khomashochland bei Windhoek. Sie hatte einen Antrag beim Amt für Wasserwesen gestellt, den Dammwall zu verbreitern und um einen Meter zu erhöhen und fragte mich, ob ich diese Arbeit übernehmen würde. Johny, der auch gerade einen Lader frei hatte, und ich sagten zu. Dann fuhr ich zu Douglas Norval auf die Farm, wo meine alte Volvo-Lorrie stand und brachte sie so weit in Gang, dass ich damit nach Windhoek fahren konnte. Nachdem ich den Volvo ordentlich gewartet und repariert hatte, begannen wir mit der Arbeit im Oktober. Ende November ließ ich dann auch noch Albert von Rundu mit dem MAN kommen, um uns zu helfen, bevor der Regen noch heftiger wurde.

Der Damm war ziemlich groß und hatte ein riesiges Fassungsvermögen. Wir bewegten insgesamt fast zwölftausend Kubikmeter Erde. Im Januar waren wir dann fertig, nachdem wir noch den Überlauf mit Stahlnetz und Steinen ausgelegt hatten. Die Wasserwesenbehörde nahm den erweiterten Damm ab und registrierte ihn auf der Katasterkarte.

Für Heide hatte ich eine Cortina-Limousine gekauft, so dass sie sich in Windhoek bewegen konnte. Unsere älteste Tochter Monika wurde dann auch im Januar eingeschult und im März kam unser viertes Kind, Tochter Anita, zur Welt.

Auch Herr Menzel rief mich an, er hatte für seine Firma einige Transportaufträge, die ich erledigen sollte. So musste ich unter anderem die neuen MAN-Lkw von Walfischbay nach Windhoek fahren, die er für die Regierung bestellt hatte. Ich fuhr dann immer mit dem Zug nach Nonidas, wo Pepi mich abholte, schaute bei der Gelegenheit nach Mutter und Pepi brachte mich dann nach Walfischbay in den Hafen, wo ich den jeweiligen Lkw übernahm und nach Windhoek brachte. So bekam ich immer wieder neue Aufträge.

Aber mein eigentliches Interesse, meine heimliche große Leidenschaft, war die Schatzsuche. Ich träumte schon lange davon, eigene Claims abzustecken und auf Mineraliensuche zu gehen. So beantragte ich eine Prospektier-Lizenz für den Namib-Naukluft-Park. Die Lizenz galt für zwei Jahre und immer, wenn meine Zeit es zuließ, fuhr ich in die Naukluft und sammelte Gesteinsproben ein.

Das Haus in Pionierspark wurde fertig und wir zogen endlich in ein eigenes festes Heim. Albert wohnte mit seiner Frau in dem alten Wohnwagen und seine Tochter Bettie kam dann auch in diesem zur Welt, als er gerade auf der neuen Tsumkwe-Schotterpiste arbeitete. Von Rundu aus waren wir nach Tsumkwe versetzt worden. Ich hatte inzwischen den ersten MAN gegen einen neuen mit Vierradantrieb eingetauscht, da auf der Tsumkwepiste nur Lkw mit Allrad arbeiten konnten, wegen dem dicken Sand dort.

Im Juni 1968 wollte ich in der Namibwüste mit Heide neue Claims abstecken. Die kleine Anita, die inzwischen fünfzehn Monate alt war, begleitete uns. Am Kuiseb Rivier hatte ich bereits vier Claims abgesteckt und wollte diese zunächst mal mit neuen Eckbaken markieren, bevor der Claim-Inspektor vorbeikam und etwas bemängelte. Damals waren die Bergbauinspektoren in dieser Hinsicht sehr streng und bei Nichteinhalten der Regeln wurden hohe Bußgelder verhängt. Es waren Graphitclaims und sie lagen am oberen Rand der Kuisebschlucht.

Ich kannte keinen anderen Fahrweg dorthin als das Rivierbett selbst. Im dicken Sand schaltete ich permanent auf Allradantrieb, oft zusätzlich noch in den Spezial-Kriechgang. Als ich die richtige Stelle gefunden hatte, richteten wir einen Campplatz unter einem schönen, großen Kameldornbaum ein. Kurz nach Mittag nahm ich meine Claimschilder und wollte hoch zum Rand der Schlucht. Heide wollte nicht allein im Camp bleiben, sie wollte mit. Der Aufstieg war ziemlich steil und mit Anita im Arm hatte sie große Probleme. Anita schrie und strampelte, wenn ich sie tragen wollte – nur Mama kam in Frage. Nach großer Anstrengung erreichten wir den Rand der Schlucht und die Claims. Ich begann nach kurzer Rast damit, diese neu abzustecken und die Baken mit Steinen zu setzen.

Plötzlich rief Heide aufgebracht: „Bruno, hier ist eine alte Fahrspur! Man kann also doch hierherfahren. Wieso, verdammt nochmal, mussten wir den ganzen Weg durchs Flussbett fahren und hier hinaufklettern?"

Da sie Angst hatte, mit dem Baby die steile Schluchtwand wieder hinunterzuklettern, beschloss sie kurzerhand: „Ich laufe dieser Spur nach bis zur großen Schotterstraße. Dort kannst du mich nachher abholen." Je mehr ich dagegenredete, desto mehr stand ihr Entschluss fest, genau dies tunzu wollen. Sie packte Anita in den Rucksack und wollte losmarschieren. Ich sagte: „Na gut, aber behalte den Blick auf den Gorobberg, falls du die Spur verlierst."

Schnell brachte ich meine Claims in Ordnung und kletterte wieder hinunter zum Camp. Ich lud eine Kanne Wasser, Pickel und Schaufel auf und fuhr den Weg zurück, um Heide oben an der großen Straße zu holen. Ganz in Gedanken und gegen die Sonne fahrend, passte ich einen Augenblick nicht auf und schon hatte ich mich in einem Matschloch richtig tief festgefahren. Da half nun auch der Vierradantrieb nichts mehr. Der Wagen saß bis zum Chassis fest im Schlamm. Ich suchte erst einmal Holz zusammen, um einen etwas stabileren Untergrund zu bekommen, legte darüber die Schaufel und darauf den Wagenheber und bockte das Auto hoch. Dann packte ich noch mehr Schwemmholz und Büsche unter die Räder. Als ich den Wagen endlich aus dem Schlammloch befreien konnte, war die Sonne bereits am Untergehen und als ich das Flussbett bei Natas verliess, war es dunkel. Mit leuchtenden Scheinwerfern fuhr ich die große Straße entlang Richtung Gorobberg. Ich fuhr ganz langsam, so dass ich alles, rechts und links des Weges, gut übersehen konnte. Hier in der Wüste konnte man ohnehin weit über den Straßenrand hinaus sehen, aber ich konnte Heide und Anita nirgends entdecken.

„Komisch", dachte ich, „es ist doch gar nicht so wahnsinnig weit zum Berg. Heide hätte die Straße entdecken müssen." Ich fuhr zum Campplatz zurück, vorsichtig darauf bedacht, nicht wieder zu versacken. Aber keiner da. Ich steckte die Petroleumlampe an und hängte sie in den Baum, um das Camp zu markieren. Dann fuhr ich wieder den ganzen Weg entlang bis zum Gorobberg. Wieder konnte ich niemanden entdecken. Langsam, aber sicher wurde ich nervös. Was, wenn sie nun in die westliche Gerölllandschaft geraten war? Und das nachts! Auf keinen Fall konnte ich im Dunkeln vom Weg abfahren, dann hätte ich mich verfahren und hätte die einzige Richtlinie, nämlich die

Straße selbst, verloren. Wieder zurück im Camp, füllte ich die Petroleumlampe randvoll mit Lampenöl, damit sie so lange wie möglich brennen konnte. Dann füllte ich Benzin nach und fuhr wieder die Strecke zum Berg entlang. Inzwischen war es elf Uhr nachts und der Sand im Rivier war durch mein Hin- und Hergefahre ziemlich fest geworden, wodurch ich etwas schneller vorankam. Wieder keine Heide weit und breit. In meiner Not überlegte ich, was ich tun konnte und fuhr dann zur nächsten menschlichen Siedlung, der nahegelegenen, noch im Aufbau befindlichen Wüstenforschungsstation Gobabeb – wobei „nahegelegen" in der Weite der Namib relativ ist. Es war zwei Uhr nachts, als ich dort ankam. Und tatsächlich brannte noch Licht. Ein Doktor Koch öffnete die Tür und schimpfte zuerst einmal: „Sind Sie wahnsinnig, um diese Uhrzeit hier anzuklopfen?" Schnell jedoch verstand er meine Not, Frau und Baby in der Wüste vermisst. Er bat mich rein und schenkte mir zur Beruhigung erst einmal einen starken Kaffee mit einem Schuss Brandy ein. Dann sagte er schonungslos: „Wenn deine Frau ins Geröll geraten ist, dann ist sie verloren. Wir müssen noch vor Sonnenaufgang einen Helikopter kommen lassen und sie aus der Luft suchen." Ganz nervös machte mich der liebe Doktor Koch. Nichts, was er sagte, war beruhigend, aber er hatte ja Recht. „Um fünf Uhr kann ich erst jemanden übers Radio erreichen, dann müssen wir spätestens ab sieben Uhr aus der Luft suchen." Ganz benommen, aber auch hellwach von dem starken Kaffee mit dem Brandy fuhr ich nochmals die Strecke zum Berg – wieder nichts!

Zurück auf der Station servierte er mir eine zweite Runde seines Höllengetränks. Ich sagte: „Doktor, jetzt fahre ich nochmal zurück zum Camp, wenn ich die beiden nicht finde und mich bis Sonnenaufgang nicht melde, dann rufen Sie den Helikopter." Er versprach es und ich fuhr erneut los.

An der Abzweigung zu Natas, der Morgen graute bereits am Horizont, sagte mir eine innere Stimme: „Fahr nicht ins Flussbett runter, sondern landeinwärts, einfach querfeldein. Nachdem ich ein paar Kilometer gefahren war, hielt ich an und kletterte mit dem Feldstecher auf das Dach des Wagens. In dem ersten Grau des Tages sah ich ganz weit in der Ferne einen Baum. Das kann nicht sein, dachte ich, hier sind keine Bäume. Ich beobachtete die Stelle eine Weile und tatsächlich, sie bewegte sich ein wenig. Da wusste ich – es war Heide! Ganz schnell fuhr ich ihr und dem Kind entgegen. Und sie waren zum Glück beide wohlauf. Heides Füße waren ganz zerschunden und voller Blasen, einen Schuh hatte sie verloren, aber wir lagen uns unendlich glücklich in den Armen.

Auf der Gobabeb-Station stellte ich Doktor Koch meine Ausreißerin vor, lehnte aber dankend einen dritten Kaffee à la Doktor Koch ab. Heide trank dafür umso lieber den angebotenen Tee. „Na, dann werde ich mal schnellstens alles wieder abbestellen, was ich so angefordert habe", sagte Doktor Koch und sah ebenfalls sehr erleichtert aus.

Als wir endlich im Camp angekommen waren, blieben wir zwei Tage und Nächte dort und erholten uns von den Strapazen. Heide war tatsächlich ins Geröll geraten, war aber keinem Leoparden und auch keiner Schlange begegnet. Ich nahm auch noch einige Bodenproben, wie ursprünglich vorgesehen.

Wieder zurück in Windhoek, empfing uns meine Schwiegermutter mit dem Auftrag, sofort den Haupt-Minenbeamten Herrn Herman Dornmehl anzurufen. Als ich ihn in der Leitung hatte, schrie er los: „Was hast du gemacht? Hast du die Zeitung gelesen?" Ich verneinte, sagte, dass ich erst jetzt von einem Wüstentrip zurückgekommen bin.

„Nun, dort steht überall auf den Titelseiten: ‚Prospekter verloor sy vrou in Namib woestyn' (Prospektierer verliert seine Frau in der Namibwüste). Wir hier im Amt wussten sofort, das kann nur Bruno Hoppe sein! Wie kann man nur seine Frau in der Wüste verlieren?"

Resigniert legte ich auf. Nun war ich endgültig im ganzen Land wie ein bunter Hund bekannt.

Später, als wir wieder zu den Graphitclaims fuhren, brachte ich eine Kiste Bier und eine Flasche Brandy zu Doktor Koch nach Gobabeb. Außerdem rechneten wir aus, dass Heide in der Nacht mit Anita an die dreißig Kilometer gelaufen sein musste.

Auch an der Westküste hatte ich ein paar Zinnclaims abgesteckt. Der Zinnpreis war ganz gut und so hoffte ich, dass sich irgendeine Firma dafür interessieren und die Claims mieten oder mir abkaufen würde.

So war ich durchweg immer beschäftigt und Heide war überglücklich über unser neues Drei-Schlafzimmer-Haus, zumal die Kinder jetzt auch in die Schule mussten und sie nicht mehr mit mir so viel unterwegs sein konnte. Albert fuhr weiter Schotter für mich unter dem Regierungsvertrag. Die Firma Melchers hatte inzwischen eine Filiale in Walfischbay eröffnet, so dass sich die Überführung der Fahrzeuge erledigt hatte. Aber Herr Menzel sprach mich eines Tages an, als ich Ersatzteile kaufte: „Herr Hoppe, ich habe mir einen MAN bestellt, für den ich aber nun doch keine Verwendung habe. Wollen Sie den nicht erwerben? Ich mache Ihnen auch einen guten Preis." Es war ein blauer Tipper 4x4 MAN 6115 und ich schlug sofort ein. Jetzt musste ich Arbeit für die neue Lorrie bekommen, damit sie sich rentierte. Über die Jahre sollte sie mir das Tausendfache ihres Preises einbringen. Außerdem sollte sie mir dann auch noch eine andere ganz große Überraschung bereiten, viele Jahre später.

Johny hatte den Zuschlag für einen Tender im Owamboland erhalten. Er sollte drei große Grunddämme säubern und die Wälle vergrößern, er hatte inzwischen einen großen Bulldozer und einen Straßen-Hobel dazu erworben und bat mich, ihm mit meiner Lorrie zu helfen. Neben den Erdarbeiten sollte ich mit der Lorrie und meinem kleinen Ford Brennstoff anfahren und ihm bei Reparaturen helfen.

Den Tenderzuschlag für die großen Beton-Auslaufrinnen hatte Piet Basson erhalten. Wir begannen also gemeinsam die Arbeit im Owamboland. Der große Vorteil war, dass Piet sein eigenes Flugzeug, eine Tiger Moth hatte und einen Pilotenschein besaß. So war die große Entfernung dorthin erheblich geschrumpft. Piet war ein ausgezeichneter Pilot und später flog er auch viele Einsätze für die südafrikanische Armee.

Zunächst einmal schoben und planierten wir eine Landebahn und schlugen daneben unser Arbeitscamp auf. Dann fingen die Dammarbeiten an. Aber nach kurzer Zeit musste ich schon die erste große Reparatur am Bulldozer vornehmen, denn er war schon recht betagt. Das Schiebeblatt musste abmontiert werden, nach Windhoek gebracht, geschweißt und wieder angebracht werden. Dank des Fliegers hatte ich nach nur drei Tagen alles erledigt und wir konnten weitermachen. Immer am Monatsende flogen Johny, Piet und ich gemeinsam nach Windhoek und machten Einkäufe. Schwerbeladen flogen wir dann wieder zurück, tankten in Grootfontein und landeten in Otjiwelo zwischen, um dort noch die Post abzuladen. Wo keine Landebahn war, landete Piet einfach immer auf den Schotterpisten. Der Wettergott war uns gnädig bei diesem Auftrag, wir arbeiteten durchschnittlich zwölf Stunden am Tag und kamen schnell voran.

Dann kam ein langes Wochenende mit zwei Feiertagen im Anschluss. Ein Freund von Johny kam auf die Idee: „Lass uns doch mit Brunos Ford rüberfahren nach Angola, dort steht seit Monaten mein Auto in einer Werkstatt in Sa da Bandeira. Der Starter ist kaputt und ich muss dort einen neuen vorbeibringen, damit sie ihn einbauen können." Gesagt, getan. Piet flog nach Windhoek, um wieder Einkäufe zu erledigen und wir anderen drei machten uns auf den Weg zur Grenze. Wir hatten zweihundert Liter Benzin und Werkzeug geladen, damit uns nichts fehlte. Die Brücke über dem Kunene-Fluss zwischen Südwestafrika und Angola bei Fort Resardis war gerade einige Monate zuvor fertig geworden. Als wir die Mitte passiert hatten und uns im Grenzbereich Angolas befanden, hielt uns ein schwarzer

Polizist an. Er war groß und stand breitbeinig und schwer bewaffnet mit Maschinengewehr und noch anderen Waffen mitten auf der Brücke.

„Stop!", befahl er in einem herrischen Ton. Wenn ich nicht bereits gestanden hätte, hätte ich sofort gehalten. „Passport!", schrie er mich an. Verschreckt griff ich zum Sonnenschutz über meinem Kopf und erwischte unser Permit, das wir benötigten, um im Owamboland arbeiten zu dürfen. Es standen mein, Johnys und Piets Namen darauf. Der Polizist schaute darauf und schrie: „Go!" Wir fuhren weiter und meine Freunde feixten: „Das hast du gut gemacht! Der konnte bestimmt nicht lesen, sonst hätte er gemerkt, dass wir gar keine Pässe oder Visa vorgezeigt haben." Diese hatten wir ja auch gar nicht dabei. In unserer jugendlichen Abenteuerlust hatten wir daran gar nicht gedacht.

Danach lief alles ganz ausgezeichnet. Wir kamen in Sa da Bandeira, heute Lubango, an. Es war eine idyllische, portugiesisch geprägte Stadt, wunderschön gepflegt und sauber. Nirgendswo lungerte jemand herum, alle gingen geschäftig ihren Erledigungen nach. Bei der Garage, wo das Auto auf den Starter wartete, hielten wir an und er wurde sofort eingebaut. Es wurde bezahlt, auch die lange Standgebühr, es gab ein gutes Trinkgeld und Johny verkündete: „Jetzt lassen wir uns verwöhnen. Wir gehen ins Hotel und essen und trinken gut." Ich hatte etwas Bedenken, wollte so schnell wie möglich wieder über die Grenze, aber die beiden überstimmten mich und so fanden wir uns im besten Haus der Stadt ein, dem Royal Hotel. Johny konnte ein paar Brocken Latein und bestellte für uns, da hier alle nur Portugiesisch sprachen und kein Wort Englisch verstanden. Irgendwie mussten sie ihn doch verstanden haben, denn wir bekamen das Gewünschte, jeder ein großes Steak und dazu eine Flasche Wein.

Kaum hatten wir angefangen, voller Genuss zu schmausen, als ich aus dem Augenwinkel drei Polizisten sah, die auf unseren Tisch zusteuerten. Jeweils einer von ihnen stellte sich hinter einen von uns, sie brüllten: „Stop, Charge Office!" Bis eben waren wir noch sehr fröhlich und vom Wein etwas angeheitert gewesen, aber nun blieb uns doch der Bissen im Hals stecken. Die Polizisten griffen unter unsere Arme und hoben uns buchstäblich aus den Stühlen, dann schleiften sie uns aus dem Hotel. Wir mussten eine Straße weiter gehen, wo sich eine Polizeistation befand, ein „Charge Office", wie wir nun lesen konnten. Sofort wurden wir in eine Zelle gesperrt. Keiner sprach etwas anderes als Portugiesisch und nun war auch Johny mit seinem bisschen Latein am Ende. Johnys Freund war ganz still und so versuchte ich, mich mit Englisch, Deutsch, Afrikaans und etwas Owambo zu verständigen. Aber auch das war nutzlos. Sie zuckten nur mit den Schultern und ich spürte: die wollen uns hier für immer und ewig gefangen halten.

„Johny, was nun?", fragte ich. Er sah mich ganz betrübt an und sagte: „Scheiße, das leckere Steak und die Flasche Wein sind jetzt futsch!"

In diesem Moment ging draußen vor der Anklagebank eine junge Frau vorbei. Sie trug ein paar Akten unter dem Arm. Ich weiß bis heute nicht, warum, aber ich sagte in Deutsch zu ihr: „Allerliebstes Fräulein, kannst du uns nicht helfen? Wir sitzen hier fest und niemand versteht uns." „Wie bitte?", antwortete sie da, ebenfalls in Deutsch. Wir fielen aus allen Wolken und erfreut fragte ich: „Du sprichst unsere Sprache?"

„Ich habe in Stellenbosch in Südafrika Deutsch, Englisch und Jura studiert. Jetzt arbeite ich hier im Ministerium." Johny sprang, wie von einer Tarantel gestochen, auf und fiel uns ins Wort. Ich sagte: „Du, Johny, setz dich mal ganz ruhig wieder hin und studiere erst mal richtig Latein." Sie lachte und wies den Wärter an, mich aus der Zelle zu lassen, damit ich ihr in ihr Büro folgen konnte.

„Setz dich!" Ich nahm Platz und erzählte ihr alles. Sie griff zum Telefon und rief in der Garage an, wo man meine Geschichte bestätigte. „Nur der Haupt-Polizeichef von Sa da Bandeira und ich können euch in dieser Sache noch helfen. Allein werdet ihr nichts ausrichten können." Dann rief sie etwas auf Portugiesisch und ein Polizist kam herein. Er stand ganz stramm vor ihr und salutierte. Ich war überrascht, hatte ich doch ihre Position am Anfang ziemlich unterschätzt.

Sie sagte: „Ich habe Kaffee bestellt, nur etwas Geduld, er kommt gleich." Ich war heilfroh, dass meine beiden Kumpels in der Zelle saßen, Johny mit seiner großen Klappe wäre womöglich noch in ein Fettnäpfchen getreten. Nachdem der Kaffee gebracht worden war, nahm sie wieder den Hörer in die Hand und dann begann das ganz große Palaver. Eine ganze Weile später legte sie auf und trank aus ihrer Tasse. So einen starken, aber guten Kaffee hatte ich in meinem ganzen Leben noch nicht getrunken. Sie sagte: „Angolanische Kaffeebohnen!" Dann ging die Tür auf und ein weiterer hochrangiger Polizist in Uniform trat ein. Wieder Palaver, wobei ich immer wieder nur „Madonna" und „Passaporte" verstand. Dann sah er mir direkt in die Augen und sagte in Englisch: „Wir kennen uns doch von Rundu, da hast du doch bei der Pad mit gebaut."

Dann fiel es mir wieder ein: „Und du bist mit mir einmal nach Grootfontein gefahren zum Einkaufen! Hast du wenigstens einen Pass gehabt?" So viel war mir nämlich inzwischen klar geworden: Offensichtlich ging es hier um unsere fehlenden Pässe beim Grenzübertritt. Wir lachten beide und so war das Eis gebrochen. Dennoch stieg meine Anspannung, als er dann ganz ernsthaft sagte: „Bruno, Grootfontein ist nicht weit von Rundu, aber ihr seid jetzt mitten in Angola, da geht so was nicht!" Ich erklärte ihm unsere ganze Situation, so gut ich konnte mit meinem schlechten Englisch. Dazwischen debattierten er und die Dame immer wieder heftig auf Portugiesisch. Es war wohl doch eine sehr brenzlige Situation, in die wir uns hineinmanövriert hatten, aber schließlich stand sie auf und sagte: „Hier in Angola gelten strenge Gesetze und so ohne weiteres kommen wir nicht damit durch, aber eine Möglichkeit gibt es – ihr werdet jetzt als Gefangene direkt hier dem Oberhauptmann unterstellt. Und er wird versuchen, euch freies Geleit zu geben."

Mir fiel ein riesiger Steinbrocken vom Herzen, so groß, dass ich die Tränen zurückhalten musste, als ich mich bei den beiden bedankte. Dann folgte ich dem Oberhauptmann bis zu den Zellen, wo meine Kumpels voller Angst warteten. Johny sagte später zu mir, er sei so erleichtert gewesen, als ich kam, denn er habe schon gedacht, man hätte mich geköpft und bald wären sie auch dran. Man muss dabei verstehen, dass die politische Situation in Angola zu der Zeit bereits sehr unsicher war und im Untergrund brodelte es heftig. Kurz nach diesem Vorfall wurden auch viele europäische Siedler von ihren Farmen vertrieben oder brutal umgebracht. Es folgte ein jahrzehnte langer Bürgerkrieg.

Wir verließen mit dem Oberhauptmann die Polizeistation, zwei Polizisten salutierten und er gab irgendwelche Befehle. Dann stieg er zu mir in den Bakkie und befahl meinen Kumpels, hinterherzufahren. Danach folgte ein Polizeiauto mit Blaulicht. Meinen Kumpels konnte ich vorher noch zuraunen: „Jetzt geht es ins Arbeitslager hier in Angola." Ein bisschen Muffensausen konnte ihnen nicht schaden, dachte ich.

Wir fuhren dann in ein Villenviertel, hielten vor einer prächtigen Villa an und ein großes Schiebetor öffnete sich. „Fahr durch und halte vorne an." Meine Kumpels hielten neben uns. Das Polizeiauto wartete draußen, bis sich das Tor wieder schloss. „Kommt rein, heute Abend seid ihr meine gefangenen Gäste und morgen kommt ihr vor Gericht", zwinkerte er mir zu. Nachdem wir Platz genommen hatten, verschwand er und kam nach kurzer Zeit in Zivilkleidung wieder, auch stellte er uns seiner Frau vor, die allerdings nur Portugiesisch sprach. Wir unterhielten uns dann etwas auf Englisch, aber ich ließ meine Kumpels immer noch im Dunkeln tappen, was unser Schicksal anbetraf. Johny sagte auf Afrikaans: „Ja, hier kommen wir nicht so schnell heraus. Ehe wir uns versehen, haben die uns abgeknallt." Ich stimmte ihm zu.

Nach einem wunderbaren portugiesischen Abendessen verbrachten wir die Nacht in den Gästezimmern. Meinen Kumpels erklärte ich noch vorm Schlafengehen, dass der Oberhauptmann versuchen würde, uns unversehrt außer Landes zu bringen. Am nächsten Morgen bekamen wir wieder ein opulentes Frühstück. Dann telefonierte unser Gastgeber ziemlich lange und aufgeregt, so dass ich anfing, mir erneut Sorgen zu machen. Vor dem Tor der Villa hielten zwei Land Rover und der Oberhauptmann rief: „So, Freunde, jetzt geht es los. Ein Land Rover vorneweg, dann Bruno, dann das andere Auto und ein Land Rover hinterher. Macht bloß nicht wieder irgendwelche Dummheiten." Das wäre uns nach diesen bangen Stunden im Leben nicht eingefallen und so wurden wir dann mit großer Eskorte bis an die Grenze von Angola gebracht. Als wir dort ankamen, war es schon dunkel und der Grenzübergang hatte bereits geschlossen. Da wir durch diesen ganzen Vorfall nun nichts weiter von unserem Reisebudget hatten ausgeben können und sogar als Gäste beim Polizeichef genächtigt hatten, hatten wir noch einige Escudo (damalige angolanische Währung) übrig. Wir luden unsere Bewacher-Eskorte dann zum Abendessen und zum Abschiedstrunk ein und es wurde ein feuchtfröhlicher Abend. Der höhere Offizier gab uns noch ein Schreiben, mit dem wir ohne Schwierigkeiten am nächsten Tag die Brücke passieren konnten.

Ja, Glück muss der Mensch auch manchmal haben, was wäre aus uns dreien geworden, wenn es anders gelaufen wäre? Nach vielen Jahren traf ich zufällig den Oberhauptmann von Sa da Bandeira bei der Post in Windhoek. Er hatte Angola ebenfalls verlassen, wie so viele. Ich lud ihn zu einem guten Essen in den Thüringer Hof ein und er erzählte mir, dass er auf dem Weg nach Madeira sei.

1970 war ein schwieriges Jahr für mich. Onkel Pepi rief an und sagte, dass meine Mutter krank und gebrechlich sei und dass sie sicher nicht mehr lange alleine auf der Kleinsiedlung bleiben konnte. Heide und ich beschlossen, dass sie und die kleine Anita zunächst erst mal dorthinziehen sollten, um Mutter zu unterstützen und zu pflegen. Gleichzeitig zog Heides Mutter bei uns in Windhoek ein, um nach den drei größeren Kindern zu schauen, die ja alle in Windhoek in die Schule gingen. Obwohl sich meine Mutter dann recht gut erholte, beschlossen wir, als das Jahr vorüber war, ganz auf die Kleinsiedlung zu ziehen und die Kinder in Swakopmund einzuschulen. Das Haus in Windhoek vermieteten wir.

Meine Heide wurde so also zur Siedlerfrau und baute nun das Gemüse und die Luzerne an. Sie sahnte auch täglich die Milch ab, um die Milchprodukte dann in Swakopmund zu verkaufen. Ich schloss alle Aufträge, die ich im Inland hatte, mit der Zeit ab, nur den Regierungsauftrag, den weiterhin Albert für mich ausführte, behielt ich.

Nach und nach erhielt ich an der Küste und in der Namibwüste immer mehr Aufträge für Wegebau – vor allem dann, wenn die Besitzer der Lorries zur dreimonatigen Wehrpflicht einberufen wurden. Dann vertrat ich sie.

Im selben Jahr errichteten wir ein geräumiges neues Haus auf der Kleinsiedlung, aus Hardbordplatten, die sich gut für das Klima eigneten. Zwischendurch, wenn Zeit war, prospektierte ich und steckte Claims ab. So hatte ich unter anderen ein Claim für Flussspat bei Omaruru und zwei Zinnclaims beim Brandberg am Goantikab Rivier. Da der Zinnpreis sehr gut war, steckte ich, zusammen mit einem Freund, auch bei Stratemore, zwölf Kilometer östlich von Meile 72, Claims ab.

Die ersten zwei Jahre fuhr Heide die Kinder täglich nach Swakopmund zur Schule, als wir dann aber ein gutes Pachtangebot von unserem Nachbarn Sigi Bogendorfer für die Siedlung erhielten, stimmten wir zu und meldeten die großen Kinder im Schülerheim in Swakopmund an. Heide begleitete mich fortan wieder zu meinen Aufträgen und zu den Claims. Mutter blieb weiterhin auf der Kleinsiedlung wohnen und Onkel Pepi schaute täglich nach ihr. Das war eine gute Regelung, sie kochte für ihn das Mittagessen, hatte somit eine Aufgabe und er passte auf sie auf. Sigi Bogendorfer gehörte inzwischen auch das Stück Land westlich von uns, wo er Schweine züchtete. Er besaß außerdem in Swakopmund die Schlachterei Swakop Meat Supply in der Hauptstraße.

In Windhoek bei einer Versteigerung erwarb ich ein Fertighäuschen, welches ich bei den Stratemore Zinnclaims aufstellte, so dass wir dort mit dem Abbau anfangen konnten. Während mein Freund in einem großen Wohnwagen wohnte und wir in dem Haus, bauten wir für die Arbeiter Zimmer aus Brettern und Wellblech. Vorher hatte ich nach Wasser bohren lassen und so hatten wir ein gutes Bohrloch, außerdem hatte ich auch ein Strom-Aggregat gekauft, um uns mit Elektrizität zu versorgen. Dazu kaufte ich einen Luftkompressor mit einem Brecher und zwei Bohrern. Außerdem noch einen Traktor mit Schiebeblatt und einen Ford Bakkie. Nun konnte es dem Zinngestein an den Kragen gehen. Alles ging auch gut und unser Ertrag aus der kleinen Mine war zufriedenstellend.

Mein befreundeter Anwalt Rassie und ich beschlossen dann 1973, die Firma „Maerula Mining" zu gründen, mit uns beiden als Direktoren. Bis auf die siebenundzwanzig Zinnclaims, die eine Firma aus Südafrika übernehmen wollte, überschrieb ich alle anderen Claims auf diese Firma.

Als ich nach längerer Zeit wieder nach Swakopmund kam, um nach den Kindern und der Mutter zu sehen, war die Kleinsiedlung in einem enttäuschend schlechten Zustand, heruntergekommen und verwahrlost. Sofort kündigte ich den Pachtvertrag mit Sigi Bogendorfer und brachte meinen besten Mitarbeiter von der Mine hierher. Gavino war sehr vertrauenswürdig und zuverlässig. Er sollte von nun an nach dem Rechten auf der Kleinsiedlung schauen.

Eines Nachts, wir waren wieder auf der Mine und schliefen fest in unserem Häuschen, klopfte es heftig an die Tür: „Mister, Mister, komm bitte schnell, Schlimmes passiert", rief ein Arbeiter von der Nachbarmine. Ihr eigener „Mister" war das Wochenende über weggefahren und nachdem die Arbeiter sich dann ziemlich stark betrunken hatten, waren sie in Streit geraten und nun hatte der eine dem anderen mit einem Dolch in die Seite gestochen. Bei der Mine angekommen luden wir den Verletzten, Festus, in das Auto und ich fuhr mit Hochgeschwindigkeit nach Swakopmund. Kurz hielten wir bei der Polizei an, die uns anwies, nach Walfischbucht ins Krankenhaus zu fahren. Dort angekommen wurde der Verletzte sofort operiert. Mein Auto sah aus, als ob dort ein Kudu abgeschlachtet worden war. Alles war mit Blut getränkt. Mutti und Gavino, der das Auto waschen musste, schimpften fürchterlich und Gavino sagte: „Mister, wieso hast du das Schwein nicht verrecken lassen?"

Als ich vierzehn Tage später wieder zur Kleinsiedlung kam, um nach dem Rechten zu sehen, hockte Festus dort im Garten und rupfte fröhlich Unkraut. Er übergab mir den Arztbericht und dazu eine dicke Rechnung. Laut Bericht war der Dolch nur Millimeter neben der Niere eingedrungen und es war ein wahres Wunder, dass der Kerl noch lebte. Festus blieb nun als Arbeiter bei mir auf der Kleinsiedlung. Ich übernahm die Arztrechnung und hatte auch sonst alle Kosten zu tragen.

Ende 1973 pachtete eine Firma aus Südafrika die Maerula-Claims und ich ging zunächst einmal zurück auf die Kleinsiedlung. Inzwischen hatte Frau Berg vom „Swakopmunder Waschsalon", Heide gebeten, ihr in der Saison auszuhelfen. Kurz darauf kauften wir den ganzen Betrieb von Frau Berg. Nun mussten unsere Kinder nicht mehr ins Schülerheim, wir wohnten alle auf der Kleinsiedlung und Heide fuhr jeden Tag morgens mit den Kindern nach Swakopmund, am Nachmittag machten sie Hausaufgaben in der Wäscherei. In diesem Jahr bauten wir auch für Heides Mutter ein kleines Häuschen auf der Siedlung, welches wir ihr gemütlich einrichteten. Sie zog also ganz zu uns und half viel in der Wäscherei und mit den Kindern.

Ich fuhr nochmals drei Monate lang aushilfsweise Schotter für den Wegebau, dann kamen Mitte 1974 die Direktoren der Firma Famed zu mir und fragten, ob ich für ihre Mine am Brandberg Erz anfahren würde. Den Hauptdirektor der Firma Oubaas Mac kannte ich gut, denn er war lange der Manager der Stratemore Mine gewesen, die inzwischen wegen Insolvenz geschlossen war.

Famed hatten ein großes Konzessionsgebiet westlich vom Brandberg, das bis hin zur Stratemore Mine reichte und westlich bis nach Uis. Eine Minenanlage hatten sie bereits aufgerichtet, mit großem Aggregat, zwei Schütteltischen, Crusher und Sieben. Die Anlage lag direkt neben einer guten Wasserquelle. Sie wurde nur tagsüber betrieben und alle Arbeiter wohnten in Uis. Da ich ja die Zinnclaims verpachtet hatte, nahm ich diesen Großauftrag an. Ich arbeitete auf eigene Rechnung, war also nicht angestellt bei Famed. Ein Freund half mir, meinen Wohnwagen, den Bakkie und die Lorrie dorthin zu transportieren. Auch den Traktor schaffte ich her, um damit die Wege ausbessern zu können, die ich mit der Lorrie befahren musste.

Die Stellen, wo bereits prospektiert worden war und Erzhaufen herumlagen, waren zahlreich und weit verteilt über dieses riesige Gelände. Anfang April des Jahres brachte ich mit meinem MAN die ersten Frachten zur Minenanlage. Zunächst war es nicht so weit. Pro Fahrt brachte ich acht Tonnen Material aus sechs bis zwölf Kilometer Entfernung an. Morgens fing ich sehr früh an, damit ich die erste Fracht bereits abgeladen hatte, wenn die Arbeiter aus Uis ankamen. Die Firma behandelte mich ausgezeichnet, ich bekam Verpflegung aus dem Restaurant in Uis, ein schönes Frühstück und gutes Mittagessen. Samstags war ab Mittag Wochenende und so blieb mir noch genug Zeit, um auch selbst zu prospektieren.

Die Distanzen, aus denen ich die Erzhaufen anfahren musste, wurden nun immer größer. Fast bis zur Stratemore Mine musste ich fahren. Das waren bis zu achtzig Kilometer pro Trip und der Nachschub für die Mine wurde knapp, daher kaufte ich noch eine Bedford-Lorrie aus zweiter Hand und stellte einen Herero ein, der bereits auf den Zinnfeldern für mich gearbeitet hatte. Er fuhr den Bedford sehr anständig und war zuverlässig. So fuhren wir nun genügend Material zur Verarbeitung an. Die ersten zwei Monate bekam ich gutes Geld, wenn auch etwas verspätet, aber ich war zuversichtlich. Einmal im Monat kam ich nach Hause zur Familie, kaufte dann Brennstoff und Öl ein und machte mich wieder auf den Weg.

Vier Monate später, als ich gerade eine Fracht Erz aus der Wüste anfuhr, kam Heide mir mit unserem Toyota entgegen. Sie war ganz aufgeregt, da die beiden Schecks der Firma für Juni und Juli nicht eingezahlt werden konnten, da sie nicht gedeckt waren. Ich beruhigte Heide erst einmal und sie fuhr wieder zurück. Am nächsten Tag, als ich zur Mine kam, lief die Anlage nicht, weil sie dort keinen Diesel mehr hatten. Trotzdem fuhr ich noch weiter Material an, aber am Abend dann kam der Direktor und beteuerte, dass sie nur einen Engpass hätten, ab September hätten sie einen neuen Investor, dann gehe es wieder weiter. Naiv wie ich war, stimmte ich zu, erst einmal unentgeltlich weiterzumachen.

Am folgenden Sonntag, als ich wieder prospektierte, fand ich eine Stelle, an der bereits die Deutschen Erzhaufen aufgegraben hatten. Mittags bei der Mine kam dann Oubaas Mac an und ich zeigte ihm die Erzproben, die ich in Säcke gepackt hatte. Er war ganz überrascht und ich sagte: „Komm, wir starten die Anlage und schauen, was wir erhalten. Ich spendiere drei Fass von meinem Diesel." Während Mac nach Uis fuhr, um Arbeiter zu holen, schaffte ich mit dem MAN drei Frachten von dem Erz heran. Als ich die vierte Fracht anfuhr, kam mir eine Staubwolke entgegen. Der Land Rover von Mac raste auf mich zu und blieb in einer großen Dreckwolke stehen. Mac sprang heraus und rief: „Bruno, das war der Jackpot. Komm, das musst du dir ansehen."

Bei der Anlage angekommen lief das reine Zinnerz nur so über die Tische. Wir arbeiteten bis spät in die Nacht hinein, denn der Mond schien sehr hell an dem Abend in der Namib. Nachdem wir zwei der Frachten verarbeitet hatten, hatten wir bereits mehr Zinnertrag als sonst an fünf ganzen Arbeitstagen. Mac und ich waren glücklich, aber leider nur für diesen einen Abend.

Als ich am nächsten Morgen aufwachte, war ich allein auf der Mine und so lange ich auch wartete, keiner kam. Um elf Uhr wollte ich gerade losfahren, als vier Fahrzeuge erschienen und verschiedene Herren ausstiegen. Es waren der Bankmanager aus Swakopmund, den ich kannte, ein Gerichtsvollzieher, Mac, die anderen Direktoren und einer der Investoren aus Otjiwarongo. Ich musste erklären, was mir gehörte, die restlichen Dinge wurden alle konfisziert. Das war nun das Ende der Famed Mine und ich hatte viel Geld und viel Zeit verloren. Zum Glück nahm Heide mir diese schlechte Erfahrung nicht übel. Sie hatte ja noch die Wäscherei und die lief nicht schlecht. Außerdem hatten wir ansonsten keine Abzahlungen oder Schulden.

Während ich noch bei Famed war, wurde die Straßenbauarbeit von Albert nach Helmeringhausen in den Süden verlegt. Heide half ihm beim Umzug und ihre Mutter hütete inzwischen die Kinder und schaute nach der Wäscherei. Wir transportierten also nun Schotter auf der Straße zwischen Helmeringhausen und Maltahöhe. Dann rief Albert an und informierte mich, dass der Motor des MAN zu klappern anfing. Sofort machte ich mich auf den Weg, um nach dem Problem zu schauen. Albert teilte mir dann mit, dass er unzufrieden sei und eine Gehaltserhöhung verlange. Wir konnten uns jedoch nicht einigen und so zahlte ich ihn aus, schenkte ihm noch den alten Bakkie und er ging seines Weges. Nun musste ich die Arbeit wieder selbst übernehmen, nachdem der Motor des MAN repariert war.

10. KAPITEL

Diamantenfieber

Langsam fingen die Strapazen des Lkw-Fahrens an, an mir zu nagen und ich bekam immer heftiger Rückenschmerzen während der Arbeit und vor allem auch danach in Ruhestellung. Alle möglichen Medikamente wurden ausprobiert, halfen aber nur kurzfristig oder gar nicht.

Der Schottervorrat, den wir zur Straße fahren mussten, wurde immer weniger, da der Bulldozer, aber auch der Lader der Regierung alt und kaputt war. Es wurden neue Teile bestellt und als diese dann endlich ankamen, waren sie falsch – schon wieder, das passierte nun schon zum zweiten Mal. Die Arbeit war nun endgültig zum Erliegen gekommen. Ich hatte die Nase voll und beschloss, selbst nach Windhoek zu fahren und beim Straßenbau-Depot alles persönlich abzuholen. Der Superintendent für den Abschnitt gab mir erleichtert die Erlaubnis und händigte mir die falschen Ersatzteile aus.

Beim Depot angekommen fuhr ich einfach auf den Werkstatthof, das Schild „Staff only" ignorierend. Der Hauptingenieur Robinson stand am Fenster und brüllte: „Komm sofort zu mir ins Büro!"

„Bin gleich da", rief ich zurück.

Nachdem ich die Teile im Depot umgetauscht und meinen Wagen wieder vor dem Gebäude geparkt hatte, ging ich zum Büro rüber. Robinson und ich kannten uns, hatten schon einige Debatten miteinander gehabt. Ohne Gruß sagte er: „Deutscher, was hast du hier zu suchen?" Höflich wünschte ich ihm einen guten Morgen und sagte: „Ich komme, um das in Ordnung zu bringen, was ihr hier nicht auf die Reihe kriegt. Wir stehen ohne Schotter da, weil ihr nicht in der Lage seid, die richtigen Teile für den altersschwachen Bulldozer und den Lader zu schicken. So wird die Straße nicht fertig und wir verdienen kein Geld." Sein Gesicht verfärbte sich und er brüllte wieder: „Setz dich!"

Dann sagte ich: „Bekomme ich keinen Kaffee, wo ich schon mal hier bin? Was ist mit der Gastfreundschaft der Buren geworden?" Er grummelte unfreundlich, aber bestellte trotzdem einen Kaffee für mich. Dann musste ich ihm genau berichten, was dort tief im Süden beim Straßenbau vor sich ging. Ich legte ihm im Detail auseinander, mit was für Problemen wir uns aufgrund der alten Gerätschaften rumschlagen mussten, die der Staat dort zur Verfügung hatte. Er schüttelte den Kopf und sagte: „Danke für den Bericht, trink deinen Kaffee aus und mach dich wieder auf den Weg!"

Zum Mittag wurde ich noch von einem Bekannten zum Essen eingeladen, danach hatte ich noch einige Besorgungen zu machen und so war es bereits später Nachmittag, als ich endlich aus Windhoek herauskam und Richtung Süden fahren konnte. Kurz vor Rehoboth überholte ich einen Sattelschlepper des Straßenbauamtes mit der Aufschrift „South West African Administrative Roads". Geladen hatte er einen großen nagelneuen Ladebagger. Nun wusste ich Bescheid und als ich spätabends im Straßenbaukamp ankam und die Teile für den Bulldozer dem Superintendenten übergab, konnte ich es nicht lassen zu sagen: „Ach und übrigens, der neue Lader ist auch unterwegs." Er schaute mir nur verständnislos hinterher und schüttelte den Kopf. Inzwischen war es ganz dunkel geworden und ich legte mich erst einmal aufs Ohr. Um drei Uhr in der Nacht war es dann so weit und vorbei mit der Nachtruhe, denn es gab ein großes Gehupe am Tor zum Maschinencamp. Da wusste ich endgültig, dass meine Vermutung richtig gewesen war und wir das neue große Gefährt erhalten sollten.

Um sechs Uhr informierte ich meine Kollegen, so dass wir pünktlich um sieben Uhr am Schotterloch standen. Der neue Lader wurde abgeladen und begann sofort mit der Arbeit und die alte Karosse wurde gleich abtransportiert. Nun konnten wir endlich vorankommen mit der Arbeit und ohne Unterbrechung Schotter fahren. So verdienten wir wieder genug Geld mit dieser Arbeit.

Einmal im Monat fuhr ich für ein langes Wochenende nach Hause, um nach dem Rechten zu sehen. Heide hatte alles gut im Griff, aber ich sah doch ein, dass dies kein Dauerzustand werden konnte. Zwar war der Verdienst jetzt gut, aber ich war nicht glücklich und vermisste meine Familie. Mein alter Prospektier-Freund, Oom Gerrit, vermittelte mir dann Andre, einen guten Fahrer für die Lorrie. Telefonisch einigten wir uns und er machte sich sofort auf den Weg an die Helmeringhausenpad. Dieses Problem war also gelöst. Kurz darauf verkaufte ich dann den MAN an Andre mit einer Bedingung seinerseits: Ich sollte ihn gegen Gehalt vertreten, wenn er zu seinen jährlichen sechs Wochen Militärdienst eingezogen wurde.

Als ich das dann Anfang 1976 einlöste und ihn bei Arbeiten an der Anschlussstelle Gobabis–Omitara vertrat, nutzte ich die Gelegenheit, Oom Gerrit zu besuchen, denn er lebte in der Nähe auf der Farm Nancefield. Gemeinsam heckten wir neue Pläne für die Zukunft aus und besprachen, wo wir noch überall prospektieren wollten. Zum Abschluss meines Besuches gab er mir einen wunderschönen, großen Stein von seiner Veranda mit, damit ich diesen bei Gelegenheit mal untersuchen lassen konnte. So verging die Zeit und zurück in Swakopmund half ich dann Heide erst einmal in der Wäscherei.

Eines Tages besuchte uns ein Geologe auf der Kleinsiedlung, der bei den Diamantenminen von de Beers angestellt war. Er war spezialisiert auf das Auffinden von Diamanten und als er den besagten Stein bei uns auf der Veranda sah, geriet er ganz aus dem Häuschen: „Wo hast du diesen Stein gefunden? Er kommt aus einer Diamantenpipe, also einem Ausbruch, der mit großer Sicherheit diamanttragend ist." Als ich ihm sagte, dass ich den Stein von Gerrit hatte, sagte er: „Ihr müsst unbedingt die Stelle suchen, koste es, was es wolle. Dann steckt Claims ab und kontaktiert mich. De Beers wird euch dann ein Angebot machen. Dies kann ich dir sogar schriftlich garantieren!"

„Ok", stimmte ich zu. „Lass uns etwas Zeit, damit wir die Stelle wiederfinden können."

Der Geologe redete mir beim Abschied nochmals ins Gewissen und machte sich dann weiter auf den Weg nach Angola, um dort, im Auftrag von de Beers, einige Stellen mit Kimberlit zu untersuchen. Am Abend rief ich Oom Gerrit an, konnte mich aber am Telefon nicht deutlich äußern, da er einen Anschluss über die alte Farmlinie hatte, bei der viele Farmer zusammen eine gemeinsame Linie hatten und somit mithören konnten, wenn der Nachbar telefonierte. Nachdem das Fräulein vom Amt uns verbunden hatte, sagte ich nur: „Wann können wir uns treffen? Ich muss wegen dem Stein mit dir sprechen." Er verstand sofort und wir verabredeten uns etwas später im Jahr, wenn es unser beider Zeit erlaubte.

Zunächst hatte ich nämlich Heide zugesagt, sie in der Wäscherei zu vertreten, da sie nach Windhoek auf eine Versammlung der Pfadfindermädchen, den „Girl Scouts" musste. Heide hatte schon eine ganze Weile eine Gruppe Swakopmunder Pfadfindermädchen unter sich. Wöchentlich wurden Lesungen und Übungen organisiert, außerdem veranstalteten sie oft Ausflüge in das ganze Land. Diese fanden meist in den Schulferien statt und ich begleitete sie stets, da ich alle Mädchen und die Ausrüstung mit dem MAN fahren konnte. Wir machten Ausflüge zum Waterberg, auf die Farmen Okawaka zu Herrn Sorada und nach Hamakari zu Familie Diekmann, auch in den Süden und in die Namibwüste. Unsere Töchter Monika und Anita waren natürlich meist mit von der Partie und so hatten wir immer achtzehn bis zwanzig Mädchen dabei, zwischen sieben und achtzehn Jahre alt. Die „Unter-Zehner-Gruppe", Braunies genannt, hatte eine andere Führerin, aber bei den Ausflügen fuhren alle gemeinsam. Es waren herrliche Zeiten und die Mädels mussten dabei auch immer irgendwelche praktischen Prüfungen ablegen wie schnellstens Zelte aufschlagen, Spuren suchen, Feuer machen, Essenkochen, Brot backen auf dem Feuer und vieles andere.

Bereits im April des Jahres 1976 musste ich Andre wieder vertreten, weil er heiratete. So kam ich in die Nähe von Oom Gerrits Farm Nancefield und konnte mit ihm den Prospektier-Trip besprechen. Gerrit hatte zusammen mit zwei Kameraden im Osten im Buschmannland vor vielen Jahren prospektiert. Dort hatte er den Stein gefunden. Es war etwas fraglich, ob er nach so langer Zeit die Stelle wiederfinden würde. Aber wir wollten es trotzdem versuchen.

Es war nun keine leichte Aufgabe, eine Prospektierlizenz für die Gegend zu bekommen, da sie hinter der roten Linie für Maul- und Klauenseuche lag. Viele neue Gesetze waren inzwischen in Kraft getreten, vor allem für diese Gebiete. Außerdem mussten wir auch diverse Schlüssel für die Tore besorgen. Ich fuhr also erst einmal los, um dies alles zu regeln. Da ich dem Minenamtsleiter, Herrn Dornmehl, bekannt war, bekam ich ziemlich schnell alle Empfehlungsschreiben und sollte die endgültige Genehmigung nur noch direkt beim Minister abholen, um alles zu beschleunigen.

Dann fuhr ich erst nach Hause, um zu packen und um alles andere, was während meiner Abwesenheit wichtig war, mit Heide und unseren beiden Müttern zu besprechen. Schließlich wusste ich nicht, wie lange ich diesmal weg sein würde. Beim Abschied rief ich Heide zu: „Diesmal komme ich als reicher Mann wieder!"

Bevor ich zum Minister fuhr, sollte ich mich mit Oom Gerrit in dem Haus seiner Mutter in Windhoek treffen. Die alte Dame empfing mich mit besorgter Miene: „Geh schnell rüber zu Gerrit, er ist sehr krank." Mein Freund hatte sich eine Gürtelrose der schlimmsten Art zugezogen. So mussten wir unser Vorhaben erst einmal auf

Eis legen. Zum Glück hatte ich noch nicht beim Minister vorgesprochen und ich bat Herrn Dornmehl vom Minenamt, alles für sich zu behalten und die Anträge bitte zur Seite zu legen, damit uns keiner zuvorkam. Er tat dies gerne für uns. Enttäuscht fuhr ich zurück zur Kleinsiedlung, lud alles wieder vom Auto und wurde erst einmal wieder Wäschejunge bei meiner Heide.

Obwohl sich Oom Gerrit nicht erholte, hielt mich das Diamantenfieber gepackt und ich bestellte mir bei Mercantile Distributors S. Cohen in Windhoek eine Winkey-Diamond-Bohrmaschine aus Amerika mit zweihundert Meter Bohrstangen. Ich wollte in den Claims selbst bohren, um tiefere Gesteinsproben nehmen zu können.

Ich half viel in der Wäscherei und auch auf der Kleinsiedlung war allerhand zu tun, alle zwei Wochen musste ich mit dem Lkw Trinkwasser anfahren, da das Bohrloch inzwischen vollkommen brackiges Wasser führte, das nicht mehr trinkbar war. Ab und zu vertrat ich auch Andre beim Schotterfahren, aber immer, wenn ich Zeit hatte, war ich in der Wüste und prospektierte. Im Januar 1977 kam meine Winkey-Maschine an. Sie hatte ein halbes Vermögen gekostet, sechzehntausend Rand.

Auch die Ausflüge mit den Girl Scouts hielten uns auf Trab. So ging es auch mal für zehn Tage auf die Farm von Heides Bruder Godofried, Omandumba, oder zur Spitzkoppe, zu den Dinosaurierspuren bei Kalkfeld oder zum Brandberg, um die berühmte Felszeichnung „White Lady" zu besichtigen. Nach jeder Fahrt bettelten die Mädchen: „Wann geht es wieder los? Es war so schön!"

    Zwischendurch beauftragten mich zwei Geologen aus Südafrika, sie zu meinen Flussspat-Claims zu begleiten. Sie pachteten die Claims für zwölf Monate, um Untersuchungen durchzuführen, mit Option, zu verlängern. Auch übernahm eine andere Firma die Abbauoption der Zinnfelder bei Cape Cross, die ich unter dem Firmennamen Kap Kruis Tin (Pty) LTD. abgesteckt hatte. So konnte ich also einige Einnahmequellen vorläufig sichern.

Auch auf den Farmen Neuras, Swartmodder und Kleinbegin bei Rehoboth im Inland hatte ich Claims. Dort bohrte ich dann auch und nahm viele Gesteinsproben. Mein Sohn Reini, inzwischen ordentlich groß geworden, war mir oft eine gute Hilfe beim Bohren, wenn die Schulferien es erlaubten. Auch Siegfried war fast erwachsen und wurde 1978 in der evangelischen Kirche in Swakopmund konfirmiert.

Im Jahr darauf unternahmen die Boy Scouts, bei denen unser Sohn Reini Mitglied war, einen großen Ausflug in den unwegsamen Norden zum Kunene Rivier. Herr Bahlsen und Herr Krauss waren die Scoutführer und fuhren selbst mit ihren Bakkies. Vier Tage nach der Abfahrt der Gruppe bekam ich einen Radio-Ruf von der Wehrmachtsstation bei Orumpembe, die lautete: „Komm bitte helfen, Chassis vom Land Rover gebrochen, bring Schweißapparat und Eisen. Bitte!!!"

Am nächsten Morgen packte ich auf den Ford alles, was nötig war, auch 250 Liter Benzin in Reserve. Benzin gab es nicht mehr nach sechs Uhr in jenem Jahr, da es wieder rationiert worden war. Die Soldaten der Radiostation hatten mir geraten, über Opuwo und Kamanjab zu fahren, aus Sicherheitsgründen. Nachts kam ich in Opuwo an und konnte trotz der späten Stunde was zu essen organisieren, auch für die Boy Scouts.

Dann fuhr ich durch die Nacht Richtung Orumpembe. Nach einer Stunde entdeckte ich ein Lagerfeuer am Straßenrand. Auch Reini hatte das Motorengeräusch des Fords erkannt und alle Scouts fingen an, zu brüllen und mit Taschenlampen zu leuchten. Herr Krauss war mit seinem Lkw auf dem Rückweg ohne Benzin stehen geblieben. Ich gab ihm fünfzig Liter und er fuhr mit den Scouts weiter, da in wenigen Tagen die Schule auch schon wieder anfangen sollte. Nur einer der Scouts war bei Herrn Bahlsen geblieben. Reini stieg bei mir ein und wir machten uns auf den Weg zu dem Land Rover mit Chassis-Bruch. Am nächsten Morgen erreichten wir die Stelle, wo uns Herr Bahlsen bereits sehnsüchtig erwartete. Nach einem schnellen Frühstück machten wir uns ans Schweißen und um elf Uhr war wieder alles fahrtüchtig.

Herr Bahlsen wollte nun doch noch unbedingt bis zum Kunene fahren, wo er schon mal so in der Nähe war. Ich war nicht ganz einverstanden, ließ mich dann aber doch überreden, da die beiden Jungs natürlich begeistert von dieser Idee waren. Meinen Ford parkte ich beim Militärposten, wir füllten den Land Rover voll mit Benzin aus meinem Fass und fuhren einhundertfünfzig Kilometer bis an den Kunene, den Grenzfluss zu Angola. Nachdem wir unser Camp am Ufer aufgeschlagen hatten, gingen wir alle schwimmen. Herrlich abgekühlt verbrachten wir einen gemütlichen Abend am Lagerfeuer. Als wir am nächsten Morgen gleich vor dem Frühstück wieder ein Bad in den kühlen Fluten nahmen, kam plötzlich einer der dort einheimischen Bewohner auf uns zugerannt und rief: „Crocodiles, crocodiles!" Bereits bevor er das zweimal gerufen hatte, waren wir schon aus dem Wasser – und tatsächlich, dann sahen wir auch schon die Krokodilrücken im Wasser treiben, so ziemlich genau an der Stelle, wo wir noch kurz vorher rumgeplanscht hatten. Der Schrecken saß uns gewaltig in den Knochen!

Inzwischen war es der erste Oktober und am dritten sollte die Schule wieder anfangen. Nicht nur für die beiden Jungen, sondern auch für Herrn Bahlsen, denn er war Lehrer. Wir beschlossen zunächst, die kürzere Strecke am Meer entlangzufahren, bis nach Rocky Point. Nachdem zuerst die Benzinleitung verstopfte, bescherte der Land Rover uns dann noch zwei Reifenpannen.

Wir fuhren dann wieder ins Inland zurück Richtung Sesfontein, denn wir hatten kein Permit für die Skeletten-Küste, die noch weitgehend vor uns lag. Am Khumib Rivier stand ein Windmotor, der wunderbares Süßwasser pumpte. Dort schlugen wir dann unser Lager für die Nacht auf. Leider machte der Windmotor enormen Lärm beim Pumpen, da er wohl länger nicht gewartet worden war und als der Wind in der Nacht auffrischte. konnten wir kaum mehr ein Auge zumachen.

Nun war der allerletzte Ferientag angebrochen und wir machten uns früh auf den Weg über Warmquelle und Palmwag, dann weiter nach Hentiesbay über Uis, bis wir endlich spät in der Nacht in Swakopmund ankamen. Völlig übermüdet, aber noch voller Abenteuererlebnis ging Reini dann fast im Anschluss in die Schule. Da kannte Heide kein Pardon.

Heides Mutter bat mich, eine Voliere für sie zu bauen, denn sie wollte sich Kanarienvögel anschaffen. Als die Voliere fertig war, fuhr ich mit ihr nach Walfischbay und sie erwarb einige schöne Exemplare dieser hübschen Singvögel. Sie hat dann in den kommenden Jahren eine richtig florierende Zucht aufgebaut. Auch die Nachbarn baten mich immer wieder um Hilfe, so reparierte ich das Dach von Frau Rohrbeck und deckte es teilweise neu.

Irgendwann rief Oom Gerrit an und teilte mir mit, dass er sich wieder fit genug fühle, unsere Diamanten-Exkursion anzupacken. Inzwischen war es November geworden und das Jahr war fast vorüber, aber ich packte alles zusammen und fuhr nach Windhoek. Dort machte ich mich wieder als Erstes auf dem Weg zum Minenamt. Nachdem alle Formalitäten erledigt waren, schickte man mich wieder direkt zum Minister, wo ich von ihm persönlich die endgültige Genehmigung erhalten sollte.

Ich ging also in den Tintenpalast, wo er seine Büroräume hatte, und nach etlichen Stunden des Wartens wurde ich vorgelassen. Er war ein Bure, wie er im Buche stand und gleich grummelte er mich an, was ich wolle. Ich erklärte mein Anliegen und legte die Papiere vor. Nach einer Weile des Studierens und Nachdenkens sagte er: „Hoppe, du bist doch ein Freund von Gerrit. Mir passt seine politische Gesinnung nicht und damit deine sicher auch nicht. Ihr bekommt die Genehmigung nicht und jetzt raus hier!" Völlig perplex verließ ich das Ministeramt und fuhr erst einmal zu meinem befreundeten Anwalt Rassie. Er war ja ebenfalls Bure und griff sogleich zum Telefon, nachdem ich ihm alles geschildert hatte. Als er den Minister an der Strippe hatte, gab es eine lange Debatte, aber als er schließlich auflegte, sagte er zu mir: „Komm und drei Uhr wieder hier ins Büro. Dann hast du eure Genehmigung, um im Buschmannland prospektieren zu dürfen." So bekam ich dann doch noch alle Unterschriften und dazu auch gleich die benötigten Schlüssel für die Tore des Maul-und-Klauenseuche-Zaunes. Ich machte mich glücklich auf den Weg zu Oom Gerrits Farm.

Wir starteten also unseren ersten Erkundungstrip in den Osten. Es sah stark nach Regen aus. Die Wolken türmten sich immer höher und noch bevor wir unser Ziel erreichten, kamen die ersten Schauer nieder. Wir waren durch das Herero-Land gefahren, hatten uns bei der Polizei in Otjinene angemeldet und abends den Kordon-Zaun erreicht. Dort schlugen wir unser Camp mitten in der regennassen Landschaft auf. In der Nacht regnete es dann weiter und am nächsten Morgen war alles pappnass. Trotzdem fuhren wir weiter bis nach Therons Valley. Ich merkte aber schnell, dass sich Oom Gerrit nicht so recht erinnern konnte, wo sie damals prospektiert hatten. Es war zu der Zeit extrem trocken gewesen und kahl und nun war alles grün und buschig zugewachsen. Trotz Regen blieben wir einige Tage dort und versuchten unser Bestes, nahmen viele Bodenproben und fuhren die Gegend ab. Es hatte aber keinen Zweck und so packten wir wieder alles zusammen und machten uns unverrichteter Dinge auf den Heimweg. Nach der Regenzeit wollten wir wiederkommen und weitersuchen.

Zu Hause besorgte ich mir erst einmal beim Landmessergeneral richtige Luftfotos, die ich eingehend studierte. Hauptsächlich waren Heide und ich dann die folgenden Monate wieder in der Wäscherei beschäftigt, als plötzlich die erste Bombe in Swakopmund in der Bäckerei Putensen in der Hauptstraße hochging. Die namibischen Freiheitskämpfer versuchten in den kommenden Jahren immer wieder, auf diese Art ihre politischen Ziele zu erreichen und diese Bombe war nur eine von vielen, die das Land immer wieder erschüttern sollten. Eine Zeit voller Unsicherheiten und Ängsten begann.

Eines Morgens, es war noch nebelig trüb, kam ich um vier Uhr morgens zur Wäscherei. Gegenüber am Straßenrand stand ein Auto. Ich dachte mir nichts weiter dabei, schloss die Hoftür auf, ging in die Wäscherei und begann sofort, die Maschinen zu laden und den Waschvorgang zu starten. Dann schloss ich die Vordertür auf und ging nach draußen auf den Bürgersteig, um die laue Morgenluft einzuatmen. Im diffusen Licht der Straßenlaterne sah ich einen Mann am Steuer des Autos sitzen. Nun wurde ich doch neugierig, da es eine sehr ungewöhnliche Zeit war, um dort so am Straßenrand zu parken und offensichtlich auf irgendetwas zu warten. Ich erkannte ein Johannesburger Kennzeichen und als ich mich auf wenige Schritte genähert hatte, stieg der Mann schnell aus. Er sprach Afrikaans und ich fragte ihn, ob er Probleme hätte. „Ja, ja." Ob es mir etwas ausmachte, wenn er mir davon erzählen würde? Da ich wieder zu den Waschmaschinen musste, sagte ich, dass er mich auf eine Tasse Kaffee begleiten könne. In der Wäscherei setzte ich erst einmal Kaffeewasser auf und schaute nach den Waschmaschinen. Er setzte sich dankbar und sagte: „Ich habe ganz große Probleme. Es ist eine lange Geschichte."

Es war inzwischen sechs Uhr und ich sagte ihm, dass ich zuerst die Wäsche zum Trocknen aufhängen müsste. Heide kam immer um sieben mit den Waschfrauen zur Weiterbearbeitung, dann musste alles vorbereitet sein. Er wartete also und als Heide kam und übernahm, setzten wir uns ins Nebenzimmer, wo immer gefrühstückt wurde.

Seine Geschichte war die folgende: Er hatte im Norden des Landes Diamanten gekauft, die wahrscheinlich aus Angola kamen. Er hatte sehr viel Geld investiert und die Diamanten nun abgeholt. Laut seiner Aussage sollte es sich um einen recht großen

Beutel voller Rohdiamanten handeln. Auf dem Rückweg nach Südafrika wollte er zu seiner eigenen Sicherheit die Hauptstraßen vermeiden und so beschloss er, nicht über Windhoek, sondern durch die Namibwüste zu fahren. Als er dann in Uis an der Tankstelle hielt, bemerkte er, dass ein Wagen langsam an ihn vorbeifuhr. Der Fahrer blieb kurz stehen, schaute zu ihm rüber und fuhr dann langsam weiter. Nun wusste er, dass man ihn offensichtlich beschattete. Unauffällig griff er nach dem Beutel unter der Plane auf der Ladefläche und warf ihn auf den Beifahrersitz. Dann stieg er ein und fuhr auf die Straße Richtung Hentiesbay, wo er eigentlich gar nicht hinwollte. Die Gegend war ihm nun völlig fremd und er bekam es mit der Angst zu tun, weit und breit nur Einöde und endlose Weite. Im Rückspiegel sah er eine Staubwolke. Sie waren also immer noch da. Wenn er das Tempo drosselte, fuhren seine Verfolger auch langsamer. Als sie ein gutes Stück in die Wüste hinausgefahren waren, überholte der Wagen ihn plötzlich. Blitzschnell warf er den Beutel mit den Diamanten aus dem Beifahrerfenster. Nach einigen hundert Metern hielt der Verfolger an und zwang ihn, ebenfalls zu halten. Zwei Männer stiegen aus und nun sah er, dass sie Polizeiuniformen trugen. Sie durchsuchten den Wagen und fragten, ob er Wildfleisch dabeihätte. Er verneinte und fragte: „Was soll das Ganze hier?" „Es ist Jagdsaison und wir suchen nach Wilderern." Der Polizist schnürte die Plane wieder zu und sagte: „Du kannst weiterfahren." Auf der Schotterpiste sah er deutliche Bremsspuren und versuchte, sich die Umgebung einzuprägen, während er langsam weiterfuhr. Er war sich unsicher, ob die beiden wirklich nach Wilderern gesucht oder ihn doch wegen der Diamanten verfolgt hatten. Bis zu der Kreuzung nach Hentiesbay verfolgte der Wagen ihn weiterhin. Er bog dann in die Stadt ab und fuhr zu dem Hotel in Hentiesbay, drehte dort um und fuhr wieder aus der Stadt raus. An der Kreuzung nach Uis standen immer noch die beiden Polizisten in ihrem Wagen und beobachteten ihn, so dass er geradeaus nach Swakopmund weiterfuhr. Und so kam es, dass er jetzt hier bei uns in der Wäscherei saß.

Ha, nun war guter Rat teuer, die ganze Geschichte klang reichlich dubios, aber doch sehr glaubhaft. Was also tun? Ich beriet mich mit Heide und sie gab zu bedenken, dass die Polizei sich den Wagen und das Kennzeichen gemerkt hatte, so entschieden wir kurzerhand, dass ich dem Kerl mit unserem Auto helfen würde, die Diamanten zu suchen. Wir schlossen seinen Wagen im Hof der Wäscherei ein und er und ich machten uns auf den weiten Weg nach Uis. Von der Hentiesbay-Kreuzung waren es noch weitere hundertzehn Kilometer bis nach Uis.

Ich fragte ihn: „Wie weit warst du ungefähr von Uis entfernt, als du den Beutel aus dem Fenster geworfen hast?"

„Ich weiß nicht, ich war viel zu aufgeregt, wegen meinen Verfolgern. Aber es waren bestimmt zwanzig Kilometer."

Als wir etwa dreißig Kilometer vor Uis waren, bekamen wir einen riesigen Schreck. Eine große Staubwolke erhob sich in die klare Luft vor uns. Straßenhobel! Zwei davon kamen uns entgegen und so waren die Bremsspuren, nach denen wir krampfhaft Ausschau gehalten hatten, in Staub aufgelöst. Der Mann weinte herzzerbrechend und sah mich bittend an. „Zeit spielt keine Rolle, wir können suchen", sagte ich. „Von hier aus gehst du zu Fuß und ich fahre weiter bis acht Kilometer vor Uis, dann komme ich dir wieder entgegen." So machten wir es, ich lief immer hundert Meter, markierte die Strecke mit Steinhäufchen und holte dann wieder den Wagen nach. Mein alter Diamantensuchinstinkt war natürlich geweckt. Das betrieben wir den ganzen restlichen Tag, bis um fünf Uhr am Abend, und fuhren dann unverrichteter Dinge zurück nach Swakopmund.

Er verabschiedete sich mit Tränen in den Augen und fuhr davon. Was aus ihm geworden ist, habe ich nie erfahren und vielleicht war es auch besser so. Aber trotzdem machten Heide, die Kinder und ich uns am folgenden Wochenende auf den Weg nach Uis und suchten nochmals die Strecke ab. Außer meinen Steinhäufchen fanden wir jedoch nichts. Vielleicht hatten die Polizisten auf ihrer Rückfahrt die Bremsspuren gesehen und nochmal angehalten? Keiner wird das jemals erfahren.

Es wurde Juni, die Regenzeit war vorbei und Rita, die Frau von Gerrit, rief an und fragte, ob es mir etwas ausmachen würde, wenn sie mitfuhr auf unseren nächsten Diamantensuchtrip. Das ging natürlich in Ordnung und so machten wir uns zusammen mit Rita und dem jungen Koekoeman, einem Arbeiter von Gerrit, wieder auf den Weg ins Buschmannland.

Ich hatte natürlich wieder alles dabei: Ersatzreifen, Öl, Benzin und andere Ersatzteile. Reini hatte mir beim Packen geholfen und auch die von Gerrit bestellten Kisten mit Sardinenbüchsen aufgeladen. Ich glaubte, dass er sie für Tauschgeschäfte mit den Buschleuten dabeihaben wollte. Da hatte ich mich aber geirrt, denn bereits am ersten Morgen, und leider auch an allen weiteren, gab es Oom Gerrits Lieblingsspeise: Maispapp mit Fisch.

Die Nächte waren bitterkalt in der Kalahariwüste. Ich hatte ein gutes Thermometer mitgenommen und hängte es abends in einen Baum. Bis zu minus zwölf Grad maßen wir in den Nächten. Sogar unsere fünfundzwanzig Liter Wasserkanister waren morgens gefroren. Abends legten wir uns so dicht ans Feuer wie möglich, um es wenigstens ein bisschen warm zu haben.

Diesmal hatten wir einen anderen Weg genommen als bei unserem ersten Erkundungstrip. Diese „Pad" (Weg) ins Buschmannland war eine schmale, zweispurige Piste voller Löcher, die Erdferkel gegraben hatten. So konnten wir nur im zweiten Gang ganz langsam fahren. Absolut niemand war hier unterwegs, wir kamen lediglich an zwei ausgebrannten Range-Rover-Fahrzeugen vorbei. Weit und breit keine Menschenseele. Unser vorläufiges Hauptlager schlugen wir am Eiseb Rivier auf. Hier gab es viel Feuerholz und so konnten wir das Lagerfeuer die ganze Nacht brennen lassen. Die Gegend kam Oom Gerrit bekannt vor und voller Eifer machten wir uns ans Prospektieren. Noch nie war ich so viel im Gelände hin- und hergelaufen wie dort. Da sich der Bewuchs der Landschaft in den fünfzehn Jahren recht verändert hatte, schickte Gerrit uns hierhin und dorthin. Wir hatten wirklich Probleme, uns zurechtzufinden.

Meinen Geburtstag am 21. Juni verbrachten wir dort in der Kalahari und Rita bereitete einen schönen Wildschweinbraten von dem Keiler, den Gerrit extra geschossen hatte.

Eines Tages stand plötzlich ein Buschmann vor uns. Er sprach etwas Afrikaans, da er mal ein paar Monate bei einem Farmer im Osten gearbeitet hatte. Nachdem wir uns eine Weile unterhalten hatten, sahen wir, dass im Umkreis noch weitere zwölf bis vierzehn Buschleute versteckt warteten und uns beobachteten. Sie waren so schüchtern, dass wir den Eindruck hatten, dass sie noch nie einen Weißen gesehen hatten und so, wie sie die Fahrzeuge anstarrten, bestimmt auch noch nie ein Auto. Dem Buschmann erklärten wir, nach welchen Gesteinsformationen wir suchten, aber er konnte uns nicht weiterhelfen. Trotzdem blieben wir nun in Verbindung mit ihm, er nannte sich in unserer Sprache Abraham. Oom Gerrit schoss ein großes Blau-Wildebeest (Gnu) für die Buschleute. Da sie sehr hungrig waren, leuchteten ihre Augen vor Freude und sie trugen das Tier sogleich zu ihren Hütten, die in einiger Entfernung lagen.

Trotz aller Bemühungen, erreichten wir nichts und konnten die Diamantenpipe nicht finden. Als Heide dann mit den Girl Scouts eines Samstags nach Windhoek musste, brachen wir erst mal wieder ab. Gerrit und Rita fuhren auf ihre Farm und ich traf Heide in Windhoek, wo der Abschied einer älteren Pfadfinderführerin gefeiert wurde. Am Sonntag fuhren wir gemeinsam wieder nach Swakopmund zurück.

Nachdem Gerrit und ich noch bessere Karten besorgt hatten und wir unser Suchgebiet nun schon recht gut kannten, starteten wir einen weiteren Trip ins Buschmannland. Oom Gerrit versuchte alles, um sich an die Zeit vor vielen Jahren zu erinnern und die Stelle zu finden, wo er das Stück Diamantenpipe ausgegraben hatte, aber ich merkte auch, dass er nicht ganz gesund war. Ich hatte diesmal zum Glück meinen alten Karavan mitgenommen und so hatten Gerrit und Rita wenigstens einen etwas bequemeren Schlafplatz. Abraham kam auch wieder und ich übergab ihm Maismehl und Zucker, am meisten freuten er und seine Sippe sich aber über den Tabak, den wir dabeihatten. Oom Gerrit schoss nun auch wieder in regelmäßigen Abständen Wild für die Sippe.

Das Wetter war nun besser, nachts nicht mehr so kalt, und wir suchten die ganze Gegend systematisch nach Gesteinen ab. Nur mittags machten wir Pause, von zwölf bis drei Uhr, weil es dann schon zu heiß wurde. Mitte September machten wir wieder eine Pause und Abraham versprach uns, gut auf den Karavan aufzupassen. Oom Gerrit war inzwischen noch schwächer und kranker geworden, trotzdem wollte er nicht aufgeben und weiter nach der Diamantenpipe suchen. Schwankend zwischen Mutlosigkeit und Hoffnung, besprachen Heide und ich uns. Wir beschlossen, dass ich ein letztes Mal hinfahren sollte. Diesmal nahmen wir noch einen weiteren Mann zur Unterstützung mit. Als wir am Camp ankamen, war alles in Ordnung. Abraham hatte gut aufgepasst und eine Menge Feuerholz angetragen. Der Gesundheitszustand von Gerrit war besorgniserregend. Immer wieder musste er im Karavan bleiben, während wir anderen suchten. Dazwischen fuhr ich mit ihm im Auto die Gegend ab.

Nach zehn Tagen jedoch warf ich das Handtuch. Ich konnte Gerrit überzeugen, dass wir erst dann wiederkommen würden, wenn er gesund war und so verbrachten wir unseren letzten Abend am Lagerfeuer in der Kalahari. Abraham kam und sagte: „Mister, ihr wart so gut zu uns, habt uns so gut versorgt, wir bringen euch morgen zum Abschied ein Geschenk."

Rita rätselte und meinte scherzhaft: „Sicher bringen sie uns jetzt ein paar Diamanten, nach denen wir die ganze Zeit gesucht haben."

Noch vor Sonnenaufgang erschien Abraham dann mit seiner ganzen Sippe. Es waren noch viel mehr Buschleute dabei als am Anfang. Sie mussten den ganzen Clan aus dem weiten Umkreis zusammengerufen haben. Die meisten versteckten sich in der Nähe in den Büschen. Abraham trat auf mich zu, an der Hand ein junges Buschmannmädchen: „Mister, Oom Gerrit hat Frau, du nicht, hier ist unser Geschenk für dich, da kein Mann ohne Frau leben sollte. Dies ist meine kleine Schwester und wir haben beschlossen, sie dir zu schenken."

Ich fiel aus allen Wolken! Oom Gerrit und Rita saßen noch im Karavan und beobachteten die ganze Situation. Das Mädchen, ungefähr vierzehn Jahre jung, fiel vor mir auf die Knie. „Das ist jetzt deine, Mister, sie ist noch ganz neu, nicht gebraucht."

Er nahm meine Hand und führte sie über den Körper des Mädchens. Später berichteten Gerrit und Rita immer wieder, wie perplex und beschämt ich aus der Wäsche geguckt hatte. Aber ich war in großer Not und überlegte fieberhaft, wie ich aus dieser Situation wieder rauskommen konnte. Dann sagte ich spontan: „Abraham, vielen tausend Dank. Sie ist wirklich ein wunderbares Geschenk, aber wir müssen los und du siehst wir sind fünf Personen. Sie müsste doch neben mir sitzen auf der Fahrt, aber da ist wirklich kein Platz mehr. Bitte, würdest du gut auf sie aufpassen? Ich komme wieder und hole sie eines Tages."

Ich wusste, es war sicher nicht die beste Aussage, die ich machen konnte, aber das Geschenk ganz ablehnen, wäre bestimmt auch nicht das Richtige gewesen. So war dies der einzig denkbare Kompromiss, der mir einfiel. Die ganze Gegend war voller Buschleute. Jung und Alt guckten gespannt, was geschah. Nachdem Abraham übersetzt hatte, gab es ein großes Geschnatter und alles war in Aufruhr. Abraham versuchte, alles zu erklären und das Mädchen fing an zu weinen. Ich denke mal, dass es Erleichterung war.

Wir ließen alles an Lebensmitteln zurück, was wir nicht brauchten, und auch noch zwei unserer Fässer. Abraham schenkte ich einen Kesselanzug, der zu groß war, aber er freute sich riesig. Dem Mädchen gab ich ein Unterhemd, Handtuch und Seife und so verließen wir das Buschmannland.

Oom Gerrit ging es sehr schlecht, aber er wollte unbedingt, dass wir einen Umweg machten über die Missionsstation Epukiro, die er noch einmal besuchen wollte. Abends erreichten wir diese und der Pater, den Oom Gerrit gut kannte, begrüßte uns herzlich und lud uns ein, zwei Nächte zu bleiben. Wir konnten uns gut erfrischen, bekamen leckeres Essen und erholten uns von den Buschland-Strapazen. Eine der Nonnen dort kannte ich auch aus meiner Zeit der Milchablieferung in Windhoek und wir unterhielten uns angeregt. Nun kannte Oom Gerrits Spot keine Grenzen mehr: „Wenn ich das deiner Heide erzähle, erst das Buschmann-Mädchen und nun noch die Nonne, dann lässt sie dich gar nicht mehr raus."

Auf jeden Fall war ich froh, als ich im November wieder zu Hause bei meiner Heide war und ich beschloss, nun nicht so schnell wieder wegzufahren. Außerdem musste ich Geld verdienen, denn Schatzsuche ist, solange man sucht und nicht findet, doch eine ziemlich brotlose Angelegenheit. Aber wie es immer so kommt im Leben – schon am nächsten Tag nach meiner Ankunft rief Andre an und fragte, ob ich für ihn eine Woche Schotter fahren könne, da er zum Militär musste. So fuhr ich doch wieder eine Woche Schotter und war erst Ende November zu Hause.

Mein Rücken machte mir zu der Zeit viel zu schaffen und ich musste bald regelmäßig Schmerztabletten nehmen. Dr. McLean, ein Chiropraktiker, ließ Röntgenaufnahmen machen und behandelte mich. Mal war es besser, dann wieder schlechter. Ich musste mich wohl oder übel mit den Schmerzen arrangieren.

11. KAPITEL

Stadtverwaltung und Schweinezucht

In den letzten Novembertagen kam der Superintendent von der Stadt Swakopmund zu mir auf die Kleinsiedlung und bot mir einen Job bei der Stadt an: „Wir brauchen dringend noch einen zweiten Reparatur-Schlosser und der Verdienst ist gut!" Ohne groß zu überlegen und ohne Heide zu fragen, stimmte ich sofort zu. Das war die Gelegenheit, auf die ich gewartet hatte, und ich wusste, dass Heide sich darüber freuen würde, wenn ihr Weltenbummler-Schatzsucher endlich einmal mehr zu Hause sein würde und dazu noch ein regelmäßiges Gehalt bekam.

Bereits am nächsten Tag, es war der erste Dezember, sollte ich um acht Uhr bei der Werkstatt der Stadtverwaltung erscheinen. Eine halbe Stunde vor der Zeit wartete ich vor den Toren, als ein Datsun-Bakkie anhielt. Ein Mann stellte sich mit Bobby Horn vor, dann kam auch schon der Superintendent mit vier Arbeitern angefahren. Alle nannten ihre Namen und ich wurde als der neue Mechaniker vorgestellt. Dann kam noch der Vormann der Werkstatt, Paul Eisele. Er war also mein neuer Chef. „Ich bin Paul", sagte er. „Bruno", antwortete ich und mir war klar, dass wir uns gut verstehen würden. Er gab mir einen Kesselanzug und stellte mir einen Handlanger, einen Owambo-Mann namens Laban, zur Seite, der mir bei allen Arbeiten behilflich sein sollte. So wurde ich also über Nacht Festangestellter bei der Stadt. Siebzehn Jahre sollte diese Beziehung dauern.

Meine erste Aufgabe bestand darin, den Tanker zu reparieren, der das Abwasser von Vineta, einem Swakopmunder Stadtteil, abpumpen und abtransportieren sollte. Der Tanker brauchte eine neue Kupplung und stand ohne Getriebe in der Werkstatt. Die Reparatur war sehr dringlich, aber da jeden Freitag die Straßenfahrzeuge reinkamen, wie Hobel, Lader und Walzen, mussten wir diese erst abschmieren und warten. Bobby kam immer mal rüber zu mir und assistierte und half. Wir wurden enge Freunde in den nächsten Jahren und sind es immer noch.

Irgendwann kam der Hauptgesundheitsbeamte van Rooyen zur Werkstatt herein und fragte nach dem Tankwagen. Paul vertröstete ihn auf Montagabend. Van Rooyen schimpfte wie ein Rohrspatz, da die Klärgruben bereits randvoll waren und dringend ausgepumpt werden mussten. Das brachte Paul jedoch nicht aus der Ruhe: „Wir können nur so viel arbeiten, wie wir schaffen."

Wütend stapfte van Rooyen davon. Um vierzehn Uhr nach der Mittagspause fingen wir dann mit dem Tanker an und arbeiteten bis sechzehn Uhr dreißig, dann war Feierabend. So etwas war ich natürlich nicht gewohnt – dass man einfach den Griffel fallen ließ, wo doch Not am Mann war. Daher schlug ich vor, dass ich am nächsten Morgen, also einem Samstag, reinkommen könnte und mit Laban und Jacob, dem Handlanger von Paul, weiter am Tanker arbeiten könnte. Paul stimmte zu und gab mir die Schlüssel, auch die beiden Owambos waren einverstanden und so kam es, dass ich am nächsten Morgen um sieben Uhr wieder in der Werkstatt war. Zuerst fuhr ich alle Fahrzeuge, die im Weg standen, auf den Hof, dann legte ich mich unter den Tanker. Ich weiß nicht, warum ich so ein Glück hatte, aber wir hatten es am Vortag nicht geschafft gemeinsam das Getriebe reinzuschieben, welches immer noch auf dem Wagenheber stand. Ich drehte also an ein paar Schrauben und schwupps, schon rutschte das Getriebe wie geschmiert auf Position. Ich ließ den Wagenheber sacken und alles war in Ordnung. Laban und Jacob erschienen in der Werkstatt und sagten: „Guten Morgen!"

„Guten Morgen, Jungs, alles ist fertig, ihr braucht nur noch alles festzumachen, dann rollt die Kiste wieder!" Sie guckten mich groß an und Laban sagte zu Jacob: „Dieser Mister kann zaubern!"

Als Paul um zehn Uhr kam, um einen Blick auf unsere Arbeit zu werfen, stand der Tanker draußen und Laban und Jacob waren bereits nach Hause gegangen. Ich hatte eine diebische Freude, als Paul nur den Kopf schüttelte und fragte: „Wie hast du das denn gemacht?" „Tja, gekonnt ist gekonnt", sagte ich und putzte mir die letzte Schmiere von den Händen. Paul rief sogleich van Rooyen an und sagte stolz: „Dein Tanker ist fertig, ihr könnt loslegen."

Als ich dann auf meinem Frühstücksbrot kaute, das Heide mir mitgegeben hatte, kam ein Herr Witte vorgefahren. Er war der Vormann der Gesundheitsabteilung und fragte, ob ich der neue Mechaniker sei. Als ich bejahte, bedankte er sich überschwänglich und sagte: „Du hast uns gerettet, sämtliche Gullys von Vineta sind bereits am Überlaufen. Dank dir können wir dieses Desaster nun endlich aufhalten!" Er stieg in den Tanker und brauste davon.

Es war Montag früh, ich war bereits seit sieben Uhr in der Werkstatt und fuhr die Fahrzeuge raus, als Bobby eine halbe Stunde später erschien. Arbeitsbeginn war eigentlich erst um acht, aber ich konnte nicht anders, war ich doch mein Leben lang immer bei Sonnenaufgang schon am Schaffen gewesen. Bobby fragte: „Was ist los? Wo ist der Tanker?" Ich sagte: „Der war schon Samstag um zehn Uhr fertig." Das war echt ein Hammer für ihn, er grinste und sagte: „Du musst gleich ins Büro zum Superintendenten, er hat deinen Vertrag fertig." „Ach und noch was, fahr dein Auto lieber raus, hier drinnen dürfen keine Privatfahrzeuge parken. Damit sind die furchtbar streng."

Am nächsten Tag, als ich gerade mit einem der Straßenhobel beschäftigt war, kam eine Limousine in den Hof gefahren. Paul war unterwegs bei den Salzfeldern und reparierte die Pumpe, mit der das Salz für den Straßenbau gepumpt wurde. An der Küste Südwests wurden die Straßen aus einem Salz-Lehm-Gemisch gebaut, was auch heute noch zu großen Teilen so gemacht wird.

„Was suchst du mit deinem Auto in der Werkstatt?", rief ich.

Ein Mann stieg aus und befahl Laban, den Ölstand seines Autos zu prüfen, dann gab er mir die Hand und stellte sich vor: „Stadtdirektor van Niekerk. Van Rooyen hat mich angerufen und mir erzählt, dass dank dir Vineta am Wochenende nicht im Abwasser versunken ist. Danke!"

Etwas später kam dann noch Herr Lindner in die Werkstatt mit dem gleichen dankenden Anliegen. Er war der Leiter der Ingenieursabteilung der Stadtverwaltung, also unser aller Oberchef. Ich lernte ihn in den nächsten Jahren als einen der besten Ingenieure und als eine fantastische Führungsperson kennen. Er war streng, aber gerecht, immer wusste er über alles Bescheid, kannte jeden Winkel der Stadt und alle Angestellten persönlich. Jeden Morgen fuhren er und der Superintendent durch die ganze Stadt und schauten nach dem Rechten.

Nun, einen besseren Anfang bei einer neuen Arbeitsstelle konnte man sich kaum wünschen. Schnell gewöhnte ich mich ein und jeden Morgen waren Bobby und ich als Erste in der Werkstatt und tranken unseren Kaffee, bis die anderen kamen.

Wir hatten sehr viel zu tun und waren eigentlich immer unterbelegt in der Werkstatt, aber irgendwie schafften wir trotzdem alles, obwohl so manche Abteilung der Stadt sich in Geduld üben musste, bis ihre Fahrzeuge wieder einsatzbereit waren.

Mein Bruder kam 1980 mit seiner Familie aus Neuseeland zu Besuch. Dorthin war er bereits 1962 ausgewandert. Wir feierten in diesem Februar also mit der Großfamilie alle Geburtstage, die in diese Zeit fielen, nämlich die von beiden Müttern und Heide. Ich lieh meinem Bruder ein Auto, womit er und seine Familie durchs Land fuhren und Freunde und Verwandte besuchten. Anfang März flogen sie dann von Walfischbay aus wieder in ihre Heimat.

Zu Ostern ging es einen Monat später mit den Girl Scouts zum Kampieren ins Sossusvlei inmitten der Namibdünen. Das Jahr lief friedlich dahin, morgens um vier war Heide in der Wäscherei, wobei ich sie regelmäßig ablöste, damit sie auch mal länger schlafen konnte – und ich war dann um sieben Uhr bei der Stadtverwaltung. Gegen Ende des Jahres starteten wir einen zweiten Ausflug mit den Girl Scouts, diesmal in die Naukluftberge.

Im November stellte die Stadtverwaltung zu unserer Entlastung noch einen weiteren Mechaniker ein, Herrn Ken Freyer. Er war vorher bei der Rössing Uran-Mine angestellt gewesen, hatte dort jedoch aus Unzufriedenheit gekündigt. Ken war Engländer und weigerte sich, auch nur ein Wort Afrikaans zu sprechen, obwohl die Assistenten meist nur das verstanden. Er war ein guter Mechaniker und eigentlich auch recht umgänglich, war aber doch sehr eigensinnig. Bei Rössing Uranium war er wohl ziemlich verwöhnt gewesen und nun musste er sich gewaltig umstellen. Aber nichts konnte ihn aus der Ruhe bringen. So kam er morgens stets zehn Minuten nach acht zur Arbeit und verließ die Werkstatt dann auch schon wieder um viertel vor fünf. Das schürte natürlich den Unmut bei uns anderen.

Seine Frau arbeitete im Deutschen Klub in der Stadt und eines Tages erwischte ihn ein hohes Stadtratsmitglied Schlag fünf Uhr beim Bierchen am Tresen seiner Frau. Er fragte ihn, was er denn bereits um fünf Uhr dort zu suchen habe und prompt antwortete Ken: „Um acht Uhr fahr ich morgens zu Hause weg und um viertel vor fünf verlasse ich die Arbeit, um dann wieder genau um fünf Uhr zu Hause zu sein. Was ist daran falsch? So sind meine Arbeitszeiten."

Der Stadtrat traute seinen Ohren nicht und veranlasste gleich tags darauf eine Verwarnung für Ken, worauf dieser sich wohl oder übel anpassen musste, natürlich zu unserer Freude.

Es gab aber auch Dinge, die er in seiner stoischen Art zu unseren Gunsten regelte. So bekamen wir plötzlich jeder einen zweiten Kesselanzug und ein zweites Paar Arbeitsschuhe, bisher hatten wir nur einen einzigen Anzug erhalten, so dass es kaum möglich war, diesen in der Woche sauber und in Ordnung zu halten.

Folgendes war passiert: Montags mussten immer die wöchentlichen Arbeitspapiere im Büro eingereicht werden. Diese Aufgabe hatte ich übernommen, als unser Vormann im Urlaub war. Ken fragte eines Tages scheinheilig, ob er dies für mich an dem Tag erledigen durfte. „Na gut", sagte ich und wunderte mich ein wenig. Daraufhin ging er zum Umkleideraum, wo er den völlig verdatterten Leban fragte, ob er dessen extrem verdreckten und zerschlissenen Kesselanzug leihen durfte, zog diesen an und dann marschierte er ein paar Mal durch eine alte Öllache, stieg ins Auto und fuhr rüber zur Verwaltung. Zerlumpt und ölig, wie er war, ging er ins Empfangsbüro, einfach an den protestierenden Damen vorbei ins Hauptbüro und gab die Papiere ab. Die Bürodamen schrien auf, als sie die Ölspur sahen und gestikulierten wild, aber Ken zuckte nur mit den Schultern und sagte: „Sorry Ladies, das ist das, was wir nun mal als Arbeitskleidung hier bekommen."

In der Woche darauf profitierten wir alle dann ausnahmslos von nagelneuen Anzügen.

Unser Sohn Siegfried wechselte für sein letztes Schuljahr nach Windhoek auf die Höhere Technische Schule, um dort seinen Abschluss zu machen. Wir brachten ihn im Januar dort ins Schülerheim und verabschiedeten uns schweren Herzens, da wir ihn nun nicht mehr so oft sehen konnten.

Auf der Kleinsiedlung bauten wir über die Wochenenden Schweineställe und kauften fünf kleine Säue und einen Eber. Montags, mittwochs und freitags holten Bobby und ich dann bei verschiedenen Hotels in Swakopmund Küchenabfälle, die wir an die Schweine verfüttern konnten. Das half gewaltig und wir brauchten vorerst kein Futter dazukaufen.

An einem Sonntag, es war der 3. Mai, bekam die erste Sau acht Ferkelchen. Wir freuten uns alle über die niedlichen Kleinen. Pünktlich zu meinem Geburtstag am 21.Juni ferkelte unsere prächtigste Sau mit dem Namen Jolante elf Kleine. Dann bekam die dritte Sau sieben Ferkel und zuletzt die vierte und fünfte insgesamt siebzehn Ferkel. Mann, nun waren die Ställe in der Tat voll! Ich fuhr täglich Ferkelfutter kaufen.

Die Monate vergingen und die Kleinen wuchsen und gediehen ganz prächtig. Nachdem wir ein langes Wochenende wieder mit den Girl Scouts im Erongogebirge und bei Schwager Godofried auf der Farm kampiert hatten, war es so weit. Die ersten Ferkel mussten nun im Schlachthof von Swakopmund geschlachtet werden. Schön war das nicht für mich, sie waren ja alle handzahm und das Schlachten war ja noch nie mein Ding gewesen. Aber wir mussten etwas dazuverdienen und die Schweinezucht eignete sich sehr gut, denn die Fleischpreise waren hoch. Jedes Hotel und jedes Altersheim, von denen wir regelmäßig Küchenabfälle als Schweinefutter abholten, bekam ein geschlachtetes Schwein als Weihnachtsgeschenk von uns.

Im nächsten Jahr lief es auch supergut mit der Schweinezucht. Ich hatte noch einen guten Eber für siebzig Rand in Okahandja gekauft. Unseren ersten Eber verkaufte ich an Nachbarn Bogendorfer. Es lief so rund, dass wir alle sechs Wochen Schweine zum Schlachthof bringen konnten.

Ich vermietete den MAN an Willy Tromp, der auf der Osona-Basis bei Okahandja arbeitete. Er bezahlte mir Kilometergeld. Als ich die Lorrie zu ihm brachte, nutzte ich die Gelegenheit, bei einem Farmer in der Nähe eine Häckselmaschine zu erwerben. Nun konnte ich Luzerne auf der Siedlung anpflanzen, diese häckseln und zusammen mit dem gekauften Kruipmeel an die Ferkel verfüttern. Die Fleisch-Qualität war mit diesem guten Futter ausgezeichnet und wir bekamen immer mehr Kunden, die auch privat das Schweinefleisch abnahmen.

Außerdem hatten wir dann noch über vierzig Schafe, die wir tagsüber im Swakop Rivier weiden lassen konnte. Nur abends, wenn sie in die Kraale zur Siedlung hochkamen, bekamen sie noch etwas Zufutter. In kurzer Zeit hatten wir einen festen Kundenkreis, der auch Schaffleisch kaufte.

Da das Futter in Omaruru preislich viel günstiger war, fuhr ich zwei Mal im Monat dorthin und lud den Bakkie voll. Wir behielten das Ritual, zu Weihnachten ein Schlachtschwein an jedes Hotel und Altersheim zu geben, bei und es wurde am Ende jeden Jahres bereits auf unser Geschenk gewartet. Auch Bobby bekam immer seinen Fleischanteil ab, da er mir oft eine große Hilfe war und immer einsprang, wenn Not am Mann war.

Zur gemeinsamen Jahresfeier der Stadtverwaltung und Feuerwehr spendierten wir ebenfalls ein Schwein und zwei Schafe. Es wurde dann im Feuerwehrsaal bis am frühen Morgen gefeiert und getanzt.

Unsere Schlachtbilanz war inzwischen auf über einhundert Schweine und über sechzig Schafe pro Jahr gestiegen, ein guter Nebenverdienst zu meiner Arbeit bei der Stadtverwaltung.

1983 beschlossen Heide und ich daher, eine schöne, große Urlaubsreise zu unternehmen. Wir fuhren über Walfischbay durch den Namib-Naukluft-Park bis nach Maltahöhe. Von dort aus durch den Kalahari-Gemsbokpark weiter bis nach Pretoria. Dort besuchten wir Heides Schwester Sigrun mit Mann Duerr in Onderstepoort. Weiter ging es die Küste am Indischen Ozean entlang, auf der Gartenroute bis nach Kapstadt. Auf dem Weg wurden Freunde und auch noch Heides Bruder Wilbert besucht. In Kapstadt betrieb er ebenfalls eine Wäscherei. Die Westküste von Südafrika fuhren wir dann hoch, kamen durch das Namaqualand und weiter bis nach Port Nolloth. Dann ging es wieder ins Heimatland, wo wir noch Lüderitz und meine Geburtsstadt Kolmannskuppe besuchten. Unsere Reise dauerte fast sechs Wochen, wir waren über zehntausend Kilometer gefahren, glücklich und zufrieden kamen wir wieder auf der Siedlung an.

12. KAPITEL

Mein Freund Karlowa und die Skeletten-Küste

Im Dezember 1984 bekam ich meinen sechswöchigen Jahresurlaub und dazu noch Bonusurlaub, da ich bereits seit fünf Jahren bei der Stadtverwaltung arbeitete. Insgesamt hatte ich so fast drei Monate frei.

Ein halbes Jahr vorher war mein Freund Ernst Karlowa auf die Siedlung gekommen und hatte mich gefragt, ob ich während dieser Zeit mit ihm zusammen bei Sarusas an der Skeletten-Küste Prospektierarbeiten für die Sarusas Development Corporation machen würde. Außerdem wollten wir nach Amethysten suchen. Natürlich stimmte ich zu und voller Vorfreude bereiteten wir alles für diesen Trip an die unwegsame und einsame Skeletten-Küste vor. Ihren Namen hat sie von den zahlreichen Schiffswracks, die hier im Laufe der Jahrhunderte gestrandet sind. Der kalte Benguelastrom aus der Antarktis verursacht tückische Strömungen, Sandbänke reichen weit ins Meer hinein. Schiffbrüchige die hier gestrandet waren, verdursteten meist, da der kalte Strom gleichzeitig für die Wüste entlang der Küste verantwortlich ist. Bis heute ist die Skeletten-Küste gefährlich für die Seefahrt.

Ernst hatte elf ganze Jahre an dieser einsamsten aller Küsten gelebt. Und auch seine Frau Ille war viele Jahre mit ihm dort gewesen. Er kannte die Gegend wie kein Zweiter.

Da ich meine Lorrie ja nach Osona vermietet hatte, lieh ich nun einen Sieben-Tonner-Bedford von meinem Schwager Erwin. Wir mussten eine Menge packen, um drei Monate mit allen versorgt zu sein. Kompressor und Diesel, Benzinfässer, Ersatzteile, Lebensmittel und Schlafzeug wurden aufgeladen, dann ging es am 12. Dezember los Richtung Sarusas. Ernst fuhr meinen Ford mit Vierradantrieb. Ille fuhr seinen Jeep Armee-Modell. Meine jüngste Tochter Anita hatte lange Sommerferien und durfte ebenfalls mitfahren. Außerdem nahm ich zwei Arbeiter von der Siedlung mit, die Owambos Axel und Affenie.

Spät am Nachmittag kamen wir in Möwe Bay an, wo wir in dem Camp des Naturschutzes übernachteten. Die Bedford-Lorrie sollte hierbleiben, da sie zu schwer war, um über die Dünen zu kommen, die wir auf unseren weiteren Weg nach Norden überqueren mussten. Also luden wir alles Notwendige auf den Ford um und kamen gegen Mittag des nächsten Tages in Sarusas an. Sarusas bestand aus drei Holzhütten, die von den früheren Minenarbeitern übriggeblieben waren. Der Eingang zu der Hütte, die Anita und ich benutzen wollten, war völlig zugesandet und die halbe Hütte war von einer Sanddüne bedeckt, so dass wir erst einmal kräftig schaufeln mussten. Zigmal mussten wir mit der Schiebkarre den Sand wegfahren, bis wir endlich ins Innere der Behausung vordringen konnten. Dort sah es gar nicht so schlimm aus, wie wir befürchtet hatten und Anita und ich konnten uns ganz gut einrichten.

Ernst und Ille wohnten in der Hütte etwas oberhalb am Berg, dort gab es kein Sandproblem und die beiden Arbeiter schliefen in dem Schuppen, der ebenfalls etwas abseits gelegen war. Ille bereitete uns nach getaner Arbeit ein wunderbares Abendessen zu und wir berieten dabei, wie wir in den nächsten Tagen mit der Arbeit vorgehen wollten.

Die erste Nacht war fürchterlich. Ein kalter Südwestwind wehte und brachte feuchte Seeluft herüber. Anita und ich froren und wir mussten uns sämtliche Klamotten überziehen, die wir mithatten. Ich konnte nicht glauben, dass es dort so bitterlich kalt werden konnte – mitten im Dezember. Immerhin befanden wir uns im Hochsommer und in der Wüste, sechs Kilometer landeinwärts vom kalten Atlantik entfernt. Weitere drei Mal mussten

Anita und ich dann aufstehen und in dem eisigen, schneidenden Wind große Steine auf das Wellblechdach der Hütte legen, weil die Platten lose waren und es so sehr klapperte, dass wir kein Auge zumachen konnten.

Nachdem wir diese Nacht endlich überstanden hatten und der Wind sich am nächsten Morgen etwas gelegt hatte, holten wir zuerst einmal mit dem mitgebrachten Wasserkarren, der zweitausendfünfhundert Liter fasste, Wasser am nahe gelegenen Khumib Rivier. Es gab eine offene Wasserstelle, aus der wir pumpen konnten und außerdem stand dort ein alter Windmotor, der regelmäßig vom Naturschutz gewartet wurde, also gut pumpte. Zusätzlich machten wir auch noch vier weitere Zweihundertliter-Fässer voll, so hatten wir ausreichend Wasser für circa zehn Tage. Die Wasserstelle war zwar nur sechzehn Kilometer von unserem Camp entfernt, aber das Fahren in dem unwegsamen Gelände und das Auffüllen kosteten Zeit.

Den Rest des Tages wollte Ernst damit verbringen, für das Abendessen zu sorgen: „Komm, wir gehen noch angeln, dazu reicht die Zeit noch", sagte er und wir fuhren mit unserem Angelzeug und Pilchards aus Büchsen, als Köder, zum Strand runter. Nach ganz kurzer Zeit hatten wir bereits sechs schöne, große Fische gefangen, die Ille dann gleich nach unserer Rückkehr auf dem Feuer briet. Es war köstlich! Auch die Arbeiter waren begeistert von den drei Fischen, die sie bekamen. Kabeljau, frisch aus dem Meer, dann gleich in die Pfanne, was Leckereres gibt es nicht.

Am nächsten Morgen ganz früh, als die Ebbe kam, fuhren wir zwischen Meer und Steilküste bis nach Möwe Bay zurück, um noch den Kompressor und andere Gerätschaften zu holen. Die Rückfahrt musste dann wieder mühselig über die Dünen erfolgen, weil inzwischen erneut Hochwasser war. Dann fingen wir mit der eigentlichen Arbeit an, dem Prospektieren und Kartieren. Nebenbei fanden wir immer wieder wunderschöne Amethyst-Drusen von helllila bis fast dunkelblau.

Kurz vor Weihnachten holte ich wieder Wasser aus dem Khumib Rivier. Während die Fässer vollpumpten, prospektierte ich und sammelte weitere Drusen. Manche waren riesengroß, bis zu einem halben Meter im Durchmesser. Zwei Tage vor Heiligabend fuhren wir alle zusammen über die alte R.P.-Mine bis nach Rocky Point. Auch hier prospektierten und kartierten wir den ganzen Tag. Zum Heiligabend angelten wir wieder und fingen eine große Menge Seelachse und Katfische. Dann machten sich alle einen gemütlichen Abend und genossen den gebratenen Fisch.

Ende des Monats beschlossen wir, die gefundenen Amethyst-Drusen zu verpacken, aufzuladen und diese erst einmal nach Swakopmund zu bringen. Inzwischen hatten wir eine ganze Wagenfracht zusammengetragen. So konnte ich auch Silvester zu Hause sein und Anita wieder zurückbringen. Auf der Kleinsiedlung sortierten wir erst einmal die Drusen und lagerten sie in meiner Scheune. Außerdem kauften wir noch vor Jahreswechsel alles ein und packten, was wir für unsere zweite Küsten-Tour brauchten. Die Autos wurden randvoll aufgetankt. Diesmal wollten wir bis mindestens Ende Februar bleiben. So gut vorbereitet konnten wir dann zum Abschied eine große, feuchtffröhliche Silvesterparty mit Braaivleis auf der Siedlung feiern.

Wieder zurück in Möwe Bay fuhren wir zunächst den Khumib hoch bis zum Camp von Lou Schoemann, der von dort aus Touristen über die Skeletten-Küste flog. Es war ein schön angelegtes Camp und nur die Elite der Touristen konnte sich eine solch spezialisierte Reise leisten. Bei unserem eignen Camp angekommen packten wir alles aus und ich holte mit Affeni Trinkwasser.

Täglich konzentrierten wir uns nun auf das Prospektieren und Kartieren. Nur sonntags nahmen wir uns frei und angelten am Strand. So viele Fische, wie wir fingen, konnten wir nicht gleich verzehren, aber wir hatten ein Stromagregat dabei, um eine Kühltruhe anzutreiben. Mithilfe eines Kompressors nahmen wir auch im Bereich der alten R.P.-Mine Bodenproben. Die

Sarusas-Gesellschaft, unser Auftraggeber, wollte wissen, ob sie dieses Gebiet in ihre Schürfrechte miteinschließen sollte.

Mitte Januar fuhren Ernst und Ille dann nach Möwe Bay, um zwei Freunde abzuholen, die einige Tage bleiben sollten. Ernst wollte seinem Besuch die schöne Bucht von Rocky Point zeigen und so fuhren wir an einem Sonntag dorthin. Wir hatten vor, bei dem Ausflug gleich eine Menge Muscheln von den Felsen als Angelköder zu sammeln. Ich hatte außerdem meinen neuen Fotoapparat dabei und wollte ein paar Bilder machen. Direkt am Strand hielten wir. Affeni und ich gingen sogleich runter zum Wasser. Die anderen waren noch am Wagen, als Ille plötzlich schrie: „Bruuunoooo, kommt sofort zum Auto!!!"

Was? Ich drehte mich um, dann schrie auch Affeni neben mir auf. Keine fünf Meter neben uns saß eine prächtige große Löwin auf einer Klippbank und beäugte uns mit ihren bernsteinfarbenen Augen. Ich erschrak fast zu Tode, denn sie war wirklich groß und verdammt nahe, außerdem sah es aus, als wenn sie jeden Moment zum Sprung ansetzen würde. Ich griff Affenis Arm und sagte zu ihm: „Bleib ganz ruhig", und zur Löwin gewandt sagte ich laut: „Purzel, du bist wunderschön, aber du willst uns ja nichts tun, oder?!" Derweil schrie Ille vom Auto aus immer hysterischer: „Kommt doch endlich!" Ich fand es allerdings ratsamer, uns gaaanz, gaaanz langsam zu bewegen und so gingen wir Schritt für Schritt rückwärts. Dann waren wir auch schon beim Auto. Affeni sprang sofort auf die Ladefläche und legte sich flach hin, so dass er nicht mehr zu sehen war. Ille hielt mir schnell die Tür auf und schlug sie sofort wieder zu, als ich kaum den letzten Fuß eingezogen hatte. Sie war völlig fertig mit den Nerven und fragte entgeistert: „Purzel??? Spinnst du? Wieso Purzel?"

Nun war uns doch erst einmal das Ködersammeln vergangen und ich vergaß vor lauter Schreck das Fotografieren. Rückwärts fuhren wir aus der Bucht und zurück zur R.P.-Mine, die ganz in der Nähe war. Affeni, der immer noch zitterte, erzählte den dort wohnenden Aufpassern gleich lautstark, mit Händen und Füßen, die ganze Geschichte, wobei er das Auto nicht verließ. Ich verstand zwar nichts, aber ich bin mir sicher, dass er gewaltig übertrieb, denn plötzlich sprangen die beiden auch auf die Ladefläche und weigerten sich, wieder runterzukommen. Auf keinen Fall wollten sie länger dort im Zelt wohnen bleiben. Ich musste nun also ihre Sachen zusammenpacken und das Zelt dann verschließen. Nachdem ich Deckenbündel und Kochgeschirr aufgeladen hatte, fuhren wir nach Sarusas zurück.

Als wir am nächsten Tag zur R.P.-Mine zurückkamen, sahen wir die Spuren der Löwin auf unseren Autospuren. Sie war uns also neugierig gefolgt und hatte sogar das Zelt umrundet. Nun waren die beiden Aufpasser erst recht nicht mehr zu bewegen, dort zu wohnen und wir mussten das Zelt abbauen und sie bei uns im Sarusascamp unterbringen. In den nächsten Tagen waren alle immer sehr aufmerksam bei der Arbeit, aber unsere schöne Wüstenlöwin war längst wieder über alle Berge nach Osten verschwunden.

Anmerkung: Die stolzen Wüstenlöwen des Damara- und Kaokolandes haben sich über viele Jahre diesem extremen Klima angepasst, sind jedoch leider inzwischen stark gefährdet, da sie immer öfter in einen Tier-Mensch-Konflikt geraten und dabei abgeschossen oder vergiftet werden. Eher selten kommen sie durch die Wüste bis ans Meer, wie wir es erlebt haben. Heutzutage kümmert sich die Desert Lion Conservation um die letzten Tiere in diesem weiten, schönen Wüstengebiet und kämpft um deren Überleben.

Die Felsformationen bei der R.P.-Mine waren so hart, dass wir kaum mit dem Bohrer durchkamen und auch die meisten Amethystdrusen zersplitterten, wenn wir sie bergen wollten. So brachen wir dort ab und untersuchten ein anderes Gebiet weiter nördlich.

Gegen Ende Januar fuhren wir nach Terrace Bay, um Lebensmittel einzukaufen und Brennstoff zu holen. Da wir nun fünf Arbeiter im Camp hatten, brauchten wir auch mehr Wasser und ich musste es jeden dritten Tag holen. Es gab keine weiteren Zwischenfälle, außer dass eines Tages Lou Schoemann über Funkradio anrief und uns bat, das Auto von seinem Vormann bei Purros abzuholen. Es war dort untergestellt und sie brauchten es dringend in ihrem Camp. So nahmen wir den Vormann Pieter mit und fuhren nach Purros, was ein Tagestrip war, um die zweihundert Kilometer unwegsamstes Gelände.

Nachdem weitere Wochen vergangen waren, planten wir erneut eine Fahrt nach Swakopmund, um wieder eine Fracht Amethystdrusen abzuladen. Ernst verkaufte dreißig Kilogramm der Drusen nach Walfischbay und einhundert Kilogramm nach Swakopmund. Wir bekamen gutes Geld dafür. Während Ernst sich um den Verkauf und das Geschäftliche kümmerte, reparierte ich den Ford. Außerdem mussten wir noch nach Windhoek fahren, um auf einer großen Versammlung der Sarusas-Minengesellschaft, zu der auch der Direktor aus Kapstadt angereist war, Bericht zu erstatten. Dort erfuhren wir dann, zu unserer großen Enttäuschung, dass wir nicht wieder an die Skeletten-Küste zurückfahren durften. Die Grenzen zu dem Naturschutzgebiet „Skeleton Coast Park" hatte man kurzerhand geschlossen, weil man an den Touristenposten Ugab und Springbockwasser und auch im Ovahimbaland bewaffnete SWAPO-Kämpfer gesichtet hatte.

Nun war guter Rat teuer, unsere Arbeiter dort vor Ort mussten doch versorgt werden! Sie würden verhungern. Ernst und ich wollten versuchen, in einem großen Bogen über Uis und Palmwag von Sesfontein aus in den Skelettenküsten-Park zu fahren, da ich den bei Sesfontein stationierten Polizisten noch aus Windhoek kannte. Nachdem wir also alle Besorgungen erledigt hatten, machten wir uns stillschweigend auf den langen Weg. Bei Sesfontein angekommen erklärten wir unsere Lage und die Notlage unserer Arbeiter dort in der Wüste. Der Polizist verstand sofort und ohne Umschweife ließ er uns passieren: „Ich habe euch nicht gesehen und wenn jemand nach euch fragt, sage ich: Ihr seid, so viel ich weiß, die ganze Zeit immer noch in Sarusas gewesen." Dieses Problem war also zum Glück gelöst. Trotz des riesengroßen Umweges kamen wir gerade noch rechtzeitig – bereits am Vortag waren die Vorräte der Arbeiter restlos zur Neige gegangen. Auch Fisch war keiner mehr da. Alles aus der Tiefkühltruhe war aufgegessen. Ernst und ich gingen also zuerst einmal angeln.

Als ich mit Affeni Wasser im Khumib holen wollte, sahen wir, dass der Windmotor dort kaputt war und nicht mehr pumpte. Also musste ich diesen zunächst reparieren. Zum Glück kannte ich mich damit aus. Wir bemerkten dann auch wieder frische Löwenspuren und Affeni war kaum dazu zu bewegen, mir bei den Arbeiten zu helfen, da er ängstlich im Auto sitzen bleiben wollte.

Den ganzen März über verbrachten wir noch mit Prospektieren und Kartieren und Drusensammeln. Fast fünfhundert Kilogramm schönste Drusen brachten wir Mitte März nach Möwe Bay um sie später von dort aus wegzufahren.

Wieder trafen wir auf Lou Schoemanns Vormann Pieter. Er stand mit kaputter Kupplung dort und wir boten an, ihn bis zum Camp abzuschleppen. Lou war weggeflogen, um Touristen abzuholen und der Chevrolet wurde dringend im Camp gebraucht. Wir konnten Lou über Radiofunk erreichen und ihn bitten, Ersatzteile mitzubringen. Während Lous Führer in einem Land Rover mit den Touristen auf Wüstensafari fuhr, reparierte ich dann am Sonntag den Chevrolet, natürlich kostenlos und bekam ein „Dankie, dankie" vom Vormann.

Zwei Tage später dann wieder ein Hilferuf über Radio mit der Botschaft: Der Land Rover der Schoemann-Touristen steht bei den Hartmannbergen und bittet uns um Hilfe bei Otjihipa. Also fuhren wir dorthin, um zu helfen – in der Einsamkeit der Wüste eine Selbstverständlichkeit. Ich schleppte den Land Rover nach Orumpembe, wo ein kleines Armeecamp war. Da wir mit zwei Fahrzeugen gekommen waren, konnte Ernst die Touristen übernehmen. Das Radio im Armeecamp funktionierte aber nicht, so mussten wir weiter bis nach Cape Frio, um von dort aus die entsprechenden Ersatzteile bei Lou Schoemann zu bestellen, der inzwischen mit seinem Flugzeug wieder in Windhoek war. Nach zwei Tagen kamen wir mit Touristen und abgeschleppten Land Rover im Schoemanncamp an, gleichzeitig traf auch Lou ein und nach dieser kleinen Odyssee konnten wir dann endlich nach Sarusas zurück und weiter unserer Arbeit nachgehen.

Nun wurde die Zeit wirklich knapp und wir schufteten ohne Pause, mussten dann aber doch darauf verzichten, den östlichen Teil des Gebietes zu untersuchen. Wir schlossen das Programm ab, entlohnten die Arbeiter, wobei wir die Owahimbas, die für uns gearbeitet hatten, zurück nach Puros brachten und ihnen noch Ration für einen weiteren Monat mitgaben.

Mitte April luden wir dann die ganze Ausrüstung in Möwe Bay auf den dort untergestellten Bedford. Ich nahm Ernsts Jeep in Schlepp und Ernst fuhr meinen Ford, Ille den Land Rover. So kamen wir abends spät am 13. April auf der Kleinsiedlung an. Zunächst einmal mussten wir den geliehenen Bedford zu Schwager Erwin nach Okahandja bringen, dann weiter nach Windhoek zur nächsten großen Versammlung der Minengesellschaft. Wieder zurück in Swakopmund verkauften wir die meisten Drusen. Eine besonders große und schöne ging nach Kapstadt, einige lagerten wir ein. Eine Menge Geld brachten uns die Drusen ein und wir waren sehr zufrieden.

Nun, damit war auch mein großer Urlaub zu Ende und ich musste wieder bei der Stadtverwaltung ran.

Dann, im Jahre 1985, beantragte ich, dass mein Jahresurlaub in den Mai 1986 verschoben wurde, damit ich erneut mit Ernst und Ille zur Skeletten-Küste fahren konnte. Diesmal fuhren Heide und ihr Bruder Wilbert mit uns.

Heide hatte sich inzwischen der Malerei verschrieben und fand wunderbare Motive an der Skeletten-Küste. Während sie malte, fanden Wilbert und ich einige wunderschöne Kristalle, bei Rocky Point angelten wir und nach einem Radioruf von Lou Schoemann sahen wir wieder seine Land Rover durch, da er viele Touristen zu Wüstensafaris erwartete.

Um möglichst wenig Zeugnis in der Natur zu hinterlassen, räumten Ernst und ich dann noch vieles auf der Sarusas-Mine auf und auch die alte Bretterbude bei der verlassenen R.P.-Mine steckten wir in Brand und machten alles dem Erdboden gleich. In Sarusas ließen wir vorerst nur den Wasserkarren und den alten Erzdampfer stehen.

13. KAPITEL

Spatzendreck und Fledermausmist

Inzwischen war ich Mitglied der freiwilligen Feuerwehr von Swakopmund geworden. Die meisten von uns waren Angestellte der Stadt, aber auch einige Privatleute meldeten sich für diesen Dienst. Wir waren immer etwa zwölf Mitglieder. Ich war zuständig für die Verwaltung des Klubhauses – die Bücher mussten stimmten und die Bar musste immer gut gefüllt sein. Einmal im Monat, immer samstags, hatten wir eine große Übung, danach wurde meistens gefeiert. Auch nach jedem Brand, den wir löschten, wurden die Kehlen befeuchtet.

Am Jahresende gab der Klub immer eine große Abschiedsfeier, zu der viele Swakopmunder kamen und die wichtigsten Bürger der Stadt waren Ehrengäste. Ich spendete natürlich, wie immer, Schwein und Schaf und Sigi Bogendorfer bereitete sie auf Spießen lecker zu. Die Feiern gingen meist bis in den frühen Morgen und am nächsten Aufräumtag wurde dann gleich noch weiter gefeiert. Die Feuerwehr nahm ein Menge Geld ein durch die jährliche Feier, aber es war auch immer viel zu organisieren. Dazu kam dann noch die Weihnachtsfeier der Stadtverwaltung, die ebenfalls im Klubhaus der Feuerwehr stattfand.

Die Unabhängigkeit von Südafrika stand bevor und aus Südwest sollte bald das neue Namibia werden. Es gab einige Weiße, die jetzt das Land verließen, weil sie Angst vor der neuen politischen Situation hatten. Mich konnte so etwas nicht beeinflussen, war ich doch grundsätzlich immer recht positiv eingestellt. Nur der Verfall unserer Währung Rand machte mir Kummer. Wenn ich Ende der Achtziger für zwei Kisten Bier und drei Flaschen Spatzendreck-Wein, Heides Lieblingssorte, zusammen noch siebzig Rand bezahlte, so waren es einige Jahre später ein Vielfaches, heute mindestens das Zehnfache.

Eines Tages musste ich für die Stadtverwaltung nach Windhoek fahren, um Ersatzteile abzuholen. Bei der Firma Rohe musste ich einen Augenblick in der Schlange stehen. Vor mir war ein Herero, der gerade seinen Einkauf bezahlte. Als der Verkäufer seinen angestellten Owambo von hinten rief, um dem Herero die gekaufte Lichtmaschine ins Auto zu laden, sagte dieser: „Mister, hör mal zu: Jetzt muss ein Schwarzer dem anderen die Arbeit machen oder wie? Der kann doch selbst seine Sachen aufladen, ich mach das nicht."

Ich schmunzelte – es mussten sich nicht nur einige Weiße mit Ende der Apartheid umstellen, die schwarze Bevölkerung ebenfalls.

Mein Anwalt und Freund Rassie wurde fünfzig und ich fuhr während eines Kurzurlaubes nach Windhoek, um mit ihm zu feiern. Außerdem mussten wir eine Direktorenversammlung halten, da wir zusammen die Marula Mining besaßen. Es gab ein großes Braaivleis, dazu ein tolles Trinkgelage. Nachdem ich bei Rassie übernachtet hatte, traf ich mich mit meinem Sohn Reini, der inzwischen in Windhoek lebte und bei Tedelex arbeitete. Er nahm sich ebenfalls zwei Tage frei und wir fuhren zur Arnhem-Fledermaushöhle östlich von Windhoek. Ich kannte die Höhle noch aus den sechziger Jahren, weil ich sie einmal untersucht hatte, zusammen mit einem Geologen und Biologen. Wir hatten damals sogar Proben des Guanos genommen aber nie Ergebnisse vom Labor erhalten.

1942, während des Krieges, hatten zwei Amerikaner Guano dort abgebaut und dies exportiert, um damit Explosionsstoffe herzustellen. Dann passierte ein tödliches Unglück in der Höhle und sie wurde geschlossen. Nun wollte ich mit Reini schauen, ob wir etwas daraus machen konnten. Zusammen mit dem

Farmeigentümer Bekker besiegelten wir dies neue Entwicklungsprojekt. Reini wollte nun jedes Wochenende hierherfahren, um die Lage zu sondieren.

Erneut schickten wir Guanoproben zu einem Labor nach Südafrika. Es war erstaunlich, wie viel Guano dort noch lagerte. Einige Höhlenkammern waren vier bis fünf Meter hoch randvoll mit dem Mist der Fledermäuse. Zunächst wollte Reini den Fahrweg bis zum Höhleneingang ausbauen. Es ging ziemlich steil bergauf, der Weg musste schräg angelegt werden und das war keine leichte Aufgabe.

Für viel Geld beauftragten wir einen Geologen mit der Kartierung der Höhle – soweit es möglich war. Die Kartierung war recht provisorisch aber es stellte sich heraus, dass wir später an der untersten Stelle des Weges nur circa fünfundzwanzig Meter seitlich in den Hügel graben konnten, um einen ebenen Zugang zu der nächstgelegenen Kammer zu erhalten. Reini hatte auch noch weitere Proben ganz tief aus der Höhle entnommen und diese ebenfalls eingeschickt.

Vierzehn Tage hatte ich noch Urlaub in dem Jahr, die ich damit verbrachte, Reini mit dem Nötigsten zu versorgen. So hatte ich noch eine Lichtmaschine vom Kreuz-Kap, brachte Rationen, Diesel und anderes. Wir bereiteten alles für den Guanoabbau vor. Rassie hatte eine Firma in Italien gewonnen, die den Guano abnehmen wollte. Viel Geld und Zeit hatten wir investiert und waren bereit. Es fehlten nur noch die Laboranalysen und Ausfuhrgenehmigungen.

Anfang 1988 teilte Rassie uns dann die Hiobsbotschaft mit. Es gab vom zuständigen Ministerium in Südafrika keine Ausfuhrgenehmigung, außerdem waren die Laborergebnisse niederschmetternd. Der Guano enthielt einen Virus. Nur mit großem Aufwand konnte dieser entfernt werden. Das ganze Geschäft lohnte sich unter diesen Umständen nicht.

Ich war um achtzigtausend Rand ärmer nach dieser Aktion, aber wieder um Erfahrung reicher. Der Farmer Bekker hatte nun wenigstens schöne Karten seiner Höhle, eine Zufahrt zum Eingang und konnte sie nun für touristische Zwecke nutzen.

Weiter ging es nun also mit Stadtverwaltung, Schweinezucht und Wäscherei in Swakopmund. Meine Pensionierung stand bald bevor und ich leitete einiges in die Wege, um in dieser Zeit meine Träume für die Siedlung und die Schatzsuche realisieren zu können. So untersuchten Rassie und ich unsere Namibclaims genauer. Endlich wollten wir selbst eine richtige Mine aufbauen und eigene Erze abbauen.

Mit Heide fuhr ich nach Südafrika und kaufte Jojobabohnen, die wir auf der Kleinsiedlung pflanzten. Wir wollten damit eine Marktlücke schließen. Das kaltgepresste Öl aus den Jojobabohnen eignet sich sehr gut für Kosmetikprodukte und erzielt recht hohe Preise auf dem Markt. Es hilft gegen Akne, Sonnenbrand, Entzündungen und Trockenheit der Haut. Jojobaöl ist den hauteigenen Ölen sehr ähnlich und wird daher besser absorbiert als manch anderes natürliche Öl. Außerdem ist die Pflanze sehr genügsam und robust und sollte sich hervorragend bewähren in dem Klima und bei den schwierigen Wasserverhältnissen, die wir immer wieder hatten.

Mein Rücken war inzwischen so schlimm, dass ich 1996 vorzeitig bei der Stadt pensioniert werden musste. Es gab eine große Feier anlässlich meines Abschiedes mit allen Mitarbeitern der Stadtverwaltung und dem Stadtdirektor – dazu eine Menge Bier und Spatzendreck!

14. KAPITEL

Blaue Wunder und ein Unruhestand

Bevor ich mich endlich um meine Claims kümmern konnte – ich hatte dazu noch einen gebrauchten Lader von der Stadt erworben, den ich auf der Siedlung reparierte, sowie einen Kompressor –, war das vorherige Jahr noch sehr turbulent. Per Notfallflug musste ich mit einer Cessna nach Windhoek gebracht werden, wo mir die Gallenblase entfernt wurde. Sohn Sigi kam mit seiner Frau Ina aus Südafrika zur Hochzeit von Reini mit Sabine. Tochter Anita wurde Mutter der kleinen Trica.

Nachdem diese große Hektik in der Familie sich gelegt hatte, fuhr ich mit dem Geologen Le Roux van Schalkwyk zu den Claims bei Uis. Wir prospektierten und nahmen Bodenproben, die er im Windhoeker Labor untersuchen ließ. Außerdem markierten wir, wo ich Bohrungen vornehmen sollte.

Mit meinem Angestellten Lukas bereitete ich alles für diese Arbeiten vor, wir transportierten Bohrmaschine, Kompressor, Wohnwagen, Kühlaggregat usw. zur Mine und brachten die ersten Bohrproben zu dem Geologen. Als wir jedoch wieder bei der Mine ankamen, hatte jemand in den Wohnwagen eingebrochen und sämtlichen Inhalt geklaut – vom Kuhlschrank bis zu den Matratzen. Also erst einmal wieder ein Rückschlag, was die Schatzsuche anbetraf.

Wenigstens lief es auf der Siedlung gut. Wir brachten sehr viele Schweine zum Schlachthof, außerdem besuchte ich mit Heide am Hardapdamm einen Dattelkursus und wir pflanzten zusätzlich zu den Jojobas immer mehr Dattelpalmen auf der Siedlung an. Nur das Wasser war ein Problem – nicht genug und etwas brackig. Heide, die mit einer Rute gut wünscheln konnte, zeigte einige Stellen an, an denen wir dann bohrten. Zum Glück war sie erfolgreich, da das Schlagen von Bohrlöchern extrem kostenaufwändig ist. Nach einem seltenen und starken Regenguss jedoch schwemmte uns das neue Bohrloch mit Schlamm zu und ich musste mich beeilen, eine Schlammpumpe zu organisieren, um alles wieder freizupumpen. Einen weiteren Dattelkurs belegten wir am Nautedamm, weit im Süden bei Keetmanshoop.

Mehr Zeit zum Reisen hatten Heide und ich nun auch und wir besuchten Sohn Reini im Norden auf der Mokuti Lodge, wo er angestellt war, auch Sohn Sigi besuchten wir in Südafrika. Wir fuhren jedes Mal mit unserem Camper und verlängerten die Reisen immer für weitere Besuche bei allen möglichen Freunden und Verwandten. Außerdem nutzten wir die Gelegenheit, die Victoriafälle und andere Sehenswürdigkeiten zu sehen.

Neben unseren hatte ein Daan Oppermann auch Claims abgesteckt. Wir taten uns aus Kostengründen zusammen und richteten gemeinsam die Mine richtig ein, mit Schütteltischen, Chrusher und allem, was wir brauchten.

Da wir zur Mine immer Frischwasser von Uis anfahren mussten, was natürlich sehr mühsam war, beschlossen wir, es mit einem Bohrloch zu versuchen. Zwei Wünschelrutengänger hatten an zwei Stellen Wasser angezeigt. So mitten in der Namib war die Hoffnung nicht sehr groß, aber wir mussten es versuchen. An der ersten Stelle bohrten wir bis sechzig Meter – trocken. Wir versuchten es dann an der anderen Stelle und stießen bei fünfundzwanzig Metern auf eine kleine Grundwasserader – bei weitem nicht genug. Bei vierzig Meter gaben wir dann auf, denn es wurde mit jedem Meter teurer und teurer.

Durch das Wassergefahre von Uis gab der Motor des MAN auch bald den Geist auf und ich musste ihn für teuer Geld komplett überholen lassen. Dem nicht genug, war nun auch der Zinnpreis auf einen Tiefstand gerutscht. Immer wieder machten uns auch die Sandstürme des heißen Ostwinds einen Strich durch die Rechnung. Wenn er zwei Wochen lang hintereinander durch die Wüste fegte, vollgeladen mit feinen Sandpartikeln, konnte man unmöglich arbeiten.

Heide fuhr nun regelmäßig von der Siedlung nach Windhoek, um ihre Mutter zu besuchen, die dort inzwischen in dem Potgieter Altersheim untergebracht war. Aber auch unsere Enkelkinder hielten uns auf Trab. So musste ich Enkel Ulf nach einer – zum Glück einmaligen – Prügelei bis nach Windhoek ins Hospital fahren, wo sein zertrümmertes Nasenbein operiert wurde.

Da wir nach wie vor mit dem Wassermangel auf der Mine kämpften, kam Heide eines Tages mit und wünschelte selbst einmal. Wieder bestellten wir die Bohrmaschine in die Wüste und während wir voller Spannung auf Wasser hofften, fuhr ich viel Material zum Chrushen an. Wir fanden etwas Wasser, aber es reichte nicht aus, um unsere kleine Mine zu betreiben und nach wie vor musste Wasser und auch Feuerholz angefahren werden.

Ich disponierte nun etwas um und steckte im Damaraland zusätzlich Tantalite-Claims ab. Tantalite ist ein seltenes Übergangsmetall und wird für Kondensatoren und Implantate verwendet. Es hatte einen sehr guten Marktwert.

Heide wünschelte wieder und die Freude war sehr groß, als wir genügend Wasser fanden. Mit dem Abbau des Tantalites konnten wir nun zumindest unsere enormen Kosten decken.

Ständig pendelte ich in den Folgejahren zwischen Minen und Kleinsiedlung, fuhr Erz zum Chrushen an, brachte Schweine zum Schlachthof und immer wieder war ich mit Reparaturen der Fahrzeuge und Geräte beschäftigt. Wenn auf der Mine gesprengt wurde, musste ich vorher dort sein, um die Sprenglöcher vorzubohren. An jedem Monatsende mussten natürlich auch die Angestellten vor Ort entlohnt werden.

Im Jahr 2001 hatten wir dann endlich einen großen Erfolg und fanden eine starke Grundwasserader bei der Zinnmine. Das Bohrloch gab acht bis neun Kubikmeter blaues Nass pro die Stunde ab. Welche eine Freude – mein Leben war nun erheblich leichter geworden!

Wir hatten einen Erzkäufer aus Kapstadt, der alle sechs Wochen vorbeikam und Zinn und Tantalite aufkaufte. Jetzt lief endlich alles gut, bis auf kleine Zwischenfälle. So rief Daan eines Tages an und teilte mir mit, dass ein Tornado durch die Mine geweht war, den schweren MAN-Laster um Meter verschoben und meinen Wohnwagen zum Überschlagen gebracht hatte, der danach völlig Schrott war.

Dann, eines Tages im Jahre 2002, sollte mein alter MAN mir und Heide noch eine große Überraschung bringen. Jochen Bracht von der Firma Melzer erschien auf der Kleinsiedlung, zusammen mit einem Mann von MAN aus Südafrika. Sie informierten mich, dass sie im Zuge eines Jubiläums den ältesten MAN-Laster in Namibia ausfindig machen sollten. Bedingung war, dass dieser seit Kauf den Besitzer nicht gewechselt hatte. Meine Fahrzeugpapiere wurden kopiert und einige Wochen später erhielt ich den Anruf, dass ich tatsächlich die Person war, die am längsten einen MAN-Laster als Erstbesitzer besaß. Ich gewann eine Europareise für zwei Personen, einschließlich Flug mit Air France, Automobilausstellung in Hannover, Besuch von MAN in Augsburg sowie einen Opernbesuch in Wien.

Wer hätte das gedacht, nachdem ich nun jahrelang mehr oder weniger vergeblich die Wüste nach Diamanten abgesucht, nach anderen Erzen gemint und mühevoll Schotterpisten gebaut hatte, bescherte mir nun ausgerechnet mein alter, blauer Laster so eine große Freude!

Die Reise stand kurz bevor und es musste auf die Schnelle allerhand organisiert werden – Vertretung für die Kleinsiedlung, Pässe beantragen, die Minen versorgen und vieles mehr. Gerade noch rechtzeitig erhielten wir die Reisepässe und flogen zunächst nach Johannesburg. Dort blieben wir eine Nacht bei Heides Schwester Sigrun und Schwager Duerr, die uns dann am nächsten Tag in das Flugzeug nach Europa setzten. In Johannesburg trafen noch weitere Preisträger sowie die gesamte MAN-Führungsriege aus Südafrika ein. Alles in allem waren wir also eine Gruppe von fast sechzig Personen. Man kann sich vorstellen, wie aufregend das alles war, hatte ich doch noch nie in meinem Leben eine solche Reise gemacht und dazu auch noch als Preisträger.

Zunächst sollte es über Paris nach Hannover gehen. Für mich sollte immer ein Rollstuhl bereitstehen, da ich inzwischen, wegen starker Schmerzen, nur noch schlecht gehen konnte. Über Zentralafrika gab es ein großes Gewitter, so dass wir eine Stunde verspätet in Paris landeten und dort vergeblich auf einen Rollstuhl warteten. Der Rest der Gruppe flog bereits in Eile weiter und stellte dann in Hannover mit Schrecken fest, dass Heide und ich fehlten. Wir konnten uns derweil in Paris nur sehr schlecht verständigen, da wir ja kein Französisch sprachen, aber irgendwann schafften wir es zu einem Anschlussflug und konnten in Hannover erleichtert wieder zu unserer Gruppe stoßen, die dort auf uns gewartet hatte.

Nach einer verdienten Nachtruhe im Hotel Mövenpick in Braunschweig brachte man uns mit Bussen am nächsten Morgen zur Automobil-Ausstellung von Hannover. Mann, das war ein Erlebnis! Mit einer Elektrobahn konnte man durch die ganzen Hallen fahren und bei jedem interessanten Stand aussteigen. Wir genossen den Tag in vollen Zügen, hatten wir doch so was Großartiges noch nie gesehen. Als die Busse uns dann am Abend wieder im Hotel abluden, waren wir völlig erschöpft, aber glücklich. Auch den nächsten Tag verbrachten wir auf dem Messegelände mit vollem Programm, weiteren Ständebesuchen und leckeren Essenspausen.

Am dritten Tag ging es dann per Zug weiter nach Wien, wo bereits MAN-Busse auf uns warteten, um uns diesmal in ein Wienerwald-Hotel zu bringen. Wieder erwartete uns ein Superprogramm, mit Stadtrundfahrt, Praterbesuch, Mittagessen im Biergarten, Riesenrad fahren, danach Kaffee und Kuchen in einem Wiener Kaffeehaus. MAN hat sich wirklich nicht lumpen lassen und für uns das Beste vom Besten organisiert. So ging es dann noch nach Rust am Neusiedlersee, wo wir mit einem Pferdewagen nach Mörbisch fuhren, dort mit der Fähre übersetzten und ein tolles Grillfest erlebten.

In den nächsten drei Tagen wurden wir weiter nach Strich und Faden verwöhnt – mit Schifffahrt und Weingutbesichtigungen auf der Donau. Dann gab es einen Bummelvormittag in Wien, im Anschluss Besichtigung von Schloss Schönbrunn mit Drei-Gänge-Menü im Schlossrestaurant – natürlich begleitet von Strauß und Mozart.

Die Eindrücke waren überwältigend für uns und obwohl wir den letzten Tag zum Ausruhen hatten, unternahmen wir weitere Besichtigungen – Heide besuchte eine Kunstmesse, ich fuhr mit den anderen, ein weiteres Schloss anschauen. Wir saugten alles auf! Und der letzte Abend mit österreichischem Wein und frischem Brot ist unvergessen.

Als wir wieder in Johannesburg landeten, holte uns unser Sohn Siegfried ab, der inzwischen in der Nähe in Lydenburg mit seiner Frau Ina lebte. Wir verbrachten schöne Tage zusammen, bis Siegfried uns dann zum Johannesburger Flughafen brachte und die Reise zu Ende war. Das Jahr ging vorüber mit viel Arbeit, Fahrten zur Mine und der jährlichen Weihnachtsfeier der Stadtverwaltung.

2003 fiel dann der Preis für Mineralien und vor allem für Tantalit so tief, dass ich die Mine schließen musste. Der Raubbau im Kongo hatte weltweit eine enorme Überproduktion verursacht. Die Arbeiter wurden ausbezahlt, lediglich ein Aufpasser verblieb vor Ort, während ich den Lader und die Lorrie zur Kleinsiedlung brachte. Alles im allem wieder mal ein Verlustgeschäft.

Wir holten weitere achtzehn große Dattelpalmen im Süden ab. Das sollte nicht die einzige Fahrt bleiben. Dreiunddreißig Mal fuhren Heide und ich in den nächsten zwei Jahren Dattelfrachten aus Eersbegin an. Zwischendrin reparierte ich immer mal wieder im Auftrag von verschiedenen Leuten Wege, Dämme und Rivier-Übergänge.

Ab 2006 hatte ich dann den Auftrag von meiner Nichte Sybille, auf Heides elterlicher Farm Ondekaremba Sand anzufahren. Meine Nichte und ihr Mann Uwe, der Architekt ist, bauten dort eine neue Senioren-Residenz – Sonnleiten. Am Ende dieser Arbeit verkaufte ich dann meine alte Lorrie mit weinendem Herzen sowie meinen Lader. Auch verkauften Heide und ich die Kleinsiedlung am Swakop Rivier. Das fiel uns nicht leicht, jedoch mussten wir nun unserer Gesundheit und dem Alter gerecht werden. Ich hatte inzwischen viel meiner Mobilität eingebüßt. Da war es naheliegend, sich auf Sonnleiten einen Altersruhesitz einzurichten. Nun bewohnen wir dort ein schönes Häuschen in der Natur mit allem Drum und Dran.

Die richtig wertvollen irdenen Schätze und den großen Geldreichtum habe ich nie gefunden. Der größte Schatz jedoch in meinem Leben ist meine Heide, die Familie, Freunde und alle meine Erlebnisse. Ich habe ein reiches Leben gelebt und zehre heute von den vielen Erinnerungen.

ENDE

Bruno mit 1956er-GMC

Speedcop Bruno

Camp im Buschmannland Kalahari

Auf Pad zum Straßenbau

Bruno und Heide, 1988

Zinn- und Tantalit-Mine in der Namib

Wasserholen zum Prospektieren, Namib

Die Autoren

Bruno Hoppe, Jahrgang 1931, kam in Kolmanskuppe zu Welt, im damaligen Südwestafrika und heutigen Namibia. Nach dem Schulabschluss arbeitete er als Farmer, Schlosser, Verkehrspolizist, Milchproduzent, Lkw-Fahrer und Minenbetreiber. Dabei bewies er sich als echter Alleskönner und überaus geschickter Handwerker. Seine große Leidenschaft galt aber immer dem Schatzsuchen und den Mineralminen. Auch lesen und feiern gehören bis heute zu seinen Lieblingsbeschäftigungen. Bruno Hoppe ist verheiratet und hat zwei Söhne und zwei Töchter.

Sybille Rückleben wurde 1970 in Windhoek geboren. Dort besuchte sie die Deutsche Schule. Nach dem Abitur ließ sie sich zur Kosmetikerin ausbilden. Später arbeitete sie in dem Architekturbüro ihres Mannes mit und betrieb eine Gästefarm. Schließlich baute sie die Sonnleiten-Seniorenresidenz auf, in der auch Bruno Hoppe heute lebt. Sybille Rückleben ist verheiratet und Mutter einer Tochter.

novum — VERLAG FÜR NEUAUTOREN

Der Verlag

„ *Wer aufhört besser zu werden, hat aufgehört gut zu sein!*

Basierend auf diesem Motto ist es dem novum Verlag ein Anliegen neue Manuskripte aufzuspüren, zu veröffentlichen und deren Autoren langfristig zu fördern. Mittlerweile gilt der 1997 gegründete und mehrfach prämierte Verlag als Spezialist für Neuautoren in Deutschland, Österreich und der Schweiz.

Für jedes neue Manuskript wird innerhalb weniger Wochen eine kostenfreie, unverbindliche Lektorats-Prüfung erstellt.

Weitere Informationen zum Verlag und seinen Büchern finden Sie im Internet unter:

w w w . n o v u m v e r l a g . c o m